Smart Writing

스마트 라이팅

당신은 일을 못 하는 게 아니라
글을 못 쓰는 겁니다

스마트 라이팅

당신은 일을 못 하는 게 아니라 글을 못 쓰는 겁니다

지은이 오병곤 **1판 1쇄 발행일** 2023년 2월 22일

펴낸이 임성춘 **펴낸곳** 로드북 **편집** 홍원규 **디자인** 이호용(표지), 심용희(본문)

주소 서울시 동작구 동작대로 11길 96-5 401호

출판 등록 제 25100-2017-000015호(2011년 3월 22일) **전화** 02)874-7883 **팩스** 02)6280-6901

정가 18,000원 **ISBN** 979-11-978880-9-0 93320

이메일 chief@roadbook.co.kr **블로그** www.roadbook.co.kr

Smart Writing

스마트 라이팅

당신은 일을 못 하는 게 아니라
글을 못 쓰는 겁니다

추천사

글쓰기를 어려워하는 이들이 많다. 타고난 능력의 문제일까? 아니다. 충분히 배우지 못했기 때문이다. 글쓰기 역시 수영을 배우는 것과 다르지 않다. 그렇다고 단순히 많이 쓰는 게 답은 아니다. 제대로 된 지도와 기술의 습득이 필요하다. 글쓰기에 자신이 없는가? 자신의 생각과 의도를 글로 잘 전달하고 싶은가? 이 책을 먼저 권한다.

_문요한(정신건강의학과 의사, 작가)

오병곤 작가는 글쓰기에 진심이다. 그의 글을 읽으면 군더더기가 없다. 그렇다고 해서 절대 건조하지 않다. 마음을 움직이는 표현이 곳곳에 스며들어 감성을 적시곤 한다. 글을 쓰면서 두 가지를 동시에 갖고 가기가 쉽지 않은데, 이 책이 그 방법을 알려준다. 이 책을 읽고, 나도 책을 써야겠다는 생각이 들었다.

_이민재(TQMS 대표, 재미난 청춘세상 주인장)

최근 뇌 과학자들은 전전두피질의 활성화를 위한 솔루션으로 글쓰기를 서슴없이 내놓는다. 글쓰기 과정을 오래 해온 저자의 이번 책 〈스마트 라이팅〉에서 말하는 4C는 경영 분석전략 5-Force, 마케팅의 4P처럼 글쓰기의 전략적 근육을 만들어 줄 것이다. Customer(독자),

Core(핵심), Concrete(논증), Concise(간결)로 압축한 4C 법칙은 글쓰기의 지평(地平)이다.

_문규선(변화경영승계연구소장,

〈이제는 老子를 읽을 시간〉/〈승계의 정석〉 저자)

거울처럼 명확하고 외과집도의처럼 예리하게. 오병곤 선생이 글을 쓰는 원칙이다. 그의 글 중심에는 언제나 독자가 있다. 그는 IT 전문가지만 정서적 바탕은 인문학에 두고 있다. 스마트한 그의 글이 묘하게 사람의 마음을 움직이는 이유다. 한 줄의 글로 사람을 홀리고 싶으면 그의 책을 읽어라. 지성과 감성을 넘나드는 글쓰기의 세계가 당신을 기다린다.

_조송희(여행작가, 〈길 위에서, 우리는 서로에게 깃든다〉 저자)

지난 20년 동안 밥장사의 길을 큰 어려움 없이 걷는 가장 큰 바탕은 오병곤 작가의 '말이 맛을 만들고 스토리가 브랜드를 만든다'는 격려 때문이었다. 삶이 어지러울 때 사색과 글쓰기를 통해 헤쳐 나가길 바란다면 이 책만큼 나은 해법도 없다. 그의 글은 힘 있지만 무겁지 않고 매섭지만 어렵지 않다.

_박노진(외식전문기업 마실 대표, 〈대박식당 사장들의 돈이 되는 전략〉 저자)

글쓰기는 '글쓰기'를 통해서만 배울 수 있습니다. 글을 쓰는 과정과 경험이 곧 글쓰기의 본질이기 때문입니다. 이 책은 글쓰기의 과정과 경험에 날개를 달아주는 명쾌한 원칙과 실용적 방법론을 담고 있습니다. 스마트하게 글을 쓰고 싶은 그대를 위한 스마트한 교본입니다.

_홍승완(작가, 〈인디 워커〉 저자)

자기 생각을 글로 제대로 표현하지 못해 힘들어하는 사람들이 많은데 이 책은 그 어려움을 단박에 해결해준다. 저자는 오랫동안 컨설턴트, 교육강사, 글쓰기 멘토를 해왔고 그 경력을 바탕으로 심플하고 강력한 스마트 라이팅 4C 법칙을 만들어 독자들에게 이해하기 쉽게 알려준다. 스마트 라이팅 법칙만 따라 해도 좋은 관계를 맺을 수 있는 강력한 힘을 얻을 것이다.

_이관노(질문경영연구소 대표, (전)롯데컬처웍스 상무,

〈지시말고 질문하라〉 저자)

내가 왜 그동안 글쓰기가 어려웠는지 알 수 있었고, 지금 나에게 꼭 필요한 글쓰기 비법을 알려주는 책이다. 자신이 가진 강점에 스마트한 글쓰기가 더해진다면 당신의 삶은 반드시 풍요로워질 것이다.

_한승욱(쿠팡 CFS Fresh Quality Sr. Director)

10년 이상 갤러리 대표로 살았기에 글쓰기와는 거리가 있었다. '일을 잘하려면 글쓰기를 배워라'는 저자의 말은 일만 하던 나에게 글쓰기를 고민하게 한다. 저자는 글쓰기로 자기 분야에서 가치 있고 독보적인 전문가가 되라고 충동한다. 글쓰기로 일가를 이루고 싶다면 이 책은 당신에게 훌륭한 길잡이가 될 것이다.

_윤태희(갤러리 아리오소/아트뱅크 울산 대표)

몇 년 전 저자와의 글쓰기 수업을 통해서 글쓰기가 아니라면 결코 만날 수 없는 깊은 내면의 나를 발견했고 가벼워졌다. 명상가로서 단언컨대

그의 수업은 단순한 글쓰기가 아니라 자기를 깊게 만나도록 이끄는 명상 수업이다. 그의 수업을 책으로 만나게 되어 기쁘다.

_백기환(깊은산속옹달샘 명상강사/아침편지여행 대표)

글쓰기는 누구에게든 필요한 공부지만 가장 절실한 이들은 직장인입니다. 직장 연차가 늘면 보고할 문서는 늘어나 스트레스가 가중될 수밖에 없습니다. 그래서 더 나은 직장생활을 위한 글쓰기는 절실합니다. 오랜 직장생활과 강의를 통해 저자는 그 심정을 누구보다 잘 알고 있습니다. 이 책을 통해 직장 생활을 따뜻하게 녹일 수 있으리라 믿습니다.

_전현호(전 필즈엔지니어링 이사)

이 책은 글 쓰는 방법을 일깨우는 측면에서 탁월하다. 특히 '스마트 라이팅 4C 법칙'이 그렇다. "독자를 위해 핵심을 간결하게 논증하라"는 저자의 강력한 주장은 첨단화된 소셜 네트워크에 몰입되어 놓쳐버린 우리 모두에게 경종을 울린다. 업무와 관련된 문서 유형별 실전 노하우와 사례는 독자를 구체적인 성공으로 인도할 것이다.

_이종욱(한국원자력통제기술원 연구위원, 〈노후 맑음〉 저자)

IT 컨설턴트이면서 책쓰기 프로그램을 10년간 지속하고 있는 저자의 이력이 이 책의 진가를 말해준다. 앞으로 글쓰기를 신경쓰지 않으면 뒤처지는 시대가 되었다. 이 책을 읽고 글 잘 쓰는 사람이 되면 성공의 탄탄대로를 걸을 것이다.

_윤성혜(와이스토리 대표)

내 삶을 바꾸고 싶다면 글을 써라. 평범한 일상에서 탈출하고 싶다면 당장 글을 써라. 글을 써야 내일을 바꿀 수 있다. 내일이 모여야 삶이 바뀐다. 이 책은 평범함을 비범함으로 바꿔줄 인생 보증서다. 아노미적 삶에 머물지 말고 이 책을 맛나게 먹어라. 그리고 터널 밖 밝은 빛을 신나게 즐겨라.

_남기성(여행작가, EBS 세계테마기행 '파나마/코스타리카'편 출연)

말보다 더 강력한 전달 수단인 글로 상대방을 설득할 수 있는 능력을 갖추면 사회생활의 강력한 무기를 장착하게 된다. 이 책에는 직장인들이 힘들어하는 보고서와 같은 문서를 잘 쓰는 방법을 친절하고 명확하게 소개한다. '내 인생의 첫 책 쓰기' 프로그램을 10년 넘게 진행한 저자의 노하우가 고스란히 녹아있는 책이기에 적극 추천한다.

_김석(호남대학교 교수, 〈나는 퇴직을 미루지 않기로 했다〉 저자)

오병곤 선생님과 인연이 된 지 어느덧 5년이 되었다. 사람과 글쓰기에 누구보다 진심이신 분이라는 걸 알기에 더욱 기대되는 책이었다. 이 책은 단지 글쓰기 기술만을 알려주는 책이 아니라 자신의 전문성을 보다 쉽고 명쾌하게 전달하는 데 큰 도움이 된다. 글을 잘 써보고자 책을 펼쳤지만 덮을 때는 삶을 더 잘 살고자 하는 마음까지 덤으로 받았다.

_유선희(신방학중학교 교사)

작가의 글은 언제나 담백하고 경쾌하다. 글을 쓰는 것은 타고나는 능력이 아니라 엉덩이의 힘으로 쓴다는 주장처럼 조금만 연마하면 누구나 글을 쓸 수 있다고 말한다. 저자가 평소에 이야기하던 일 잘하는 사람을 위한 책이 출간되었다. 여기저기 마음에 새겨 두고 싶은 문장과 따라하기 쉬운 비법들로 가득하다.

_하원만(자기발견/사주명리 전문가)

십 년 전, 직장 선배에게 업무 메일을 보낸 적이 있다. 별것도 아닌 그 이메일 덕분에 혼이 났다. 여기저기 머리를 조아리며 연신 사과를 해야 했다. 사람은 경험을 통해 배운다고 했던가. 그 후로 메일을 발송하기 전에 여러 번 확인하는 버릇이 생겼다. 만약에 〈스마트 라이팅〉 이 책이 먼저 나왔더라면 머리를 조아리고 다닐 일은 없었을지도 모르겠다.

_최예신(베러마인드 대표, 〈방석위의 열흘〉 저자)

글쓰기가 어려운가요? 이 저자의 "내 인생의 첫 책쓰기" 카페의 문을 두드려보세요. SNS가 보편화되면서 핵심을 간결하게 쓰는 글쓰기가 더욱 중요해졌는데 10년 넘게 글쓰기 프로그램을 운영해 온 저자의 엑기스가 이 책에 고스란히 담겨 있습니다. 이 책을 동반자로 삼아 글쓰기의 여정을 시작해보면 어떨까요?

_김선형(삼성전자 연구원, 맘 코치)

처음 그를 만났을 때 그는 글쓰기로 인생을 바꿀 수 있다고 설파했다. 순진한 나는 그의 말을 믿었고 그렇게 두 권의 책을 쓴 작가가 됐다. 이제 그는 "일잘러들은 글쓰기에 탁월한 솜씨가 있다"고 일반 독자들을 선동한다. 그가 가진 글쓰기에 대한 오랜 믿음이 이 책에 담겨 있다.

_엄태형(삼성SDS 프로, 〈휴먼 엔지니어〉 저자)

첫 책을 낼 때 읽히는 글을 쓰기 위해 고뇌하면서, 자기객관화와 아량이 늘었습니다. 독자에게 도움을 주려고 글을 썼는데, 글쓰기를 통해 제가 얻은 도움이 더 컸습니다. 그때부터 글쓰기는 저의 강력한 성장의 도구가 되었습니다. 더 일을 잘하고 싶은 분들에게, 그 비법이 담긴 이 책을 추천합니다.

_김지혜(지혜코칭센터 대표, 〈엄마의 화코칭〉 저자)

저자는 논리적인 IT 전문가이면서 글쓰기를 가르치는 선생이기도 하다. 거기에 그는 사람에 대한 관심과 애정이 크다. 논리, 글, 사람 이 세 가지가 곁들여지면 이런 책이 나오나 보다. 저자는 글쓰기를 가르칠 때 기법보다는 글 쓰는 사람의 향기가 나도록 한다. 이 책을 통해 따뜻하고 논리적인 글을 어떻게 쓰는지 알았으면 좋겠다.

_이지현(휴먼코칭앤컨설팅 대표)

스마트 라이팅은
마음을 움직이는 소통 글쓰기다

평소에 직장에서 일하는 사람들의 글쓰기 수준이 상당히 심각하다는 생각을 하곤 했는데 아래 한 문장이 내 판단에 종지부를 찍었다.

"오라클 데이터베이스를 땡겨와서 화면에 뿌려준다."

오라클이 뭐지? 땡겨와서 뿌려준다는 직설적인 표현은 또 뭐야? 나는 이토록 문학적으로 탁월한(?) 문장을 일찍이 본 적이 없다. 회사에서 제품을 개발하고 난 후에 제품 사용자에게 교육을 하기 위해 사용자 매뉴얼이라는 문서를 작성하는데 전문적인 작성자가 따로 있는 게 아니어서 대부분 제품 개발자가 매뉴얼을 작성한다. 그들이 작성한 매뉴얼을 검토하다가 깜짝 놀랐다. 제품 개발자가 작성한 내용은 매뉴얼이라기보다는 기술 명세서에 가까웠다. 사용자가 전혀 이해할 수 없는 전문용어로 가득 차 있었다. 시간이 촉박하여 급히 만들 수밖에 없었다는 점을 감안하더라도 매뉴얼의 품질이 형편없었다. 그들은 쉽게 이야기하면 동료들에게 바보로 보인다고 말했다. 위 문장을 과연 사용자가 이해할 수 있을까? 사용자 입장에서 보면 외계어 수준이다.

모 회사의 제품 개발 프로세스를 구축하는 컨설팅을 수행할 때의 일이다. 각자 맡은 프로세스 문서를 검토하기로 했는데 작성한 문서 수준이 미흡하여 검토를 제대로 진행할 수 없었다. 프로세스에 담아야 할 내용이 두루뭉술하고 구체적이지 못했다. 그러나 더 심각한 건 절차 과정의 문장 하나하나마다 맞춤법이나 비문 등의 오류가 너무 많았다는 점이다.

컨설팅이나 교육을 하다 보면 이와 같은 일이 한두 번이 아니었다. 아니, 그동안 무수히 경험했다. 나는 일하는 사람들이 쓴 글을 볼 때면 몇 가지 아쉬운 점이 마음에 늘 걸렸다.

첫째, 독자 입장에서 잘 생각하지 않는다. 그들은 커뮤니케이션의 핵심이 듣는 사람이나 읽는 사람이 이해해야 성립한다는 사실을 잘 이해하지 못한다. 특히 고객이나 상사와 같은 비전문가에게 잘 전달하는 것이 중요하다는 것을 잘 모른다.

둘째, 핵심을 놓친다. 결론과 이유보다 방법에 집착한다.

셋째, 주장만 하고 주장에 대한 논리가 부족하다.

넷째, 어렵고 길게 쓴다. 자신만이 이해할 수 있는 전문용어나 약어를 남발한다.

상황이 이런데도 직장인들은 볼멘 소리를 한다.

"제품 개발이 편하지, 글쓰기는 귀찮고 힘들어요."

"정식으로 글쓰기를 배워본 적이 없어요."

"보고서 한 줄 쓰기가 어렵네요."

왜 이런 현상이 발생하는가? 여러 이유가 있지만 가장 근본적인 이유는 글쓰기를 제대로 배운 적이 없기 때문이다. 우리는 학교를 다닐 때부터 획일적인 정보를 많이 습득하여 정형화된 시험에서 정답을 맞추는 주입식 교육에 길들여졌다. 애초부터 다른 사람을 설득하거나 이해시키기 위한 글을 써볼 기회가 별로 없었다. 그래서 다양한 생각을 인정하고 타인을 이해하고 설득하는 기술에 서툴다. 학교에서 국어 시간에 글쓰기를 배울 때, 에세이처럼 '재미와 감동'을 주는 글쓰기에 대해서는 집중적으로 배우지만 사회에서 자주 사용하는 '효과적인 의사전달'에 중점을 두는 글쓰기에 대해서는 배우지 못했기 때문에 자신이 하고 싶은 말을 표현하고 전달하는 데 서툴다. 그러다 보니 문서 작성에 대한 거부감이 생긴다.

사회에 진출하게 되면 직장에서 요구하는 수많은 문서 작업의 벽에 부딪힌다. 세상에, 제품 개발만 잘하면 된다고 생각했는데 문서 작성 업무가 생각보다 많고 소홀히 여길 수가 없게 되어 있다. 제안서, 기획서, 각종 보고서, 연구 계획서, 제품 사용 매뉴얼 등 각종 문서를 간결하게, 이해하기 쉽고 명확하게, 독창적으로 표현하는 능력을 중요하게 여긴다. 이제는 글쓰기가 단순히 의사소통에 국한되는 문제가 아니라 일의 성패를 좌우하는 결정적 요소가 되었다. 글쓰기 실력을 향상시키는 것이 기술과 지식 습득 못지않게 중요한 일이 되었다.

바야흐로 글쓰기가 경쟁력인 시대가 되었다. 디지털 시대에 역설적으로 아날로그 방식인 글쓰기가 중요해진 이유는 무엇일까? 생물학자 최재천 교수는 한 언론과의 인터뷰에서 "디지털이 아무리 새로워진다고 해도 우리는 그 내용을 아날로그로 구상하고 채워야 한다"라고 그 이유를 설명한다.

일부 직장인들은 문서 작성에 알레르기 반응이 있다. 문서 작성이 시간 낭비라고 생각한다. 그들이 그렇게 생각하는 이유는 문서 작성이라는 업무 자체가 실제 시간 낭비이기 때문이 아니라, 스스로 시간 낭비가 되는 작업처럼 수행하기 때문이다. 문서 작업을 일의 중요한 요소로 여기는 인식의 변화가 필요하다. 직장인들은 제품을 개발하거나 서비스를 제공하는 데 얼마나 많은 시간을 쏟는지를 중요하게 생각하는데, 문서 작성도 중요한 활동으로 바라봐야 한다. 제품 개발과 문서 작성은 동전의 앞뒷면이다. 같은 대상에 대한 서로 다른 표현일 뿐이다.

스마트폰이 보편화되고 개인들이 블로그, SNS, 유튜브 등 다양한 소셜 플랫폼을 활발히 이용하면서 이제 콘텐츠를 생산하고 공유하는 일은 특정인의 전유물이 아니라 누구나 가능하고, 콘텐츠를 통해 영향력을 행사할 수 있는 시대가 되었다. 유튜브에 매일 수많은 동영상이 등장하고 블로그와 SNS에 글이 끊임없이 올라오고 있다. 재미와 공유에 기초한 이런 인터넷 활동은 이제 하나의 패러다임이 되었고, 핵심 문화로 자리 잡았다. 이제 더 이상 글쓰기를 외면할 수 없게 되었다.

누구나 자기 분야에서 일을 잘하는 전문가가 되고 싶어 한다. 모름지기 전문가가 되어, 자기 분야에서 성공하려면 반드시 글쓰기 역량을 갖춰야 한다. 전문가는 무엇보다 자신이 알고 있는 지식과 기술을 쉽게 쓸 수 있어야 한다. 자신의 전문성을 명쾌하게 설명할 수 있어야 한다. 어려운 걸 어렵게 쓰는 건 아무나 할 수 있다. 어려운 걸 쉽게 전달하는 게 능력이다. 상대방이 이해하지 못하는 글을 쓴다면, 글을 통한 소통이 원활하지 않다면 누가 전문가로 인정해줄까? 전문가는 글을 빼놓고 이야기할 수 없다. 글쓰기는 자신의 전문성을 입증하고 가치를 높일 수 있는 가장 강력한 방법이기 때문에 누구나 글쓰기를 필수로 배워야 한다.

이 책은 글쓰기에 대한 자신감을 갖고 글쓰기 노하우를 쉽게 습득할 수 있도록 구성하였다. 이 책을 한번 읽기만 해도 글쓰기의 핵심을 단박에 파악할 수 있도록 노력했다. 이를 위해 나는 글쓰기 실전 경험에서 길어 올린 스마트 라이팅Smart Writing의 4C 법칙을 제시하였다.

❶ Customer(독자): 읽는 사람의 마음을 겨냥하라.

❷ Core(핵심): 결론을 먼저 써라.

❸ Concrete(논증): 논리와 사례로 입증하라.

❹ Concise(간결): 간단명료하게 써라.

수십 년 동안 글을 써오면서 내가 경험적으로 정리한 글쓰기 법칙은 이 4가지로 요약할 수 있다. 이 4가지를 미리 염두에 두고 간단히 정리한 후에 글을 쓰게 되면 분명 상대방의 마음을 움직일 수 있다. 스마트 라이팅을 단 한 문장으로 압축하면 "독자를 위해 핵심을 간결하게 논증하라"다. 글쓰기는 이 한 문장만 이해하면 된다.

　남 캘리포니아 대학의 스파크J. E. Sparks 박사가 제시한 '힘글쓰기(The Power Writing)'의 원리나 영국 총리 윈스턴 처칠Winston Churchill이 애용한 발표 기법인 PREP는 Point(주장), Reason(이유), Example(사례), Point(마무리)를 통해 논리적인 뼈대를 만들어 메시지를 설득력 있게 전달하는 방법이다. 우리는 이 기법을 이미 말하기나 글쓰기에 널리 익숙하게 사용하고 있다.

　이것은 글을 어떻게 구성할 것인가를 다룬다. 즉 글의 핵심과 논증을 다루는 공식이다. 나는 여기에 글의 대상과 형식을 포함시켜야 진정한 글쓰기의 법칙이 완성된다고 믿는다. 글은 그 글을 읽을 독자에게 초점을 맞추어야 하며 간결하게 써야 한다. 결국 글은 독자에게 잘 읽혀져야 하며 이럴 때 소통이 완성되기 때문이다.

글을 쓰면 그 글을 읽는 사람이 반드시 존재하고 글을 통해 독자를 설득시켜야 하므로 독자가 누구이며 독자의 관심사항과 듣고 싶은 말이 무엇인지 파악해보자. 그리고 내가 글을 통해서 독자에게 무엇을 말하고 싶은지를 한 문장으로 정리해보자. 왜 그 문장을 핵심 메시지로 주장하는지에 대한 논리적 근거와 사례도 간단히 적어보자. 마지막으로 글을 통해서 반드시 쉽게 알려주고 싶은 핵심 용어와 독자에게 인상적으로 전해주고 싶은 이야기 하나를 적어보자.

이 책에서는 스마트 라이팅의 법칙을 기반으로 글쓰기 필요성, 글쓰기 방법 등 글쓰기 기초부터 제안서, 보고서, 매뉴얼, 이메일 등 일하면서 자주 쓰는 문서에 대한 실전 노하우와 사례를 함께 제시하였다. 이 책을 통해 자신이 하고 싶은 이야기를 충분히 소통하여 원하는 삶으로 한 걸음씩 나아가기를 희망한다. 이것이 성공에 가까워지는 것 아니겠는가?

2023년 봄이 오는 길목에서

오병곤

차례

제3장_스마트 라이팅 제 1 법칙(Customer-독자)
"읽는 사람의 마음을 겨냥하라"

제4장_스마트 라이팅 제 2 법칙(Core-핵심)
"결론을 먼저 써라"

제5장_스마트 라이팅 제 3 법칙(Concrete-논증)
"논리와 사례로 입증하라"

제6장_스마트 라이팅 제 4 법칙(Concise-간결)
"간단명료하게 써라"

제7장_스마트 라이팅 실전

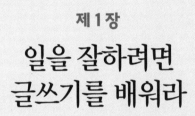

제1장

일을 잘하려면
글쓰기를 배워라

글쓰기로 인공지능이
대체할 수 없는
창의와 공감능력을 키운다

4차 산업혁명 시대에 어떤 일이 사라지지 않고 살아남을 수 있을까? 인간만이 할 수 있었던 노동 영역이 첨단 기계와 인공지능(AI)으로 대체되면서 그동안 인간이 수행했던 일이 점점 사라져갈 것이라는 부정적인 전망이 나오고 있다. 한국고용정보원 조사에 따르면 단순 반복 업무는 로봇이나 인공지능에 의해 대체되고, 의료생명, 정보통신, 교육 분야의 직업이나 고도의 전문성과 창의성, 감성이 필요한 직종은 상대적으로 영향을 덜 받을 것이라고 한다. 인간이 진화적으로 오랫동안 발전시켜 온 창의, 직관, 감성은 아직 그 비밀을 밝혀내지 못하고 있다. 이것들은 인간의 오묘하고 신비한 영역이며 아날로그의 세계다. 이 능력은 빅데이터 기반의 계산 능력을 가진 인공지능이 당분간 대체하기 어렵다는 게 중론이다. 〈일의 미래(10년 후 나는 어디서 누구와 어떤 일을 하고 있을까)〉의 저자 린다 그래튼Lynda Gratton은 앞으로 살아남을 일은 '가치를 창조하는 일, 유일한(Only One) 일, 모방이 어려운 일'이라고 말했다.

4차 산업혁명 시대에는 정보들이 무수히 쏟아지고 시대가 빠르게 변하기 때문에 창의적이며 유연하게 대처하고 적응할 수 있는 역량이 필요하다. 내가 하는 일이 대체 불가능하고 가치 있는 일이어서 누구도 흉내 내기 어려운, 가장 자기다운 것을 기반으로 창의적이면서 깊이 있는 전문성을 확보해야 한다. 나아가 미래에 어떤 능력이 필요한지를 예측하고 자신의 전문 분야에 새로운 분야를 접목하는 유연한 전문성이 필요하다.

창의력이란 기존의 지식에 나만의 경험을 결합해 전혀 새로운 걸 만들어내는 능력을 말하는데, 그러려면 깊이 있는 지식과 다양한 경험이 어우러져야 한다. 문제는 창의력이 중요한 건 알겠는데 창의력이 하루아침에 키워지는 게 아니라는 점이다. 수학이나 영어를 열심히 공부해서 찾아지는 게 아니다. 주어진 틀 안에서 정답을 요구하는 현재의 교육제도로는 창의력을 키우기 쉽지 않다. "한국의 학생들은 미래에 필요하지 않을 지식과 존재하지도 않을 직업을 위해 학교와 학원에서 하루 15시간씩 시간을 낭비하고 있다"는 앨빈 토플러Alvin Toffler의 말을 경청할 필요가 있다. 객관식, 주입식 교육으론 더 이상 미래의 속도를 따라갈 수 없다.

그래서인지, 요즘 창의력을 강조하지 않는 기업을 찾아보기 힘들다. 기업은 이윤을 추구하는 곳인데, 앞으로 창의력이 돈을 벌게 해준다고 믿기 때문에 기업들은 창의력에 열광한다. 왜 창의력이 돈이 될까? 두 가지 이유가 있다.

하나는 유일함(Only One) 때문이다. 기존의 제품이나 서비스와는 완전히 다른 유일함은 그 자체로 경쟁력이다. 남들이 하지 못하는 것을 하고 있다는 게 경쟁 우위 요소가 된다.

다른 하나는 미래를 예측하는 능력 때문이다. 앞으로 이렇게 될 것을 안다는 것은 한발 앞서 가는 것이다. 현재만 보는 것고 미래의 관점에서 현재를 바라보는 것은 전혀 다르다.

스티브 잡스Steve Jobs가 아이폰을 만들었을 때 매니아가 많이 생겼다. 아이폰의 스마트폰 기능 때문에 그랬을까? 아니다. 나는 손가락으로 화면을 확대하고 축소하는 줌 인Zoom-In, 줌 아웃Zoom-Out 등 손가락 터치Touch 기능 때문이라고 생각한다. 지금은 당연하게 생각하는 기능이겠지만 처음 아이폰이 출시될 그 당시에는 키보드나 펜이 아니라 손가락 움직임으로 인간과 기계의 소통 방식을 송두리째 바꿔버린 혁명적인 인터페이스였기 때문이다. 인간이 기계에 느끼는 심리적 거리감은 손가락 터치라는 동작에 의해 완전히 사라진다. 스티브 잡스는 탁월한 통찰력으로 인간과 기계의 소통 방식을 예측하고 이를 기술적으로 구현해서 미래를 만들었다. 그래서 남다른 추종자가 생기고 비즈니스 측면에서도 성공을 거두었다.

　컴퓨터와 인터넷이 보편화됨에 따라 사람들이 더 이상 깊게 생각하지 않는 시대가 되었다. 정보 처리나 의사소통이 단순화되어 검색하고 저장하는 기능을 주로 사용하다 보니 기억하고 생각하는 능력은 점점 퇴화하고 있다. 기억하는 전화번호는 고작 몇 개 정도이며 제대로 외워서 부를 수 있는 노래는 거의 없다. 내비게이션 없이는 길을 찾기 힘들어졌으며, 지하철에서 책을 읽는 사람은 찾아보기 힘들다. 거의 무의식적으로 하루에 백 번 이상 스마트폰을 쳐다본다. 우리는 점점 클라우드Cloud라는 가상공간에 우리 뇌를 저당잡히고 있다. 머지않아 뇌의 일부 기능은 인공지능이 담당하고 필요한 뇌의 기능을 다운로드해서 쓰는 시대가 올지도 모른다. 〈생각하지 않는 사람들(인터넷이 우리의 뇌 구조를 바꾸고 있다)〉의 저자 니콜라스 카Nicholas Carr는 "인터넷에서 지적 활동을 할 때 인류는 장애를 앓고 있다"라고 말했다.

앞으로 인간이 생존하기 위해서는 로봇이나 인공지능보다 우월한 뇌의 기능을 활용해야 한다. 〈제2의 기계시대〉의 저자 앤드루 맥아피Andrew McAfee와 에릭 브린욜프슨Erik Brynjolfsson 교수는 사람이 기계보다 뚜렷하게 장점을 가질 수 있는 세 가지 영역으로 '창의적 영역', '사회적 상호작용 영역', '신체적 능숙성'을 꼽았다. 창의적 영역은 창의적 글쓰기, 창업가 정신, 과학적인 발견 등을 말한다. 로봇은 인간과 같은 감정 지능이 없다. 다른 사람의 요구에 민감하게 반응할 줄 아는 사람들이 뛰어난 역량을 발휘할 수 있다. 이것이 사회적 상호작용 영역이다. 아이들이 연필을 집는 행위는 진화의 산물이므로 로봇은 학습이 느리다. 등산, 수영, 춤, 정원 가꾸기 등 신체적 능숙성은 기계보다 인간이 뛰어나다.

검색, 처리, 계산, 저장 능력은 인간이 로봇을 이길 수 없다. 창의력을 키워야 한다. 창의력은 생각을 통해 새로운 것을 만들어내는 능력이다. 무에서 유를 만드는 게 아니라 기존의 고정관념에서 벗어나서 기존의 것들을 융합하여 새로운 것을 만들어 내는 것이다.

새로운 시대가 요구하는 창의력을 기르려면 어떻게 해야 할까? 창의력은 아무것도 하지 않은 상태에서 갑자기 툭 튀어나오는 것이 아니다. 평소에 스스로 생각하고, 떠오른 여러 가지 생각을 잘 조합하고 새로운 것으로 재창조하고, 그리고 그 생각을 말이나 글로 표현할 수 있을 때 우리는 창의적이라고 말한다. 글쓰기는 스스로 생각하는 법을 학습할 수 있는 좋은 방법이다.

글쓰기에는 정답이 없다. 한 편의 글을 쓰려면 각고의 노력이 필요하다. 수많은 생각을 떠올려야 하고 그 생각들을 연결하고, 낯설게 보고, 통합하면서 자신이 하고 싶은 말을 정리해야 한다. 이런 과정을 통해 새로운 생각이 만들어진다. 창의력을 키우는 좋은 방법은 글쓰기다. 그러니 열심히 글을 써라.

SNS가 보편화되고, 누구든 쉽게 글을 쓸 수 있게 된 지금, 글쓰기는 선택이 아닌 '필수'가 되었다. 이제 사람들은 상대가 쓴 단어 하나로 그 사람의 인격과 능력을 짐작하고, 문장 하나로 상대에 대한 종합적인 판단을 내린다. 대학 입시나 취직 시험에서 자기소개서를 중요하게 여기는 이유는 글만으로도 한 사람의 지식, 역량, 인성을 파악할 수 있기 때문이다.

인간이 컴퓨터나 로봇보다 앞서는 또 하나의 기능은 공감이다. 공감은 상대방에게 감정이입할 수 있는 능력이다. 타인의 감정이나 의견에 대해 동조하는 것을 말한다. 공감은 다른 사람의 기분을 파악하고, 자신의 행동이 남의 행동에 미칠 영향을 인식하고, 행동의 결과가 타인에게 도움이 될지 해가 될지를 판단하고 고려하는 것인데 생존에 유리한 기능이기 때문에 오랫동안 진화하였다.

21세기는 공감의 시대다. 남을 이기고 올라서는 경쟁력보다는 다른 사람에게 공감하고 타인의 공감을 끌어내는 능력이 진짜 경쟁력이 되는 시대로 점점 변화하고 있다. 앞으로 인간의 지적 능력의 많은 부분을 인공지능이 대신하겠지만 공감은 쉽지 않을 것이다. 글쓰기는 공감 능력을 키울 수 있는 좋은 수단이다. 글은 읽는 사람과의 소통을 전제로 하며 글을 쓰는 사람이 읽는 사람의 마음을 읽지 못하면 소통하기 어렵기 때문이다.

앞으로 우리가 마주할 세계는 가장 인간다움이 필요한 시대이며, 인간으로서 스스로 선택하고 판단하는 기능을 상실하게 되면 삶의 주도권은 기계로 넘어가고 디스토피아Dystopia적 미래가 펼쳐질지도 모른다. 글쓰기는 창의와 공감이라는 인간의 능력을 향상시키는 희망의 도구다.

창조의 시대에 글쓰기를 해야
전문가가 될 수 있다

　누구나 특정 분야에서 전문가가 되고 싶어 한다. 흔히 전문가라고 하면 석사나 박사 같은 학위나 기술사 같은 경쟁력 있는 자격증을 소지한 사람을 떠올린다. 실제로 기업이나 사회는 전문성에 대한 기준으로 학위나 자격증을 요구한다. 그러나 학위나 자격증은 전문가임을 증명하는 수단이지만 전문성을 유지하고 있음을 보여주지는 못한다. 시간이 지나면 장롱 속의 운전면허증처럼 효력을 상실하거나 액세서리가 되기 십상이다.

　글을 꾸준히 써서 책을 집필한다는 것은 자신의 전문성을 객관적으로 입증해 보일 수 있는 최고의 수단이다. 자기만의 경험이나 전문성을 담은 책을 쓰면 자신의 브랜드 가치를 높일 수 있다. 책을 씀으로써 우리는 세상에 나를 알리고 다른 사람의 머리와 가슴속에 내 이름을 각인시킬 수 있다.

어떤 분야에서 일을 잘하는 사람이 되고 싶고, 전문가가 되고 싶다면 글쓰기는 필수 요소다. 전문가는 당연히 자기 분야에 대해 식견을 갖고 있어야 하지만 비전문가에게도 알아들을 수 있도록 간단하고 명쾌하게 말할 수 있는 커뮤니케이션 능력이 있어야 한다. 전문가는 해당 분야의 핵심을 놓치지 않는다. 전문가에게 더 높은 글쓰기 능력이 요구되는 것은 어려운 내용을 쉽고 설득력 있게 써야 하기 때문이다.

바야흐로 전문적인 내용을 대중의 눈높이에 맞춰 소통하는 시대로 접어들었다. 전문가들은 그동안 논문 등 학술적 글쓰기를 주로 해왔지만 이제는 자신의 전문 분야를 일반 대중에게 잘 설명하고 전달하기 위해 책을 쓰거나 콘텐츠를 제작하는 경우가 점차 많아지고 있다.

뇌과학자 정재승 교수가 쓴 책, 〈과학 콘서트〉는 교양 과학 필독서로 자리 잡은 베스트셀러다. 출간 당시, '과학 콘서트 신드롬'을 불러일으키며 20년 가까이 꾸준히 사랑을 받으며 교과서에 수록되기도 했다. 이 책의 장수 비결은 흥미로운 과학 주제를 분야를 넘나들며 쉽게 이해할 수 있도록 썼다는 점이다. 이 책은 과학 지식을 대중화시킨 최초의 사례이며 과학대중서가 지녀야 할 미덕을 단적으로 보여주고 있다. 이후 많은 과학자가 대중적인 과학책을 집필했다. 최재천 교수의 〈통섭의 식탁〉, 장대익 교수의 〈다윈의 식탁〉 등 식탁 시리즈부터 천문학을 인문학적 시선으로 쓴 이명현의 〈별 헤는 밤〉, 물리학의 시선으로 우주를 바라본 김상욱 교수의 〈떨림과 울림〉 등 과학적 지식을 대중적으로 쓴 책들이 꾸준히 출간되고 있다.

위대한 과학자 중에 위대한 작가가 많다. 뉴턴, 갈릴레이와 함께 인류에 가장 큰 영향을 미친 3대 과학자로 손꼽이는 찰스 다윈Charles Robert Darwin은 5년 동안 남미와 대서양, 태평양, 인도양을 넘나들며 수많은 동식물을 채집하며 연구했고 영국으로 돌아와 〈비글호 항해기〉를 출판했다. 그 후 20여 년 동안 진화론을 체계화하여 1859년에 〈종의 기원〉이 탄생한다. 이 책은 판매가 시작되자마자 매진되었으며 종교, 철학, 역사학, 물리학 분야에까지 일대 혁신을 일으켰다.

과학자들은 논문뿐 아니라 일반 대중의 지적 욕구를 채워주기 위해 대중이 읽을 수 있는 훌륭한 책을 써왔다. 〈인간 본성에 대하여〉 등으로 퓰리처상을 두 번 받은 사회생물학자 에드워드 윌슨Edward Wilson, 〈이기적 유전자〉를 쓴 리처드 도킨스Clinton Richard Dawkins, 〈시간의 역사〉를 쓴 스티븐 호킹Stephen William

Hawking 등이 대표적이다. 최근 몇 년 동안 내가 감명을 받아서 추천하고 싶은 과학자들의 책은 세 권이다.

일본계 미국인 미래학자이자 물리학자인 미치오 카쿠의 〈마음의 미래〉는 "마음이란 무엇이며 어떻게 작동하는가"라는 질문과 외계인과 인공지능의 의식 등 흥미로운 주제를 뇌과학 기반으로 다루고 있는 미래학 교과서라 부를 만하다. 미국의 신경의학과 뇌과학 전문교수였던 올리버 색스Oliver Sacks의 〈아내를 모자로 착각한 남자〉는 뇌질환 환자들이 역경을 헤쳐 나가는 과정을 다루고 있는 병례사(病例史)이지만 문학적 향기로 가득하다. 환자들이 치유와 회복을 위해 고군분투하는 과정을 보면서 다양한 인간들의 삶의 모습을 진심으로 이해할 수 있었다. 천문학자인 칼 세이건Carl Sagan의 〈코스모스〉는 '과학이 오히려 종교보다 더 영적일 수도 있다는 생각을 하게 해준 최초의 책'이라는 평을 들을 정도로 우주와 인간에 대한 폭넓은 이해와 통찰을 선사해준 고마운 책이다. 역사상 가장 많이 읽힌 과학 교양서이기도 하다. 이 과학자들은 전문적인 내용을 일반인들도 이해하기 쉽게 써 베스트셀러 작가의 반열에 올랐다.

전문적인 내용을 대중의 눈높이에 맞게 풀어 쓰면 베스트셀러가 될 확률이 높다. 일반 대중들이 철학, 심리학, 뇌과학, 천문학, 컴퓨터 공학에 식견이 없어도 그들의 관심 분야를 찾아 쉽게 쓰면 된다. 4차 산업혁명 시대로 본격 진입하면서 시시각각으로 변하는 트렌드를 잘 관찰하고 그중에서 관심 있는 주제를 파고 들어 대중적으로 써보면 경력 계발에도 도움이 된다. 주변에 빅데이터와 인공지능에 대해 심도있게 공부하고 대중적인 글을 써서, 그것으로 밥을 먹고 사는 사람이 하나둘씩 늘고 있다. 관심 있는 전문 주제를 파고 들어 이해하기 쉬운 글로 정리해내면 경력이 바뀔 수 있음을 그들이 보여주고 있다.

지금까지 살아오면서 잘한 일들을 꼽으라면 나는 책 출간을 먼저 말하겠다. '내게도 이런 일이 일어날 수 있을까?' 한 번도 생각해보지 않았던, 전혀 이루어질 수 없다고 생각했던 일이 일어났기 때문이다. 그동안 제대로 글을 써 본 적이 거의 없었지만 꾸준히 글쓰기를 수련하여 첫 책을 내고 나는 이제껏 느끼지 못한 커다란 성취감을 느꼈고 내 안의 비범함을 깨닫게 되었다. 나는 첫 책을 내고 몇 권의 책을 더 출간한 후에 회사를 자발적으로 퇴직하고 무소속의 자유와 독립의 길을 선택했다. 첫 책은 내가 주도하는 새로운 삶을 시작하기 위한 큰 발판이 되었다. 책 출간은 나에게 새로운 길을 선사했다.

살면서 자기 자신에게 계속 물어야 할 질문은 "나는 어떤 사람으로 기억되길 원하는가?"다. 이 질문에 자신 있게 대답할 수 있는 사람은 자신의 브랜드를 성공적으로 만들었거나 만들 수 있는 사람이다. 자기 분야를 대표하는 고유 브랜드가 되고 싶다면 책을 쓰는 데 도전하라. 글을 꾸준히 써서 책을 출간하면 당신이 하나의 브랜드가 되는 데 튼튼한 디딤돌이 되어줄 것이다. 자신의 전문 분야에 대해 대중적인 책을 쓰면 확실하게 전문가 대우를 받을 수 있다.

앞으로 자신의 영역을 창조하여 그 분야에서 일가(一家)를 이루려는 사람들은 글을 쓸 것이다. 모두 자신의 이야기를 쓰고 콘텐츠를 만들어 대중과 소통할 것이다. 다른 사람이 만들어낸 콘텐츠를 소비하는 것만으로 만족할 수 없기 때문이다. 자신의 이야기를 만드는 일, 그것의 바탕이 바로 글쓰기다. 글쓰기는 지식의 창조 작업이다. 창조의 시대에는 글쓰기를 하지 않고는 주류가 될 수 없다. 나는 누구나 지식의 창조에 참여하는 시대가 이미 왔음을 감지한다.

미국의 매사추세츠 공대(MIT, Massachusetts Institute of Technology)는 전 세계 그 어느 대학교보다도 많은 예산을 들여 체계적으로 글쓰기 교육을 하고 있다. 1982년에 '글쓰기와 의사소통센터'를 설립하여 시인, 소설가, 역사가, 과학자 등 다양한 분야의 전담 교수를 두고 있으며, 글쓰기 강좌를 필수 과목으로 지정하고, 인문학을 8개 과목 이상 수강하도록 하였으며, 모든 과목에 보고서 쓰기를 의무화하고 있다. MIT가 글쓰기 교육을 강화한 직접적인 계기는 졸업생들의 건의였다. 졸업생들의 대부분은 과학자와 엔지니어였는데 그들은 자신이 하는 일의 3분의 1 이상이 글쓰기와 직접적인 관련이 있고, 따라서 사회에서 생존하려면 글쓰기가 반드시 필요하다고 주장했다. MIT는 글쓰기를 통해 사고 능력이 향상되고 이로 인해 연구 능력과 대중들에게 전문적인 내용을 쉽게 전달할 수 있는 능력 또한 향상된다고 믿고 있다. MIT는 학생들을 유능한 과학자나 엔지니어뿐 아니라 훌륭한 작가로 단련시키고 있다. 하버드 대학교를 졸업한 직장인 1,600명을 대상으로 설문조사한 결과에서 응답자 90% 이상이 대학 시절 가장 도움이 된 수업이 '글쓰기'라고 대답했다고 한다. MIT를 비롯한 유수의 대학들이 철저하게 글쓰기 교육을 하고 있는 이유는 분명하다. 아무리 창의적인 생각이 있어도 글로 정확하게 쓰지 못하면 소용이 없기 때문이다.

미국의 20개 연구기관에 종사하는 엔지니어를 대상으로 설문조사한 결과도 흥미롭다. 과학자와 엔지니어들은 업무 시간의 3분의 1을 글쓰기와 관련된 일로 보내고 있으며 직급이 위로 올라갈수록 그 비율은 더 늘어났다. 절반 이상의 엔지니어는 글쓰기가 경력과 출세에 지대한 영향을 주었다고 대답했으며 이 역시 상위 직급일수록 비율이 높았다. 유명한 엔지니어링 회사에서 직장에서의 성공을 위해 필요한 과목이 무엇인지 설문조사를 했는데 1위가 경영학, 즉 회사를 어떻게 운영하는가에 대한 과목이었고 2위가 글쓰기였다. 글쓰기가 꽤 높은 순위로 나타났는데, 엔지니어들이 하는 일에서 기술문서를 쓰는 게 많다는 게 이유였다.

이처럼 글쓰기가 대학과 사회생활에서 필수역량으로 자리매김하고 있으며 글을 잘 써야 전문가로 인정받는 시대가 되었다. 당신이 취득한 학위와 자격증은 명함에 있지만 당신이 쓴 글은 다른 사람들의 머리와 가슴 속에 있다. 글을 쓰면 당신은 진정한 전문가로 성장할 수 있다.

글을 잘 쓰면
일이 술술 풀린다

"한국어가 가장 어려웠어요."

"보고서 주제는 참 좋았는데 보고서에 내용을 제대로 담지 못한 거 같아요."

회사에서 승진 역량 평가를 위해 보고서를 작성하면서 애를 먹었던 지인이 몇 번을 승진에서 탈락한 끝에 마침내 승진이 되자 나한테 했던 첫 말이다. 그는 4차 산업혁명 기술과 관련된 보고서를 쓸 때 고생한 이유를 몇 가지로 분석했다.

첫째, 말하고자 하는 메시지가 불분명했다. 보고서에서 다루고자 하는 내용이 무엇이고, 기존의 유사 주제와 무엇이 다른지,

내 보고서가 말하고자 하는 결과와 의미에 대한 확신이 약했다.

둘째, 보고서를 읽는 사람의 시선을 고려하지 않았다. 이 보고서를 평가하고 참고할 사람의 시선으로 그들이 궁금한 주제를 선별하고 그 주제에 대한 의견을 수렴하는 과정을 소홀히 했다.

셋째, 보고서가 너무 어려웠다. 보고서에 나오는 기술적인 내용에 대한 설명이 자신조차도 이해하기 어려웠다고 고백했다. 전문용어를 본의 아니게 많이 사용하다 보니 보고서의 요지를 심사위원들이 이해하기 어려워했다. 결과적으로 보고서 심사위원들이 내 보고서 주제에 관심을 갖게 하는 데 실패했다.

'알고 있는 것'과 '알고 있는 것을 전달하는 것'은 별개다. 학습과 경험을 통해 지식과 기술을 아는 과정보다 아는 것을 전달하는 게 더 어렵다는 볼멘소리가 현장에서 나오는 이유는 글쓰기를 그만큼 어려워한다는 것을 단적으로 보여준다.

일하는 사람이 글쓰기를 배워야 하는 이유는 업무의 절반이 글쓰기와 관련이 있는 까닭이다. 우리가 일하는 시간을 살펴보면 대부분 무엇을 쓰거나 이야기를 하고 있다. 아침에 출근해서 제일 먼저 이메일에 대한 답변으로 일을 시작한다. 회의결과를 정리하고, 보고서를 만들고, 프로젝트 산출물을 작성한다. 하루 일과에서 글쓰기와 관련하여 일한 시간을 기록해보라. 적지 않은 시간을 글쓰기와 함께 보내고 있음을 확인하게 될 것이다. 특히 코로나19 이후 대면으로 할 수 있는 일이 급격히 줄었다. 이제는 오프라인에서 말로 하지 않고 이메일이나 온라인 커뮤니티 도구를 활용하여 협조를 요청한다. 바로 앞에 앉은 고객에게도 이메일로 소통한다. 자연스레 글로 일하는 경우가 늘었다.

2000년대 초반 미국에서 조사한 결과에 따르면 엔지니어들은 하루 업무시간에서 정보검색이나 소통에 50%의 시간을, 정보가공과 문서작성에 20%의 시간을, 엔지니어링 업무수행에 20%의 시간을, 개인적인 휴식과 식사 등에 나머지 10%의 시간을 사용하고 있다고 한다. 하루 일과의 70~80% 시간을 소통에 사용하고 있으며, 이 수치는 최근에 국내 직장인들의 근무 시간 기록을 조사한 결과와 별반 다르지 않았다.

왜 이렇게 소통 시간이 많이 걸릴까? 예를 들어 하나의 보고서를 쓰기 위해서는 단지 작성 시간만 필요한 게 아니라 주어진 시간을 활용하여 자료를 수집하고, 정보를 분석하고, 관련자와 회의를 하고 정리하는 종합 능력이 필요하다. 보고서 작성 능력이 업무 능력이라고 봐도 무방하다. 글쓰기는 단지 문장력이 뛰어나다는 것만을 의미하지 않는다.

글쓰기를 배워야 원활한 소통을 할 수가 있다. 그냥 만나서 이야기하는 것과 문서를 가지고 이야기하는 것은 차이가 크다. 말은 공중으로 흩어지지만 글은 영원히 남는다. 명확하게 작성한 보고서를 서로 보고 이야기를 하게 되면 그냥 말로 이야기하는 것과 비교할 수 없을 정도로 소통 수준이 완전히 달라진다.

4차 산업혁명은 협업이 중요한 시대를 만들고 있다. 모든 것이 다 연결되는 초연결의 시대에는 사람과 사람만이 아니라 모든 사물에 센서를 달아 정보를 수집하고 분석하고 해석하기 때문에 내가 모든 것을 다할 수 없다.

회사는 동일한 업무 영역에 있는 사람끼리 정답을 가지고 소통하는 곳이 아니다. 다양한 직군의 사람들이 상호 소통과 협력을 해야 하는 곳이다. 그런데 내 직무 영역에서 내가 할 일만 하면 내 본분이 끝났다고 생각하는 경우가 많다. 중요한 것은 우리의 일이, 우리의 프로젝트가 성공하는 것이다. 그러려면 협업을 해야 하고 협업을 원활하게 하려면 무엇보다 글쓰기가 뒷받침이 되어야 한다.

진정한 전문가는 자신이 수행한 작업을 다른 사람도 충분히 이해할 수 있도록 배려하여 문서로 만들어 내려고 노력한다. 그들은 일의 결과물이 누군가 다른 사람이 자신의 새로운 생산물을 창출해 내는 데 이용할 수 있을 때 비로소 가치를 인정받을 수 있다고 믿기 때문이다.

일을 잘하는 사람은
소통하는 글을 쓴다

글쓰기를 배워야 한다고 하면 대부분 예술적인 가치가 있는 글을 떠올린다. 그렇지만 그 영역은 예술가나 문학 작가가 담당할 몫이다. 일을 하는 사람들이 써야 하는 글의 대부분은 일과 관련된 실용적인 글이다.

문학적 글쓰기와 실용적 글쓰기를 구분해야 한다.

문학적 글쓰기는 수필, 소설, 시 등을 다루고 실용적 글쓰기는 보고서, 제안서, 기획서, 매뉴얼 등을 다룬다. 문학적 글쓰기는 주로 묘사 기법을 사용하고 실용적 글쓰기는 주로 설명과 논증을 사용한다. 묘사는 대상을 본 것처럼 대상의 생김새, 모양, 느낌을 구체적으로 표현하는 것이다. 설명은 어떤 일의 의미나 내용을 알기 쉽게 밝혀주는 것이다. 논증은 설득을 목적으로 근거를 들어 증명하는 것이다.

문학적인 글쓰기는 재능의 영향을 많이 받는다. 무언가를 지어내는 상상력과 남들과는 다른 방식으로 느끼는 감수성이 있어야 한다. 그러나 실용적인 글쓰기는 훨씬 덜하다. 실용적인 글쓰기는 누구나 훈련과 연습을 통해서 잘할 수 있다. 예를 들어 보고서를 쓸 때는 보고서의 내용을 일목요연하게 정리하여 핵심 내용을 쉽고 편안하게 전달하면 되기에 천부적인 글쓰기 재능은 필요하지 않다. 실용적인 글쓰기는 꾸준히 연습만 하면 일정한 수준에 오르는 것은 시간문제다. 글쓰기의 목적은 장르가 어떠하든 자신의 내면에 있는 감정이나 생각을 표현해 타인과 교감하는 것이다.

우리가 쓰는 대부분의 글은 문학작품이 아니라 일과 관련해서 쓰는 글이다. 휴대폰 매뉴얼을 보라. 감동이 느껴지는가? 이런 글은 재미나 감동(Impress)이 목적이 아니라 표현(Express)과 소통이 목적이다. 휴대폰을 사용하면서 필요한 기능, 불편사항에 대한 대처 등을 일목요연하게 정리해주면 된다. 우리가 쓰는 글은 효과적인 의사소통이 목적이다. 상대방에게 잘 전달하는 글을 쓰는 것이다.

글쓰기란 아름답게 쓰는 게 목적이 아니다. 자신이 하고 싶은 이야기를 자유롭게 '표현'하는 것이다. 표현을 뜻하는 영어단어 Express는 자신이 받고 있는 압력(Press)을 외부(EX)로 꺼낸다는 의미다.

한국 문화는 자연스럽게 표현하는 분위기를 '예의'라는 잣대로 억눌러 온 경향이 있다. 가만히 있으면 중간은 간다고 하며 튀지 말라고 한다. 자기 표현을 억제하다 보니 글쓰기가 서툴다.

사회에서 조직 생활을 하는 사람이 갖춰야 할 기본 능력은 자신의 생각을 말과 글로써 표현하는 것이다. 자신의 의사를 명확히 다른 사람에게 전달하여 의미있는 결론에 도달하기 위해서는 소통이 중요하다. 일을 잘하는 사람은 소통을 염두에 두고 글을 쓴다. 자신을 표현하고 소통하는 능력, 이것은 인간이 가질 수 있는 기술 중에서 가장 중요한 것이다.

어떤 문제든 글로 잘 쓰기만 해도
절반은 해결된다

우리는 일을 프로젝트 형태로 추진하는 경우가 많다. 특히 중요한 목표를 달성하기 위해서 프로젝트를 통해 집중해서 일을 수행한다. 프로젝트는 어떤 목적을 달성하기 위하여 조직적으로 수행하는 일련의 작업을 말하는데 매일 똑같은 작업을 반복하는 것이 아니라 특정 기간 동안 한시적으로(Temporary) 작업이 진행된다는 특징이 있다. 프로젝트는 언제 시작해서 언제 끝이 나는지 기한이 정해져 있기 마련이다. 다시 말하면 프로젝트에서 쓸 수 있는 시간, 예산, 인력이라는 자원이 제한되어 있다는 말이다. 일정과 비용을 초과하면 당연히 손실이 발생한다.

프로젝트의 또 다른 특징은 유일하다(Unique)는 점이다. 이 세상에 똑같은 프로젝트는 하나도 없다. 지난 달에 끝난 A 회사의 쇼핑몰 구축 프로젝트와 이번 달에 시작하는 B 회사의 쇼핑몰 구축 프로젝트는 이름만 비슷할 뿐 성격은 전혀 다르다. 프로젝트 환경, 고객의 요구사항, 수행 인력 등이 다르다. 프로젝트 상황이 똑같다면 굳이 새로운 프로젝트를 할 필요가 없다. A 회사에서 만든 제품을 복제하여 B 회사에 납품하면 된다.

따라서 똑같은 프로젝트가 하나도 없다는 것은 프로젝트는 늘 새로운 환경에서 처음 하는 일이기 때문에 잘못될 확률, 즉 위험(Risk)이 반드시 존재한다는 것을 의미한다. 위험은 앞으로 발생할 문제(Issue)이고 문제는 위험이 현실화된 것이다. 위험과 문제는 동일한 속성이며 발생 시점만 다르다. 프로젝트에서 발생하는 위험과 문제를 잘 해결하면 오히려 기회가 될 수 있다. 문제를 해결하는 역량을 키우게 되면 고객 만족과 경쟁력을 높일 수 있다.

비단 프로젝트뿐만 아니라 대부분의 일이 문제해결 역량을 필요로 한다. '일이 곧 문제해결'인 경우가 많다. 전문가는 문제의식을 갖고 해결책을 제시하는 능력이 있다. 평소에는 일을 잘 진행하지만 문제가 발생하면 어쩔 줄 모르고 당황하는 사람을 전문가라 인정하기 어렵다. 비전문가는 문제의 근원을 인식하지 못하고 즉자적으로 대응한다. 그래서 오판하기 쉽다. 지푸라기를 잡는 심정으로 이곳저곳에 도움을 요청하기도 하지만 문제해결에는 별반 도움이 되지 않는다. 반면에 전문가는 문제의 핵심을 이해하려는 태도를 보여준다. 문제에 대한 깊은 통찰력을 바탕으로 문제를 해결한다.

문제해결의 기본은 문제를 글로 잘 정리하는 것이다. 일을 잘하는 사람은 일을 수행하면서 필연적으로 발생하는 위험과 문제를 식별하고 지속적으로 모니터링하면서 해결하려고 노력한다. 특히 일의 초반에 위험을 식별하여 위험이 문제로 전이되지 않도록 예방하는 데 촉각을 기울인다. 이들은 문제가 발생하면 문제를 정의하고 원인을 분석하고 해결방안을 문서로 작성하여 이해관계자와 소통한다. 글쓰기는 문제를 체계적으로 연구하고 해결할 수 있는 고도의 지적 작업이다. 문제를 선명하게 정의하고 자료를 찾고 생각을 숙성시키는 과정은 문제를 실제 해결하는 행위보다 훨씬 더 어렵다. 그래서 미국의 발명가 찰스 캐터링 Charles Franklin Kettering은 "어떤 문제를 글로 잘 표현하기만 해도 그 문제의 반은 해결된 것이나 마찬가지"라고 말했다. 문제해결을 잘 보여주는 글은 사람들에게 읽히는 힘이 있다. 문제해결을 제시하는 글은 그 자체로 좋은 글이 된다.

프로젝트의 성공이란 무엇인가? 인생 성공에 대한 정의가 각자 다르듯이 프로젝트의 성공도 프로젝트마다 다르다. 일반적으로 프로젝트의 성공이란 프로젝트에서 원하는 구체적인 목표(Target)를 달성하는 것이라고 정의할 수 있다. 예를 들어 예측율 90%의 기상 예측 솔루션을 개발한다거나, 외산 제품의 시장 점유율을 50%까지 대체하겠다는 것 등을 들 수 있다. 프로젝트 성공은 투자 대비 효과(ROI, Return On Investment)를 거두는 것이다. 세상에 공짜가 없고 누구나 손해를 보려고 하지 않는다. 노력한 만큼 좋은 결과를 얻기를 원한다.

프로젝트 목표 달성은 관리적인 요소에 의존한다. 프로젝트 목표는 프로젝트 관리의 핵심요소라고 할 수 있는 일의 범위, 일정, 비용을 잘 관리하고 고객이나 팀원 등 프로젝트 이해관계자와 소통이 원활하게 진행되어야 달성할 수 있다. 프로젝트 실패는 처음부터 프로젝트의 목표를 프로젝트 구성원들과 분명하게 공유하지 않고 범위, 비용, 품질 같은 핵심적인 관리 요소들의 우선순위가 무엇인지 모른 채 일정을 맞추는 데만 급급하다가 발생한다.

나는 20년 이상 현장에서 프로젝트를 수행하고 관리하면서 수많은 이해관계자로부터 프로젝트 성공 비결에 대한 질문을 받았다. 그때마다 했던 이야기는 프로젝트의 분명한 목표가 있고 그 목표를 달성하기 위해 팀이 단결했는지에 달려있다고 말했다. 지금도 이 생각엔 변함이 없다. 프로젝트의 성공과 실패를 가르는 단 하나의 법칙은 프로젝트의 목표를 분명히 하고 목표에 대한 이해관계자들의 헌신을 얻어내는 것이다. 구체적으로 프로젝트 목표를 프로젝트 비전 문서로 명확히 정의하여 이해관계자들과 공유하고, 주기적으로 목표에 대해 소통하고, 문제가 발생하여 목표 달성에 차질이 생겼을 경우에 문제를 명확히 정의하고 해결하려는 노력이 프로젝트 수행 기간 내내 지속되느냐에 달려있다.

성공하는 프로젝트는 원활한 커뮤니케이션 수행을 위해 문서 작성에 신경을 쓴다. 문서 작성은 프로젝트 팀원들을 귀찮게 하는 일이 아니라, 커뮤니케이션을 원활하게 하려고 하는 활동이라는 분명한 인식을 갖고 있다. 문서 작성을 싫어하는 사람은 문서를 작성해서 다른 사람이 그걸 기반으로 일을 할 수 있도록 도와주어야 하는데 이를 생략하고 말로 설명하는 경우가 많다. 그래서 설명을 듣는 사람은 내용을 이해할 수 없으면 말한 사람에게 물어보게 된다. 그런데 나중에는 귀찮아서 물어보지 않고 자기가 알아서 일을 한다. 결국 자신의 판단으로 일을 하게 되고 재작업은 필연적으로 발생한다.

여기서 다시 생각해보자. 우리가 문서를 작성하는 이유는 무엇인가? 불필요한 일을 추가하는 게 아니라 소통 오류를 줄여 만족스러운 일의 결과를 만드는 게 본질이 아닐까?

알기 때문에 쓰는 게 아니라
쓰기 때문에 알게 된다

기술사 시험은 해마다 한국산업인력공단에서 시행하는 국가 기술자격증 취득 시험이다. 기술사 시험은 다시 치루고 싶지 않을 정도로 정말 힘든 시험이다. 아침 9시에 시험을 시작해서 저녁 5시 20분까지 거의 하루 종일 한자리에 앉아서 시험을 본다.

시험 문제는 단답형이 아니라 전부 논술형이다. 예를 들어 '인공지능의 개념, 장단점, 특징, 전망에 대해 논술하시오'라고 문제가 출제된다. 문제에 대해 자신의 생각과 의견을 논리적으로 작성해야 한다. 시험은 100분씩 총 4교시를 치룬다. 한 교시 당 A4 용지 크기의 22줄이 그어진 14장짜리 답안지를 받게 되는데 무조건 14장 분량을 다 쓰는 것이 기본이다. 분량이 먼저이고 그다음에 품질을 따진다. 그래서 기술사 시험은 충분히 생각하고 쓸 여유가 없다. 간략히 쓸 개요를 잡고 일필휘지로 내달려야 한다. 1교시를 치루고 나면 벌써 팔이 아프고 군은 살이 박힌다.

기술사 시험은 딱히 범위가 없다. IT 분야의 정보관리 기술사 시험을 예로 들자면 시험 범위는 네트워크, 소프트웨어 공학, 플랫폼, 데이터베이스 등 IT 분야 전 영역이다. 기술사는 건축, 소방, 조경, 철도 등의 여러 분야가 있고 같은 날 시험을 치루는데 모두 논술형으로 문제가 출제된다. 왜 업계 최고의 기술사 자격증 시험은 논술형이며 하루 종일 시험을 볼까?

기술사 시험 공부는 정리하기, 생각하기, 쓰기라는 3단계 과정을 차근차근 밟아야 한다.

첫 번째 '정리하기'는 엄선된 자료를 수집하여 정독하고 별도의 개인 노트에 정리하는 것을 말한다. 예를 들어 딥 러닝Deep Learning이라는 주제를 공부한다면 자기한테 맞는 자료를 찾아서 정리해야 한다. 먼저 용어를 정리해놓고 본격적으로 공부를 시작한다. 용어를 말이나 글로 표현하지 못하면 정리가 되지 않았다는 증거다. 자기 용어로 정리해야 한다. 복사해서 붙여넣기로 하는 건 의미가 없다.

두 번째 '생각하기'는 주제의 논리 전개와 자신만의 차별화된 방법을 고민하는 것이다. 예를 들어 인터넷에 연결된 서버에 정보를 저장하는 클라우드Cloud 시스템이라는 주제를 공부한다면 클라우드 시스템의 정의, 특징, 활용방안, 문제점 및 개선방안, 향후 전망에 대해 생각을 해봐야 한다. 그 주제를 다른 주제와 비교하고 연결하면서 자신만의 관점을 갖기 위해 다방면으로 생각해봐야 한다. 학습 없는 사고는 공허하고 사고 없는 학습은 맹목적이다. 배워도 생각하지 않으면 확실히 내 것이 되지 않는다.

세 번째 '쓰기'는 말 그대로 직접 써봐야 한다는 것이다. 백견(百見)이 불여일작(不如一作)이다. 백 번 자료를 보는 것보다 한 번 쓰는 게 낫다. 직접 써봐야 확실히 내 것이 된다. 먼저 써내는 게 중요하다. 수험자가 가장 하기 쉬운 실수 중 하나가 쓰는 연습에 관한 것이다. "모범 답안을 잘 만들고 머리로 숙지하면 되지, 쓰기 연습이 무슨 필요가 있습니까?"라는 생각을 하면 오산이다. 글로 쓰는 연습을 게을리하면 시험 탈락은 불을 보듯 뻔하다. 기술사 시험은 정해진 시간 안에 정해진 분량을 써내는 것이 기본이다. 모든 글쓰기가 마찬가지다. 정한 시간 내에 일정 분량을 써내는 힘이 중요하다. 공부 주제는 내 언어로, 내 골수로 이해해야 하고 마침내 손으로 이해해야 한다.

기술사 시험은 읽고 생각하고 쓰는 종합적인 역량을 요구하는 시험이며 이런 역량을 갖춘 사람에게 업계 최고의 자격을 부여하겠다는 것에 시험의 취지가 있다고 나는 생각한다. 역량 중에서도 특히 쓰기 능력이야말로 전문가임을 증명하는 중요한 수단으로 보기 때문에 기술사 시험을 논술로 치루는 것이라고 생각한다. 써낼 수 있어야 제대로 이해한다는 증거이며 제대로 이해하는 사람이야말로 전문가라고 부를 수 있다.

기술사 시험은 학습을 몸으로 체득할 수 있는 좋은 경험이다. 암기보다는 철저히 경험에 의한 이해가 필요하고 이것을 매일 글로 써내야만 한다. 기술사 시험은 절대 머리로 외워서 쓸 수 없다. 나는 글쓰기는 '머리'로 하는 게 아니라 '몸'으로 밀고 나가는 행위에 가깝다고 믿는다. 나는 글쓰기가 '몸에 배인 습관같은 것'이라고 믿는다. 머리가 나를 끌고 가는 게 아니라 글을 쓰는 몸이 나를 끌고 간다.

비단 기술사 시험 공부가 아니더라도 언제 어디서든지 자신의 관심 주제에 대해 자기 논리에 맞게 끊임없이 생각하는 게 중요하고 그 주제를 내 것으로 소화해서 쓸 수 있어야 진짜 실력이 커진다. 당신이 알고 있는 것을 정해진 시간 안에 글로 잘 표현할 수 있느냐가 전문가의 기준이다.

기술사 자격증을 따면 경력에 도움이 된다. 회사에 따라서 수당을 받거나 승진 시 가점을 받을 수 있다. 명함에 기술사라는 타이틀을 넣을 수도 있다. 이런 혜택도 있지만 가장 큰 매력은 쓰기를 통해 공부를 제대로 해볼 수 있다는 점이다.

진정한 전문가는 어제의 나와 경쟁할 수 있는 사람이다. 어제의 지식과 기술이 오늘 무용지물이 되는, 지식과 기술의 생존이 단명하고 있는 시대에 지속적인 재충전을 해야 전문성을 획득하거나 유지할 수 있고 일에서 성과를 계속 낼 수 있다. 그렇기 때문에 전문가는 평생 학습의 길을 걸어가야 한다. 벤저민 프랭클린Benjamin Franklin의 말을 가슴에 새기자.

"독서는 정신적으로 충실한 사람을 만든다. 사색은 사려깊은 사람을 만든다. 그리고 논술은 확실한 사람을 만든다."

알기 때문에 쓰는 게 아니라 쓰기 때문에 확실히 알게 되는 것이다.

보고 배운 것을 글로 정리해야
내 것으로 만들 수 있다

오직 자신이 과거에 경험한 것만 진리로 여기는 편협한 관리자가 제멋대로 일을 하다가 회사에 경제적으로 큰 손실을 끼친 것을 본 적이 있다. 이런 관리자가 많은 조직의 모습은 어떨까? 재미있는 것은 이런 조직에는 '왕년에'라는 말이 자주 회자된다는 점이다. 과거의 틀에 갇혀있기 때문에 일하는 방식이 예전과 똑같다. 어제와 오늘이 별 차이가 없는 매너리즘이 지배하고 활력이 떨어지며 몸으로 때우는 방식으로 일이 진행된다. 과거로부터 배우지 못하기 때문에 이전에 일하면서 고생을 하고도 그 이유를 모른 채 지금 똑같은 실수를 저지른다. 이 얼마나 부끄러운 일인가!

학자들은 자신들의 세계에 갇혀서 이론을 실무에 적용하고 검토하는 일을 중요하게 여기지 않는 경우가 적지 않다. 반면에 현장에서 일하는 사람들은 자신만의 특수한 경험이 진리라고 믿고 일반화하는 오류를 범하기도 한다. 일을 하면서 배우고 얻은 교훈(Lessons Learned)이나 우수사례(Best Practice)를 수집해 정리해서 직원들과 공유해서 일의 생산성을 올리는 노력을 하는 회사를 찾기가 쉽지 않다. 오직 과거 방식대로 일하기에만 초점을 맞추기 때문에 부족한 점을 개선해서 나아지는 것을 기대하기 어렵다.

전사 품질조직의 리더를 맡으면서 직원들의 역량을 향상시키고 일의 생산성을 높이기 위해서 일과 관련된 핸드북Handbook을 팀원들과 함께 만든 적이 있었다. PM(Project Manager) 가이드 북, 역량강화(동료검토, 위험관리, 커뮤니케이션, 제안서 작성 등) 매뉴얼, 프로젝트 우수사례집을 한 손에 쥐고 볼 수 있을만한 크기로 만들어 배포하고 신입직원부터 임원들까지 빠짐없이 교육을 진행했다. 회사에 근무하는 직원이라면 누구든지 알아야 하는 일의 절차, 방법, 사례를 잘 정리해서 공유하면 일의 생산성이 향상되고 조직의 문화로 정착될 수 있다는 믿음이 있었기 때문이다. 실제 일에 도움이 되었다는 직원들의 반응이 많았다.

일을 잘하려면 평소에 현장에서 교훈이나 우수사례 같은 이야기를 수집해야 한다. 이야기 자체가 훌륭한 것들을 평소에 모아서 기록하고 거기에 맞는 메시지를 도출해서 전달해야 효과적이다. 이야기는 사람을 빠져들게 하고 기억에 남게 하는 힘이 있고 논리보다 설득의 도구로 효과적이다. 글로 기록해서 정리해야 온전히 내 것이 된다. 기록은 기억보다 강하다. 중국속담에 "아무리 흐린 먹물이라도 가장 훌륭한 기억력보다 낫다"라는 말이 있다. 머리를 믿지 말고 손을 믿자. 기록하지 않으면 유실된다. 보고 배운 것을 글로써 정리해야 온전히 내 것으로 만들 수 있다. 그 순간의 생각, 느낌은 나중에 다시 등장하지 않는다.

일의 생산성을 높이기 위해서는 재사용이 중요하다. 다시 말하자면 재사용을 할 수 있으면 생산성이 높아진다. 문서를 작성할 때 우리는 제일 먼저 잘된 샘플을 구해달라고 하거나 스스로 찾는다. 빠르고 정확하게 작성할 수 있기 때문이다. 무엇을 재사용하는가? 문서는 기본이며 좋은 활동이나 습관도 재사용이 가능하다. 좋은 활동의 예를 들어보자. 보고서 초안을 만들어 동료들과 검토하고 수정하고 상사나 고객에게 보고한 후에 다시 보고서를 동료들과 검토한 후 수정한다. 보고서를 보고 전후로 동료검토를 2회 실시하여 보고서의 품질을 향상시킨다. 이런 게 우수한 활동이다. 재사용 문서나 좋은 활동은 직원들이 올바로 일할 수 있도록 도와주기 위해 현장에 있는 사람들이 만들어야 한다. 현장에 없는 사람들이 만들면 소설이 될 수 있다. 현장에서 얻은 교훈, 새롭게 배운 것을 글로 남겨야 한다. 그래야 개인의 역량 향상은 물론이고 회사나 업계의 발전을 앞당길 수 있다.

당신이 경험했던 일에서 얻었던 교훈, 새로운 기법이나 시도의 결과 등을 글로 써보길 바란다. 글은 누구나 쓸 수 있는 것이다. 당신의 용기가 당신의 성장과 업계의 발전을 앞당긴다는 사실을 잊지 말기를 바란다.

일을 잘하는 사람은 일신우일신을 통해 매일 작은 기적을 만드는 사람이다. 이들은 일에 대한 나름대로의 확고한 철학을 갖고 현장에서 스마트하게 일하는 방식을 항상 고민한다. 그동안 현장에서 배운 살아 있는 지식과 경험을 현장에서 일하는 직원들과 맛집이나 좋은 여행지 정보처럼 공유한다. 현장에서 일하는 사람이 쓴 글이나 책에는 지식과 기술이 살아 있다. 단순히 글을 잘 쓰고 못 쓰고의 문제가 아니다. 일하면서 깨달은 지식과 생각은 사람들에게 신뢰와 긍정적인 자극을 줄 수 있으며 다른 사람들도 유용하게 사용할 수 있다.

나는 앞으로 현장에서 일하는 사람들이 자기만의 분야에서 다른 사람들이 읽고 활용할 수 있는 글을 써서 매뉴얼을 만들고 책을 출간하는 사례가 많아지기를 희망한다. 그동안 현장에서 일하는 전문가들은 전문적인 논문 작성을 선호하고 일반 교양서 집필을 기피하는 경향이 있었다. 그들은 '그들만의 리그'에서 전문 기술과 용어를 쓰며 담을 쌓고 있었는지 모른다. 전문가가 쓴 대중적인 책이 점점 많아지고 있는 추세지만 아직 갈 길이 멀다.

내가 2007년도에 〈대한민국 개발자 희망보고서〉라는 첫 책을 쓰기 전까지는 IT 분야에서 전문 기술서를 제외한 일반 교양서를 국내에서 찾아보기 힘들었다. 내가 첫 책을 쓰게 된 결정적 계기는 한 권의 책이었다. 2004년 초 나는 우연히 스티브 맥코넬Steve McConnell의 〈Professional 소프트웨어 개발〉을 읽은 적이 있다. 그는 소프트웨어 엔지니어이며 컨설턴트였다. 그는 이 책에서 소프트웨어 업계의 현실과 '소프트웨어 공학 전문가'로 성장하기 위한 개인/조직/업계 차원의 방법론을 에세이 형태로 기술했다. 구체적인 방법론이 아닌 수필 형태로 기술되었기 때문에 이해하기 쉽고 또 많은 분야에서 통찰력과 아이디어를 제공해주는 매우 유익한 책이었다. 방대한 자료를 수집하여 압축적으로 표현하는 그의 방식은 매료되기에 충분했다. 이 책을 읽고 나는 '왜 국내에는 이런 책이 없을까?'라는 아쉬움이 들면서 내가 앞으로 첫 책을 쓴다면 이와 같은 책일 것이라는 직감이 들었다.

앞에서 언급한 정재승의 〈과학 콘서트〉는 과학 기술 대중화를 선도한 책이다. 과학도서는 이 책 이전과 이후로 나눌 수 있다고 말할 정도다. 이 책은 복잡한 사회 현상의 이면에 감춰진 흥미로운 과학 이야기를 알기 쉽게 썼다. 나는 이 책을 2005년도에 처음 접하게 되었는데 '어떻게 이렇게 다양한 분야를 접목하여 흥미롭게 글을 쓸 수 있을까?'라는 생각이 들 정도로 그의 해박한 지식과 탁월한 시선에 감탄했다. 바하부터 비틀스까지 성공한 음악들을 자기 유사성을 갖는다는 프랙탈Fractal 이론으로 풀어내고 복잡한 상술로 설계된 백화점을 해부하며 복잡한 차로에서 차선변경이 왜 손해인지 교통의 물리학으로 궁금증을 해소해 주었다.

이 책은 글쓰기 측면에서도 살펴볼만하다. 무엇보다 이 책은 어렵지 않다. 흥미로운 주제를 선별하고 쉽게 풀어준다. 이 책을 읽는 독자가 누구이며 수준이 어떤지 알고 글을 풀어가는 느낌이 든다. 글의 수준을 적절하게 조절하고 독자의 심리를 예측하며 글을 전개한다. 자신이 알고 있는 것을 일방적으로 설명하는 방식이 아니라 독자 입장에서 독자가 궁금한 내용을 알기 쉽게 전달하는 방식으로 글을 썼다. 한 마디로 독자를 고려한 책이다.

몇 년 전 대전에서 근무하는 연구원들을 대상으로 글쓰기 수업을 석 달 동안 진행한 적이 있었다. 연구원들은 퇴직을 앞두고 있었다. 그래서인지 생각한 것 이상으로 글쓰기에 대한 열정을 보여주었다. 그들이 글쓰기에 관심을 가진 이유를 들어보니 '직장생활을 정리하고 싶다.', '후배들을 위해 그 동안 배운 것들을 주고 싶다.', '앞으로 미래 설계를 구상하고 싶다'는 것들이었다. 그만큼 글을 써서 무언가 남기고 싶은 욕망이 컸다.

내가 연구하고 일한 분야의 경험이 책이 될 수 있다. 내 전문 분야와 관련된 생활밀착형 소재를 찾는다면 충분히 대중적인 책을 재미있고 쉽게 쓸 수 있다. 지금 하고 있는 일을 세밀하게 관찰하고 중요한 이야깃거리를 찾아라. 그동안 일하면서 얻은 노하우를 차근차근 정리해보라. 10년 넘게 한 우물을 판 프로라면 후배들을 위해 책 한 권쯤은 분명하게 남길 수 있다.

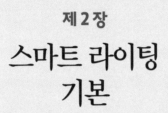

제 2 장
스마트 라이팅
기본

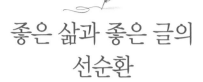

좋은 삶과 좋은 글의
선순환

누군가 마하트마 간디Mahatma Gandhi에게 "세상에 주는 당신의 메시지가 무엇인가요?"라고 묻자 간디가 대답했다. "내 삶이 내 메시지다(My Life is My Message)" 이 짧은 대답에서 삶을 대하는 그의 철학을 엿볼 수 있다. 간디는 자신의 삶으로 메시지를 썼다는 말이다. 글쓰기를 기교로 생각하는 사람이 많지만 글쓰기는 자기의 생각과 감정을 정리해서 표현하는 행위다. 그래서 정리가 되지 않으면 글쓰기를 어렵게 느낄 수밖에 없다. 그런데 자기 생각과 감정은 자기 삶의 울타리와 수준을 벗어날 수 없다. 내면이 황폐하면 좋은 글을 쓸 수가 없다. 내 삶이 만족스럽지 못한데 좋은 글을 쓰기는 어렵다.

좋은 글에 대한 절대 기준은 없지만 대략 세 가지 정도는 말할 수 있다.

첫째, 삶과 일치하는 글이 좋은 글이다. 추사 김정희(秋史 金正喜)는 "글을 쓰는 사람은 스스로를 속이지 않는 것을 제1의 근본으로 삼아야 한다"라고 강조했다. 다른 누구보다 자기 자신에게 진실하고 성실해야 한다는 뜻이다. 좋은 글이란 진정성을 담은 글이다. 글이 다소 투박하고 거칠더라도 나만의 진실한 이야기가 담긴 글이 좋은 글이다. 좋은 글은 글과 저자가 따로놀거나 분리되지 않는다. 좋은 삶을 가꾸면 좋은 글을 쓰고 좋은 글을 쓰면 좋은 삶을 사는 선순환을 이루고 있다. 쓰는 이의 땀과 피와 눈물과 웃음이 배어 있는, 그리하여 읽는 사람의 마음을 움직이는 그런 정직한 글이 좋은 글이다.

자기 삶과 유체이탈하여 따로노는 책이 적지 않다. 저자는 잘 살고 있는 것처럼 포장하면서 책에서는 독자들의 불안을 조성하고 욕망을 부추긴다. "원래 세상은 아픈 거니까 참아라." "벤츠 타고 싶지?" 거짓 위로와 욕망을 심어준다. 글쓰기라는 것은 자기 삶이 드러날 수밖에 없다. 진정성은 아무리 연기를 해도 드러날 수밖에 없다. 그래서 궁극적으로 저자가 팔아야 할 것은 책의 주제보다 저자 자신인지 모른다.

둘째, 좋은 글은 독자를 끊임없이 생각하게 하고 행동의 변화를 촉진하는 글이다. 〈유혹하는 글쓰기〉의 저자 스티븐 킹Stephen Edwin King은 "좋은 글이란 사람을 취하게 하는 동시에 깊은 생각에 잠기게 한다"라고 말했다. 〈감옥으로부터의 사색〉의 저자 신영복 선생은 삼독(三讀)을 강조한다. 독서는 먼저 텍스트를 읽고 다음으로 그 텍스트를 집필한 필자를 읽어야 하고 최종적으로 그것을 읽고 있는 독자 자신을 읽어야 한다고 말한다. 독서법을 말하지만 좋은 글의 기준을 말하고 있기도 하다. 삼독이 가능한 글이 좋은 글이다. 좋은 글은 단순히 정보와 지식만을 전달하지 않고 저자가 어떤 사람인지 깨닫게 하며 사정없이 독자를 흔들어 각성하게 하고 두 주먹을 불끈 쥐게 한다. 글은 사람이 쓰지만 글이 사람을 끌고 가기도 한다. 사람이 쓴 글이 다시 사람을 만드는 게 좋은 글이다.

셋째, 좋은 글과 죽은 글을 가르는 가장 명확한 기준은 공명이다. 글의 가치는 글과 독자가 얼마나 공명하는지에 따라 결정된다. 독자와 공명하지 못하는 글은 죽은 글이다. 독자를 지루하게 하고 에너지를 빼앗는다. 반면에 좋은 글은 사람의 마음을 파고들어 움직인다. 독자와 공명하여 감동과 여운을 준다. 감동과 여운을 주는 글은 읽고 나서 다른 무언가를 찾아 읽거나, 뭔가를 쓰거나, 누군가를 만나거나, 무엇인가를 하고 싶게 한다.

앞서 말한 좋은 글의 기준은 진정성, 변화, 공명 세 가지로 요약할 수 있다. 한 마디로 요약하자면 읽을 가치가 있는 글이 좋은 글이다.

우리말 연구가이자 〈우리글 바로쓰기〉 저자인 이오덕 선생은 좋은 글의 조건으로 세 가지를 들었다.

❶ 쉽게 이해할 수 있는 글
❷ 읽을 맛이 나는 글
❸ 읽을 만한 내용을 담고 있는 글

즉, 좋은 글은 쉽고 재미있으며 읽을 가치가 있는 글이다. 이오덕 선생은 세 가지 조건 중 한 가지라도 빠지면 좋은 글이 될 수 없다고 강조했다. 이 세 가지는 글이 좋은지 나쁜지를 가늠하는 훌륭한 지침이 된다. 한 편의 글을 읽고 나서 다음의 질문을 자신에게 던지고 답하는 습관을 들여보자.

"이해하기 쉬운가?"
"재미있는가?"
"가치가 있는가?"

글쓰기의 두려움을 이기는
세 가지 방법

텅 빈 노트나 하얀 모니터를 보면 어떻게 글을 써야 할지 걱정부터 앞서는 경험은 누구나 겪어본 적이 있을 것이다. 뭔가를 써보려고 책상에 앉았지만 키보드만 만지작거리다가 몇 줄 쓰지도 못하고 노트북을 닫아버리는 경우가 허다하다. 글쓰기를 시작하기가 두려운 것이다. 쓸 것이 없을 때는 당연히 그렇지만 뭔가 쓸거리가 있을 때도 시작하기가 어렵다.

그러나 글쓰기 시작을 두려워할 이유가 전혀 없다. 노트북의 여백은 내가 글을 쓰든 무엇을 하든 얌전히 복종할 수밖에 없다. 그러니 과감하게 시작해도 된다. 글쓰기를 시작하는 올바른 공식이나 정답은 없다. 그런 것들을 찾는 데 시간을 소비하기보다는 과감하게 시작하는 게 좋다.

책상에 앉아 글을 쓰겠다고 마음먹는 것이 어렵지, 일단 쓰기 시작하면 그 다음부터는 한결 수월하다. 그런데 사람들은 글쓰기를 시작할 때 계속 준비만 할 뿐 실제로 글을 쓰지는 않는다. 그렇게 우물거리다가 시간만 흐르고 결국 글은 한 문장도 못 쓰게 된다.

모든 일이 그렇듯이 글쓰기도 시작을 못 하면 글을 쓰지 않아도 되는 이유가 마구 떠오른다. 오늘은 컨디션이 좋지 않다, 마음이 내키지 않는다, 상황에 딱 맞는 자료가 부족하니 내일부터 하자. 그런데 컨디션이 좋은 날에만 글을 쓰겠다는 것은 글쓰기를 포기하겠다는 것과 같다. 왜냐하면 컨디션이 좋은 날은 손에 꼽을 정도로 드물다. 컨디션이 안 좋아도 글은 써야 한다. 마음이 내키지 않을 때도 글을 쓰다 보면 몰입과 창조의 즐거움을 맛볼 수 있다. 상황에 딱 맞는 자료는 늘 부족하다. 그리고 쓰지 않으면 딱 맞는 자료를 만나도 제대로 활용할 수 없다. 하고자 하면 방법이 떠오르고 하기 싫으면 핑계가 떠오른다.

글쓰기의 두려움을 해소할 수 있는 구체적인 훈련법 세 가지를 소개한다.

초서(抄書)와 필사(筆寫)

이 두 가지는 거의 같은 활동이다. 초서는 자신이 읽은 책에서 중요하거나 필요한 부분을 뽑아서 기록하는 일이고, 필사는 책이나 글의 전부 또는 일부분을 한 글자 한 글자 옮겨 적는 것이다. 남의 글이나 책을 베끼는 게 무슨 도움이 될까 의아할 수도 있지만, 다산 정약용은 두 아들과 여러 제자에게 초서를 공부의 기본이자 집필의 바탕을 다지는 방법으로 매우 강조했다. 오죽하면 "학문에 보탬이 될 만한 것을 채록해 모은다면 100권의 책도 열흘 공부거리로 만들 수 있다"고 말할 정도였다.

초서나 필사를 할 때는 연필로 쓰는 게 좋고 컴퓨터로 쓸 때는 천천히 쓰고 세 번 정도 반복해서 쓰는 게 좋다. 초서나 필사가 좋은 이유는 공부가 되기 때문이다. 아이들이 태어나서 부모를 모방해서 크듯이 모든 학습의 출발은 모방이다. 책 하나를 그대로 따라쓰면 모방이고 다른 책을 참고하면 연구가 된다. 거기에 나의 생각, 관점, 경험 등을 얹으면 창조가 된다. 그래서 초서나 필사는 좋은 책을 선정해서 해야 한다. 김훈의 〈자전거 여행〉, 황현산의 〈밤이 선생이다〉 같은 책은 누구나 초서나 필사하기 좋은 책이다. 내가 좋아하는 작가의 책을 초서나 필사하는 것도 좋다.

초서와 필사가 좋은 두 번째 이유는 저자와의 공감이 깊게 일어나기 때문이다. 다른 사람이 쓴 좋은 글을 필사하게 되면 머릿속에 단어나 문장이 각인될 뿐만 아니라 저자와의 정신적 교감이 자연스럽게 일어난다. 저자가 왜 이런 글을 쓰게 되었을까? 저자가 이 글을 쓸 때의 상황은 어떠했을까? 저자가 하고 싶은 말은 무엇인가? 이런 질문에 대해 스스로 답을 할 수 있게 된다. 좋은 글을 읽고 옮겨 적으면서 자기 마음을 비추어보고 음미할 수 있을뿐만 아니라 저자의 사유와 글 쓰는 방법도 배울 수 있고 가랑비에 옷 젖듯 글 쓰는 과정에 익숙해질 수 있다.

초서와 필사는 다른 말로 하면 정독 중의 정독이다. 옛날 문인들이 공부할 때는 천필만독을 했다. 천 번을 쓰고 만 번을 낭독했다. 그러면 자연스럽게 이치를 깨닫게 되고 책의 저자와 빙의가 된다. 자기만의 생각도 솟아난다. 논어, 맹자, 주역 등 고전을 천필만독하며 새롭게 해석한 책이 얼마나 많은가?

필사는 다음과 같은 순서로 하는 게 좋다.

❶ 필사하고 싶은 좋은 글을 발췌한다. 가급적 문장 하나보다는 발췌하는 게 좌우문맥을 이해할 수 있어서 더 좋다.

❷ 문장 단위로 보고 암기한 후에 적는다. 또는 열 번 이상 반복해서 베긴다.

❸ 노트에 적은 문장과 원문을 비교하여 틀린 부분을 교정한다.

❹ 필사한 글을 나의 언어로 다시 표현해본다. 입에 쏙 넣고 훌훌 불어 음미한 후에 필사한 글 밑에 다른 색깔로 쓴다.

❺ 필사 글을 통해 나에게 적용할만한 사항을 적는다(반성, 통찰, 아이디어 등).

❻ 필사 글을 발췌하고 재해석하고 적용하는 과정을 주기적으로 복습하고 좋은 문장은 암기한다.

필사는 손으로 하는 마음 공부라고 할까? 필력은 손에서 이루어진다는 것을 의심하지 마라. 내가 좋아하는 작가, 내가 닮고 싶은 작가의 글과 책을 골라 필사적(必死的)으로 필사(筆寫)하라!

말하듯이 글쓰기

말과 글 둘 다 능숙한 사람은 많지 않다. 글쓰기는 능한데 말은 어눌한 사람이 있고, 반대로 말솜씨는 달변인데 글은 못 쓰겠다는 사람도 있다. 대체로 글쓰기보다 말하기가 부담이 덜 된다고 한다. 실제로 서점에 가보면 구술이나 강연을 글로 옮기고 편집해서 출간한 책이 적지 않다. 예를 들면 2018년 올해의 책으로 선정된 정재승 교수의 〈열두 발자국〉은 10년 간 가장 많은 호응을 받았던 12개의 강연을 선별하여 묶은 책이다. 의미요법으로 불리는 로고테라피Logotheraphy를 창시한 빅터 프랭클Viktor Emil Frankl은 스무 권이 넘는 저작을 남겼는데 그중 절반 이상을 구술이나 강연을 옮겨 적어서 출간했다. 프랭클의 대표작인 〈죽음의 수용소에서〉도 그가 구술한 내용을 속기사들이 받아 적어서 초고를 완성했다. 글쓰기보다 말하기가 편하고 자신 있다면 말하듯이 글을 써라. 쓸 주제를 강연으로 구성하거나 구술한 내용을 먼저 녹음하고 글로 옮기는 방법도 좋다. 말하는 걸 녹음해서 텍스트로 옮겨주는 좋은 앱이 있으니 이 기능을 잘 활용하면 도움이 된다.

의식의 흐름 글쓰기

〈뼛속까지 내려가서 써라〉의 저자 나탈리 골드버그Natalie Goldberg가 활용하는 방법으로, 이 방법의 핵심은 처음 떠오른 생각을 놓치지 말고 계속해서 쓰는 것이다. 이 훈련법을 실천해 보길 권한다.

❶ 짧은 시간(10분 또는 20분)을 정한다.
❷ 머리에 떠오른 첫 생각을 쓴다.

❸ 쉬지 않고 계속 쓴다.

❹ 편집하지 않고 떠오르는 대로 쓴다.

❺ 오탈자나 문법에 얽매이지 않는다.

❻ 마음을 통제하지 않는다. 쓰는 것이 목적이다.

❼ 이런 과정을 매일 여러 번 반복한다.

하루에 20분 이내의 시간을 할애하여 편한 시간에 글을 써본다. 주제를 의식하고 써도 좋고 마음가는 대로 그냥 써도 좋다. 단 일정 분량을 쓸 때까지는 절대 멈추지 말아야 한다. 일본의 작가 사이토 다카시Saito Takashi는 〈원고지 10장을 쓰는 힘〉이라는 책에서 수단 방법을 가리지 말고 원고지 10장을 써보라고 한다. 글쓰기는 분량에 대한 압박을 먼저 떨쳐 버리는 게 중요하다. 우선 양을 채울 수 있어야 한다. 일정 분량을 쓰게 되면 글쓰기에 대한 자신감이 생긴다. 글을 쓰고 나서 다시 읽어보고 마음에 걸리는 부분이 있다면 거기에 대해 할 말이 있다는 말이다. 그 부분을 주제로 써봐도 좋다.

이 글쓰기 방법은 치유 효과가 있다. 글을 쏟아내면 무의식에 있던 아픈 이야기가 나오고, 글로 이야기를 하는 순간 치유가 시작된다. 치유가 필요한 사람은 자신의 이야기를 제대로 해본 적이 없는 경우가 많다. 이야기를 공들여 들어주는 사람이 없었기 때문이다. 모든 고통은 이야기의 일부가 될 수 있다면 견딜 만한 것이 된다. 그러므로 나에게 또는 다른 누군가에게 자신의 힘든 경험을 이야기할 수 있다면 그것만으로도 이미 치유가 성큼 진행된다.

위 세 가지 중에서 편한 방법을 선택하여 쓰다 보면 글쓰기에 대한 자신감을 얻고 생각하지 않은 보물을 얻을 수 있다. 그런데도 막상 글을 쓰려고 하면 또 두려움이 생긴다. 두려움을 이기는 가장 좋은 방법은 익숙해지는 것이다. 라면을 끓일 때 두려워하는 사람은 없다. 자주 끓여봤기 때문이다. 글쓰기도 마찬가지다. 매일 글을 쓰면 자신감이 생긴다. 글쓰기의 8할은 자신감이다. 기교가 아니라 자신감이다. 쓸 수 있다는 자신감이다. 따라서 글쓰기를 미루지 말아야 한다. 미룬다는 것은 글을 쓰지 않는다는 것이다.

글쓰기는 고쳐쓰기라는 것을 잊지 마라. 글쓰기는 자신이 생각한 것을 먼저 쓰고 자료를 수집하고 정리해서 고쳐가는 것이다. 한 번에 잘 쓰는 사람은 거의 없다. 유명 작가 중에서 고쳐쓰기를 안 하는 사람은 없다. 농담이 아니라 진짜다. 모든 초고는 걸레이며 나는 걸레같은 초고를 쓸 권리가 있다. 처음부터 멋지게 잘 쓰려고 하지 마라.

글쓰기는 재능이 아니라 훈련에 가깝다. 달리기처럼 글쓰기도 많이 쓰면 쓸수록 실력이 향상된다. 쓰레기 같은 글이 나오더라도 두려워하지 말고 계속 써라. 읽고 쓰고 생각하는 모든 과정이 글쓰기 성숙을 위한 거름이 된다.

매일 글쓰기, 의지는 약하나
습관은 강하다

글을 '잘'쓰고 싶다면 '잘'자를 빼야 한다. 일단 글을 써야 한다. 글쓰기는 오직 글쓰기를 통해서만 배울 수 있다. 바깥에서는 어떤 배움의 길도 없다. 글쓰기 실력을 기르기 위해서는 중국의 문장가 구양수(歐陽脩)가 말한 세 가지를 실행에 옮겨야 한다.

❶ 많이 읽는다(다독(多讀)).

❷ 깊게 생각한다(다상량(多商量)).

❸ 많이 쓴다(다작(多作)).

셋 중에서 가장 중요한 한 가지만 꼽는다면 단연 세 번째다. 많이 읽지 않고 잘 쓸 수 있을까? 쉽지 않지만 가능한 사람도 있다. 깊게 생각하지 않고 잘 쓸 수 있을까? 아주 어렵지만 가능한 경우도 있다. 많이 쓰지 않고 잘 쓸 수 있을까? 확신하건데, 거의 없다.

글쓰기는 단기간에 익힐 수 있는 재능이 아니다. 부단한 반복과 연습을 통해 습득할 수 있다. 글쓰기는 수단이나 글의 종류는 중요하지 않다. 연필로 쓰건 컴퓨터로 쓰건, 원고지나 공책에 쓰건, 보고서를 쓰건, 문학 소설을 쓰건 무엇이든 좋다. 핵심은 매일 꾸준히 쓰는 것이다.

어느 직장인이 연말에 일 년 동안 부서에서 해온 일을 평가하고 내년에 해야 할 일에 관해 보고서를 쓴다고 해보자. 그에게는 다른 할 일도 많지만 이 일은 회사에서 중요하게 여기는 일이라 소홀히 할 수 없다. 그런데 그는 근무시간에 좀처럼 보고서 쓰는 시간을 낼 수 없다. 그는 매일 출퇴근하는 데 두 시간가량을 지하철에서 보낸다. 당신이라면 이 상황에서 보고서 쓰는 시간을 어떻게 확보하겠는가? 다음과 같은 방법을 고려해볼 수 있다. 매일 아침 5시에 일어나 첫 지하철을 탄다. 지하철 구석 자리에 앉아 보고서에 참고할 만한 자료를 읽기 시작해 한 시간쯤 지나서 회사 앞 지하철역에서 내린다. 회사에 도착하면 커피와 함께 간단히 아침을 먹는다. 식사를 마치고 6시 30분부터 8시 30분까지 두 시간 동안 보고서를 쓴다. 다른 직원들이 출근할 무렵이 되면 보고서 쓰기를 중단하고 다른 업무를 준비한다. 이렇게 중요한 일의 우선순위를 높여 시간을 먼저 배분하면 저절로 하게 된다. 다른 거 다하고 시간 남으면 글이나 써볼까라는 안이한 자세로는 절대 글을 쓸 수가 없다. 그런 시간은 떠나간 연인처럼 절대 오지 않는다.

자의든 타의든 글을 써야 한다면 기본 테스트를 해볼 필요가 있다. 하루에 한 시간씩 한 달 동안 글을 써본다. 이 테스트를 하려면 먼저 하루에 한 시간을 구체적으로 어디서 확보할 것인지를 정해야 한다. 즉 언제, 어디서 글을 쓸 건지를 분명히 해야 한다. 그런 다음 하루에 한 시간은 글만 쓴다. 30일 동안 매일 한 시간씩 쓰는 것이 가장 중요하다. 일주일에 두 번이나 세 번 쓰면 안 된다. 매일 써야 한다. 일주일에 하루, 일요일은 쉴 수도 있겠지만 그렇더라도 30일 중 26일은 채워야 한다.

이 테스트에는 두 가지 의미가 있다.

첫 번째는 테스트를 하는 동안 자신이 글쓰기가 가능한 사람인지 아닌지 알 수 있다. 한 달 동안 매일 한 시간씩 글을 쓰는 것은 자신의 재능과 끈기를 가늠하고, 글쓰기의 즐거움과 어려움을 맛보는 과정이다. 글쓰기는 헤파이스토스Hephaistos(노동의 신)

의 영역이면서 동시에 뮤즈Muse(예술의 여신)의 영역이다. 인생도 그렇다. 고통이 있어야 행복을 느낄 수 있는 것처럼 노동으로서 글을 쓸 수 있어야 창조의 기쁨을 맛볼 수 있다. 자신이 글을 쓸 수 있는지 없는지는 해보기 전에는 모른다. 이 훈련을 소화할 수 없는 사람은 아직 글을 제대로 쓸 수 없다는 것이 나의 생각이다.

두 번째는 이 테스트를 하면 글 쓸 시간을 확보할 수 있다. 하루에 한 시간을 확실하게 확보할 수 있으면 두 시간으로 늘리는 것도 어렵지 않다. 반대로 한 시간을 확보하지 못하는 사람이 두 시간을 빼기란 거의 불가능하다. 하루에 1쪽씩 한 달이면 30쪽은 쓸 수 있다. 아무것도 안 하면 0이다. 30과 0, 이것은 결코 작은 차이가 아니다.

매일 글을 쓰는 방법은 어찌 보면 간단하다.

❶ 글 쓰는 시간을 정한다.
❷ 의자에 앉아서 쓴다.
❸ 정해진 시간을 채울 때까지 일어나지 않는다.
❹ 매일 반복한다.

글쓰기 초보자는 매일 쓰기를 습관화하고 다음과 같은 내용을 숙지하면 글쓰기에 도움이 된다.

첫째, 초안은 불완전한 것이다. 초보자의 경우에는 아무리 공을 들여도 불완전하다. 수정을 전제로 초안을 쓰자. 여러 번 고치면 좋아진다.

둘째, 가슴으로 가볍게 작성한다. 오직 진실만을 충분히 말한다는 마음으로 글을 쓰고 내용이 마음에 들지 않더라도 반드시 글을 마무리한다.

셋째, 상세한 구조를 만들자. 무슨 내용으로 글을 채울 것인지 도무지 감이 잡히지 않는다면 글의 구조를 먼저 작성한다. 서론, 본론, 결론을 정하고 어떤 내용을 채울 것인지를 구상한다. 글의 구조는 나침반이며 설계도다. 구조를 작성하기가 귀찮을 수 있지만 구조가 없으면 글 쓰는 시간이 더 오래 걸릴 수 있다.

넷째, 글을 쓸 때 앞 문장을 읽어 가면서 글을 쓴다. 글을 쓰다 중간에 멈추면 다시 쓸 때는 최소한 두세 단락 위에서부터 읽어 내려가면서 문장을 작성하라. 글이 엉뚱한 방향으로 흘러가지 않도록 해야 한다.

다섯째, 좋은 글을 옆에 두고 참고하라. 쓰고자 하는 글의 주제와 관련된 모범 글을 모방하고 써라.

여섯째, 하루에 한 페이지 쓰기가 아직 부담스럽다면 3줄 이상 쓰자. 무의식은 의식을 늘 이긴다. 글을 쓰고 싶은 마음을 무의식에 담으면 글쓰기 저항을 극복할 수 있다. 무의식을 각성시키는 방법은 하기 쉬운 일을 반복하면 된다. 책을 읽고 메모를 하거나 간단한 소감을 적는다. 오늘 만난 사람들과 나눈 이야기나 오늘 먹은 음식 등 하고 싶은 이야기를 3줄 이상 적어본다. 출퇴근 시간에 지하철이나 버스에서 스마트폰을 생각 없이 보지 말고 스마트폰에 글을 써보자. 매일 꾸준히 하는 것처럼 좋은 수련법은 없다.

글쓰기는 가끔 하는 외식이 아니라 매일 먹는 집밥처럼 습관화되어야 한다. 의지는 약하나 습관은 강하다.

오래 기억하고
정리하는 방법

글을 쓰기 위해서는 자료를 조사하고 읽어야 한다. 인풋Input 이 있어야 아웃풋Output이 제대로 나오기 때문이다. 첫 책을 쓸 때 나는 직장에 다니고 있었는데 매우 바쁜 사람 중 한 명이었다. 끝이 보이지 않는 야근과 휴일 근무가 계속되었다. 당시 내가 일을 하면서 경험하고 고민한 내용을 재료삼아 첫 책을 쓰기로 마음을 먹었기에 관련 책이나 자료를 읽을 시간을 확보하는 것이 절체절명의 과제였다. 고민 끝에 출퇴근하는 두 시간을 활용하기로 결심했다. 그때부터 아무리 피곤하고 정신이 혼미해도 일단 지하철을 타면 책부터 펼쳤다. 이것이 습관화되자 일주일에 책 한 권은 거뜬히 읽었다. 매일 같은 시간에 책을 읽어야 한다. 매일 고정 시간을 정해서 읽고 자투리 시간에도 읽는다. 책을 잘 읽는 방법 가운데 하나는 매일 같은 시간에 읽는 것이다.

독서를 포함하여 자료를 읽는 법에 대해 몇 가지를 이야기하 겠다. 먼저 많이 읽어야 한다. 그렇지만 무조건 많이 읽는 게 중 요한게 아니라 머릿속에 얼마나 남느냐가 중요하다. 일 년에 몇 백 권, 몇천 권의 책을 읽었다고 하지만 주마간산(走馬看山)으로 읽었다면 제대로 남는 게 별로 없으니 한 권도 읽었다고 할 수 없다. 많이 읽는다는 것의 기준은, 일하는 사람의 경우에는 2주 에 한 권 정도다. 이렇게 읽으면 일 년에 25권 정도는 읽을 수 있 다. 여기서 독서 권수는 정독할 책 기준이다.

반드시 정독할 책과 자료를 찾아서 읽어야 핵심을 이해할 수 있다. 예를 들어 제안서는 일을 처리하는 프로세스와 최신 지식 과 기술의 동향, 일의 노하우, 문제해결 방법 등을 담고 있는 자 료다. 따라서 좋은 제안서를 찾아서 정독한다면 일정 수준 이상 의 제안서를 작성할 수 있다. 특히 신입사원의 경우에는 제안서 를 통해 일 전체를 먼저 보고 세부적인 작은 일들을 제대로 이해 할 수 있는 기회가 되기에 일을 잘 배울 수 있고 크게 성장할 수 있다. 음식으로 치면 속독은 맛만 보는 것이고 정독은 위에서 소 화시키는 것이다. 관심 분야에 관련된 자료를 파고 들어서 읽는 것이 좋고, 어떤 저자의 책이나 작성자의 문서에 꽂혔다면 그 저자나 작성자가 쓴 자료를 모조리 읽는 것이 좋다.

탁월한 비교종교학자이자 신화학자인 조지프 캠벨Joseph Hohn Cambell은 젊은 시절부터 '전작주의(全作主義) 독서'라는 독특한 방식으로 책을 읽었다. 제대로 알고 싶은 저자 한 명을 정해서 그 사람이 쓴 책을 모두 읽고, 그 다음에는 그 저자에게 가장 큰 영향을 미친 인물의 저작을 모두 읽는 방법이다. 캠벨은 오랫동안 이런 독서 과정을 반복하며 깊이와 넓이를 아우르는 자신만의 지적체계를 구축했다. 캠벨이 한 것처럼 좋은 책을 읽고 나서 그 책의 저자가 쓴 또 다른 책이나 그 책에서 자주 언급한 책을 읽는 것도 유용한 독서법이다. 문학, 경제경영, 과학, 에세이 등 다양한 장르를 오가며 다독을 하는 것보다 효과가 탁월하다. 왜냐하면 그 사람의 인생이 내 안에 깊이 들어오기 때문이다.

개인적으로 직장인들이 읽어야 할 필독서 중 하나라고 생각하는 피터 드러커Peter Ferdinand Drucker의 〈프로페셔널의 조건〉은 직급이 달라질 때마다 읽는 느낌이 다르고 밑줄 치는 내용도 달라진다. 권수가 중요한 게 아니라 좋은 책을 얼마만큼 읽었느냐가 중요하다. 그리고 좋은 책은 여러 번 읽는 게 좋다. 좋은 책을 여러 번 읽는 것도 다독이다. 그래서 다독은 정독의 반복이다. 인생을 살면서 필요한 책이 얼마나 될까? 나는 몇백 권이 되지 않는다고 생각한다. 좋은 책을 곁에 두고 내가 처한 상황에 따라 여러 번 읽는 게 중요하다.

책과 자료를 읽는 것 못지않게 읽고 나서 정리하는 일도 중요하다. 사실 읽는 것보다 더 까다롭고 귀찮은 일이 책과 자료를 읽고 나서 정리하는 것이다. 자료를 읽고 나서 핵심 내용과 느낀 점을 정리해두지 않으면 십중팔구 잊어버리기 마련이다. 정리하지 않으면 분명 읽었는 데도 남는 것이 없다. 기록은 기억보다 강한 법이다. 자료를 읽고 공부한 것을 간추려서 기록해둬야 한다.

자료를 잘 읽고 잘 배우려면 세 가지를 명심해야 한다.

첫째, 핵심을 이해하라. 자료를 읽고 핵심 내용을 이해하고 숨은 의미를 파악하는 것이 기본이다. 자료의 핵심 내용을 한 문장으로 요약할 수 있어야 한다. 설명이 길어지면 핵심 파악이 안 된 것이다.

둘째, 재미있고 좋은 사례를 찾아라. 좋은 사례는 복잡한 것을 단순화하여 이해를 돕고 핵심을 명쾌하게 전달해준다. 글을 쓰려고 하는 사람은 소비자가 아니라 생산자로 읽어야 한다. 생산자는 앞으로 쓸 글의 재료를 발굴할 목적으로 읽는다. 생산자는 자료를 읽으면서 명문장에 밑줄을 치고 재미있고 공감있는 사례도 수집해야 한다. 사례는 이야기이며 사람들은 기본적으로 이야기를 좋아하기 때문에 글을 쓸 때 잘 활용할 수 있다.

셋째, 의미를 되새겨보고 발전시켜라. 자료는 재료일뿐 완성된 음식이 아니다. 좋은 재료를 골라 맛있는 음식을 만드는 것은 전적으로 읽는 사람의 몫이다.

위의 세 가지를 실천하는 좋은 방법은 나만의 정리노트를 작성하는 것이다. 정리노트는 따로 정해진 틀이 없으며 자기에게 편한 방식으로 정리한다. 일반적으로 '핵심 내용 요약(1쪽)+명문장 및 좋은 사례 발췌 및 해석(3쪽 이상)+소감 및 아이디어(1쪽)' 형식으로 작성하면 실용적이고 탄탄한 정리노트가 된다.

글을 쓰는 사람치고 기록하지 않는 사람은 없다. 시간이 없는데 언제 어떻게 기록을 하느냐고 반문할 수 있다. 그런 사람은 이렇게 해보자. 자료를 읽을 때부터 정리하는 습관을 들이는 게 좋다. 사색볼펜을 활용하라. 검정색으로 자료의 핵심 내용을 표시하고 자료의 아래쪽 모서리를 접는다. 명문장이나 재미있는 이야기를 만나면 붉은 색으로 밑줄을 표시하고 아래쪽 모서리를 접는다. 자료를 읽다가 떠오르는 소감이나 아이디어는 떠오르는 페이지 여백에 파란색으로 기록하고 위쪽 모서리를 접는다. 점심을 먹고 난 후 오후 근무를 시작하기 10분 전에 어제 퇴근할 때와 오늘 출근할 때 읽은 부분에서 모서리를 접은 페이지를 펼쳐서 위에서 말한 세 가지(핵심 내용, 명문장과 사례, 소감과 아이디어)로 나누어 기록한다.

자료를 다 읽고 정리하면 정리한 내용 전체를 출력해서 살펴본다. 정리한 내용을 음미하면 또 다른 생각이 일어난다. 그중에서 내 글에 활용하고 싶은 명문장이나 사례는 그 밑에 내 방식대로 내용을 풀어서 적는다. 내 생활에 적용할만한 내용도 기록한다. 이 두 가지 내용을 자세히 쓰고 보완하면 한 편의 글을 완성할 수 있다.

이렇게 인용한 문장을 재해석하는 연습은 실력 향상의 지름길이기 때문에 매우 중요하다. 직접 인용은 쉽다. 그 의미가 무엇인지 내 식으로 풀어보는 훈련이 중요하다. 처음에는 어려울 수 있지만 이렇게 자료를 1년 동안 읽고 정리하면 엄청난 효과를 가져온다.

글이란 내가 하고 싶은 말을 하는 것인데 근거와 사례를 제시하기 위해서 자료를 찾고 정리하는 것이다. 정리한 것을 일목요연하게 순서대로 배열하는 게 글이기 때문이다.

쓸거리를
어떻게 찾을까?

글을 쓰고 싶은 마음이 간절해도 막상 쓰려고 하면 갑갑하다. 도대체 무엇에 대해 써야 할까? 가장 괴로운 질문 중 하나다. 쓸거리가 막막하다고 생각하기 때문이다. 그렇지만 쓸거리가 없는 게 아니다. 쓸거리는 주변에 널려 있다.

쓸거리를 찾는 첫 번째 방법 - 관찰

〈생각의 탄생〉 저자 로버트 루트번스타인Robert Root-Bernstein과 미셸 루트번스타인Michele Root-Bernstein은 13가지 생각의 도구 중 '관찰'을 첫 번째로 꼽았다. 이들은 관찰이 '수동적 보기'가 아니라 '적극적 보기'라고 말한다. 실제로 뛰어난 관찰자들은 온몸으로 관찰한다. '온몸으로 관찰한다' 함은 수동적으로 보여지는 것만 보는 게 아니라 능동적으로 보고(시각), 듣고(청각), 맛보고(미각), 냄새를 맡고(후각), 만지는(촉각) 행위를 말한다. 모든 감각기관을 도구로 사용한다. 이렇게 입체적으로 관찰하는 사람은 평범한 일상에서 의미심장하고 독특한 뭔가를 발견해낸다.

미국의 현대무용가 트와일라 타프Twyla Tharp는 창의력을 키우는 데 관찰이 매우 유용하다고 말한다. 그녀는 특별한 무언가를 관찰하는 것도 좋지만 무작정 밖으로 나가 '거리 풍경 관찰하기'를 적극 추천한다.

그녀가 제안하는 관찰방식은 예를 들면 이렇다. 지하철 내 앞자리에 남녀커플이 함께 앉아 있다. 이들의 행동을 관찰해 열 개를 적어보는 것이다. '여자가 남자의 팔짱을 끼고 있다. 여자가 오른손으로 머리를 쓸어 넘긴다. 남자가 스마트폰을 보다가 여자에게 보여주고 웃는다. 남자가 지나가는 여자를 슬쩍 쳐다본다.' 이런 식으로 사소한 것이라도 모두 써본다. 그럼 금세 열 개를 채울 수 있을 것이다.

그런 다음 관찰 목록을 보면서 상상력을 발휘해 남녀 커플에 관한 이야기를 만들어본다. 이들은 어떤 관계일까? 어떻게 만나게 되었을까? 이들은 사이가 좋을까? 어디로 가는 걸까? 여름 휴

가는 어떻게 보낼까? 이렇게 생각을 확장하다보면 한 편의 단편 소설을 쓰고도 남을 분량의 이야기가 나올 것이다.

이번에는 다른 방식으로 관찰해보자. 다른 남녀 커플을 골라서 그들이 행동하는 것 중에서 재미가 있거나 내 맘에 드는 행동을 골라서 적어본다. 당신의 눈길을 사로잡은 것은 무엇인가? 이 작업은 앞에서 했던 것보다 어렵고 시간이 많이 든다. 자기만의 관점을 가지고 관찰을 하기 때문이다.

이렇게 관찰을 하게 되면 두 가지 이점을 얻는다. 첫째, 관찰하는 방법을 배우게 되고 관찰에 익숙해진다. 둘째, 자신이 세상을 어떻게 바라보는지를 이해하게 된다.

자신이 무엇을 선택하고 무엇을 버렸는지를 분석함으로써 일정한 패턴을 파악할 수 있다. 내가 무엇에 관심 있고 무엇에 무관심한지를 알 수 있다. 세심하게 관찰함으로써 쓸 내용을 차곡차곡 모을 수 있고 내 관점과 시선을 자연스럽게 인지하기 때문에 할 말이 생긴다.

관찰을 하는 데 꼭 필요한 조건은 무엇일까? 시간, 관심, 인내, 그리고 혼자여야 한다는 점이다. '시간'을 들여 '혼자'서 충분한 '관심'과 '인내'를 가지고 관찰을 해야 한다. 그래야 남들이 보지 못하는 것을 볼 수 있다. 이 네 가지 조건에 들어맞는 상황은 언제일까? 혼자서 누군가를 기다릴 때, 지하철이나 버스를 타고 있을 때,

홀로 여행이나 등산을 할 때 등 혼자 있을 때가 많다. 이때 시간을 내서 어떤 사람이나 사물, 혹은 상황을 충분히 관찰해보고 필요하다면 간단히 메모를 하거나 스케치를 하는 것도 좋다. 안도현 시인은 〈가슴으로도 쓰고 손끝으로도 써라〉에서 시를 지을 때는 사과를 적어도 아래와 같이 열 가지 측면에서 바라봐야 한다고 말한다.

❶ 사과를 오래 바라보는 일
❷ 사과의 그림자를 관찰하는 일
❸ 사과를 담은 접시를 함께 바라보는 일
❹ 사과를 이리저리 만져보고 뒤집어 보는 일
❺ 사과를 한입 베어보는 일
❻ 사과에 스민 햇볕을 상상하는 일
❼ 사과를 기르고 딴 사람과 과수원을 생각하는 일
❽ 사과가 내 앞에 오기까지의 길을 되짚어 보는 일
❾ 사과를 비롯한 모든 열매의 의미를 생각해보는 일
❿ 사과를 완전히 잊어버리는 일

이렇게 하면 쓸거리가 나오지 않을 리 없다. 오래 들여다보면 모두 글이 된다.

쓸거리를 찾는 두 번째 방법 – 자유 글쓰기

자유롭게 생각하면서 떠오른 단어와 연관된 모든 생각을 적어본다. 글감이 전혀 생각나지 않거나 쓰고 싶은 글감이 아니더라도 무작정 한번 써본다. 의식의 흐름을 따라 써보는 것이다. 중요한 건 머리로만 생각하지 말고 손의 감각을 이용해서 써내려가야 한다는 점이다. 쓰다보면 마음에 드는 뭔가가 나타나는데, 그것이 쓸거리다. 그것에 관해 집중적으로 써보는 것이다.

영화 〈파인딩 포레스터(Finding Forrester)〉에 이런 말이 나온다.

> "글은 생각하고 쓰는 것이 아니다. 아무 생각 없이 쓰는 것이다. 아무 생각 없이 자판을 두들기다가 마침내 살아남는 단 한 가지의 그 무엇에 대해 쓰면 된다."

쓸거리는 내 안에 있다. 쓸거리는 살아온 시간만큼 축적되어 있다. 쓸 것이 없다고 느낄 때, 쓸 주제에 대해 확신이 서지 않을 때 다음과 같은 방법을 써보자.

1. 노트와 펜을 들고 밖으로 나간다. 두 번의 외출을 해보자. 첫째 날에는 큰 서점에 간다. 우선 신간 코너부터 시작해서 가장 관심이 가는 책의 제목과 주제를 찾는다. 관심 분야의 책들이 모여 있는 곳으로 가서 찬찬히 둘러본다. 카페에 가서 차를 한 잔 마시면서 관심이 가는 주제를 대여섯 가지 적어 본다.

2. 둘째 날에는 큰 도서관에 간다. 첫날 찾아낸 주제와 연관된 책들을 찾으면서 찬찬히 훑어본다. 관심이 있는 새로운 주제가 있으면 추가한다. 정기 간행물실에 가서 신문과 잡지를 쭉 훑으면서 관심 주제와 관련된 자료를 찾아서 훑어보고, 어떤 광고와 기사들이 눈에 들어오는지 살펴보고 메모한다. 그리고 앞에서 찾아낸 관심 주제를 좀 더 구체화한다. 예를 들어 여행에 관심이 있다고 적었다면 '오지 여행', '음식 여행', '미술 여행', '치유 여행', '일상 여행'과 같이 구체적으로 적어본다.

3. 인터넷으로 관심 주제에 대해 검색을 하고 마찬가지로 구체화하는 작업을 한다. 관심 주제를 서로 연결할 수 있는지 생각해보고, 필요하면 하나의 주제로 통합한다. 예를 들어 명상과 인생 2막에 관심이 있고 사진이 취미라면 '명상으로 인생 2막을 성공적으로 열어낸 사람들'을 주제로 잡고, 여기에 명상과 각 인물을 잘 포착한 사진을 더할 수 있다.

4. 그 주제에 대해 내가 하고 싶은 말을 자유롭게 직관적으로 써
   내려 간다.

쓸거리를 찾는 세 번째 방법-기록

일상에서 문득 아이디어가 떠오르면 컴퓨터나 스마트폰에 미리
만들어둔 '아이디어' 폴더에 대략적인 내용을 옮겨 적는다. 아이
디어는 단지 생각일 뿐이다. 창조적인 아이디어가 바람처럼 날
아가지 않도록 붙잡아놓으려면 재빠르게 기록해야 한다. 이렇게
모아둔 아이디어들 가운데 지속적으로 관심이 가는 주제가 생기
면 주제와 관련된 이름을 붙인 디렉터리Directory를 만들고 여기
에 관련 자료를 수집하고 아이디어를 구체화한다. 예를 들어 관
심 주제는 "스마트 라이팅", "깊은 독서", "4차 산업혁명 시대의
자기혁명" 등이다.

이후에는 어떤 일을 하든 최대한 이 관심 주제와 결부시켜본
다. 관심 주제와 연관된 책을 읽을 때는 인용할 만한 문장이나 유
용한 정보, 책을 읽고 난 후 느낌 등을 관심 주제 디렉터리에 적
는다. 길거리를 가다가 아이디어가 떠오르면 마찬가지로 디렉터
리에 적는다.

어느 정도 시간이 지나 자료가 쌓이면 글을 쓰고 싶은 충동이 일어난다. 이런 기분이 들면 주제에 대해 모아놓은 자료를 간단히 정리한 후 출력한다. 그런 다음 관심 주제에서 키워드를 뽑아본다. 키워드를 선별하는 과정은 매우 중요하다. 어떤 키워드를 뽑아내느냐에 따라 앞으로 자료조사를 하면서 엄청난 수고와 시간을 절약할 수도 있고 반대의 과정을 거칠 수도 있기 때문이다. 무턱대고 자료조사를 하기보다는 키워드를 도출하여 이에 따라 자료조사를 하면 작업의 효율을 높일 수 있다.

쓸거리, 즉 글감이 글쓰기의 반이다. 관심 주제를 만들어두면 글감 고갈에 시달리지 않고 계속해서 글을 쓸 수 있다. 그러니 일단 좋아하는 소재를 평소에 찾고 기록해두어야 한다.

탄탄하고 짜임새 있는
목차 구성하기

다산 정약용은 목차 구성의 중요성을 '선정문목(先定門目)'이 란 말로 표현했다. 구체적인 작업을 들어가기 전에 문목, 즉 목차 를 먼저 정하라는 말이다. 이 과정을 급하게 처리하면 부실시공 이 된다.

짧은 글 한 편을 쓸 때는 글의 구성에 대해 깊이 생각하지 않 아도 된다. 간략하게 개요를 짜고 쓰거나 생각의 흐름에 따라 쓰 고 나서 여러 번 수정하면 된다. 그러나 보고서, 제안서, 논문, 책 등과 같은 긴 글을 쓸 때는 짧은 글을 쓸 때와는 다르게 접근해야 한다. 그저 떠오르는 대로 쓰면 긴 글을 제대로 완성할 수 없다.

전체적인 콘텐츠를 짜임새 있게 구성하는 능력이 절대적으로 필요하다.

콘텐츠 구성 능력은 목차를 보면 한눈에 알 수 있다. 글을 하나의 건물로 본다면 목차는 설계도다. 설계도가 정확하지 않으면 건물을 지을 때 우왕좌왕할 수밖에 없다. 구조물이 튼튼하지 않은 건물은 쉽게 무너지기 마련이다. 글을 쓸 때도 목차가 탄탄하지 않으면 글을 완성한 후에도 불필요하게 여러 번 수정하는 시행착오를 반복할 수밖에 없다.

목차를 구성하려면 먼저 쓰는 글에 대한 핵심 메시지가 명확하고 차별화가 되어야 한다. 목차는 콘셉트와 긴밀하게 연관되며, 좋은 목차는 차별화된 콘셉트의 뿌리를 갖고 있다. 따라서 목차와 콘셉트는 서로 유기적으로 연결되어야 한다.

기획서, 보고서와 같은 실용적인 글은 핵심 메시지 또는 제목에 큰 덩어리 질문을 던지고 거기에 대한 대답을 적는 방식으로 목차를 구성하는 것이 좋다. 예를 들어 '4차 산업혁명'에 대한 책을 쓸 경우에 '4차 산업혁명은 무엇인가?', '4차 산업혁명의 특징은 어떻게 나타나는가?', '4차 산업혁명 시대의 기업의 경쟁력은 무엇인가?', '4차 산업혁명 시대에는 어떤 인재가 필요한가?', '어떻게 창의력과 감성을 가진 인재를 키울 것인가?'와 같은 큰 질문을 던지고 대략의 답들을 적어서 얼개를 작성한다. 얼개를 작성할 때는 마인드맵Mind Map 도구를 사용하면 자유롭게 생각의 지도를 펼칠 수 있다.

성공 및 적용사례 보고서와 같은 스토리텔링에 기반을 둔 글은 적절한 사례를 수집하고 의미를 발견하여 목차를 구성하는 게 좋다. 글의 주제와 관련된 사례들과 사례들에 나타난 핵심 메시지들을 소목차로 적고 이것을 그룹화하여 여러 개의 장(Chapter)으로 구성해볼 수 있다. 그런 다음 소목차 항목별로 자료를 수집하여 검토하고 분류한다. 분류한 자료를 참조하여 세부 목차를 만들고 세부 목차의 내용에 꼭 들어갈 핵심 키워드를 뽑아본다. 이런 과정을 거쳐 대략적인 목차가 만들어지면 탄탄해질 때까지 계속해서 다듬는다.

참고자료의 목차를 보고 마음에 드는 글의 제목을 훔쳐와도 좋다. 참고자료의 내용을 그대로 베끼는 게 아니라 가져와서 내 방식대로 변용하는 것이다. 좋은 목차는 내 마음속에 벌써 들어와 있지만 미처 내가 인식하지 못한 것이다. 보는 순간 알아볼 수 있을 만큼 이미 낯익은 것이기 때문에 만나면 반갑다. 우리의 생각이 표현의 실마리를 얻었기 때문에 기쁘다. 참고한 목차에 대해 자기가 하고 싶은 말을 표현하면 된다.

내가 쓴 글을 읽을 독자가 알고 싶거나 듣고 싶은 내용도 목차에 반영한다. 독자 인터뷰나 설문 조사를 통해서 내가 쓸 주제에 대해 독자가 관심이 있고 궁금한 내용을 목차에 반영해야 읽는 사람을 잡아끌 수 있다.

목차 구성 능력을 기르는 좋은 연습법이 있다. 평소에 다양한 자료의 목차를 유심히 보고 재구성하는 연습을 해보자. '내가 이 글을 쓴다면 이렇게 목차를 만들 거야.'라는 마음으로 목차를 고쳐보자. 이 작업을 거듭할수록 목차 구성력이 향상됨은 물론이고, 실제 자기 글의 목차를 짤 때 큰 도움이 된다.

목차를 작성하고 나면 탄탄하고 일관성이 있는지 검증해본다. 검증은 MECE(Mutually Exclusive and Collectively Exhaustive) 원칙을 적용한다. MECE는 상호 배타적이되 모이면 전체를 이룬다는 뜻인데 쉽게 말하면 목차 각 항목이 중복이 없어야 하고 꼭 필요한 목차가 빠지면 안 된다는 말이다.

어느 정도 완성한 목차는 출력하거나 휴대폰에 저장해서 가지고 다니면서 수시로 보고 고쳐야 한다. 목차를 부적처럼 갖고 다니면서 자주 들여다볼수록 목차는 정교해지고 글의 내용은 튼실해진다.

지금까지 목차의 중요성, 목차의 구성 방법에 대해 살펴 보았지만 목차를 반드시 하향식으로 구성할 필요는 없다. 자신의 기질과 성향상 구조화된 체계를 만드는 게 어려울 수도 있다. 그럴때는 자신이 쓰고 싶은 글감을 하나씩 먼저 적어보고 글감들을 연결시켜 목차를 구성할 수도 있다. 마치 별을 하나씩 그린 후에 연결해서 별자리를 만드는 것처럼 이어가도 좋다.

한 편의 글을 쓰기 위해
절차탁마의 시간이 필요하다

한 송이 국화꽃을 피우기 위해 봄부터 소쩍새가 그렇게 울었 듯 한 편의 글을 쓰기 위해 글 쓰는 이는 절차탁마(切磋琢磨)의 시간을 가져야 한다. 검객이 검을 다루듯, 악사가 악기를 다루듯 글을 닦고 조이고 기름을 쳐야 한다. 얼마나 시간과 노력을 들여 야 할까? 딱히 정해진 기준은 없지만 적어도 다음과 같은 준비와 노력을 기울여야 한다.

첫째, 쓰고자 하는 글의 내용과 관련된 자료를 찾는다. 자료는 실제 작성할 글 분량의 5~10배 정도를 모은다. 그동안 읽었던 책을 훑어보고 모아둔 보고서, 제안서 등을 정리하거나 인터넷

검색 등을 통해 자료를 구한다. 어느 정도 자료가 쌓이면 수집한 자료를 분석하고 소화하면서 핵심 키워드를 뽑는다. 대체로 2~3쪽 분량의 글 하나를 작성한다면 적어도 두세 개의 키워드가 필요하다. 필요에 따라 선별한 키워드를 바탕으로 좀 더 구체적인 자료를 찾아 보완한다. 자료를 많이 모으고 철저히 분석해야 생각이 풍부해진다. 키워드를 중심으로 양질의 자료를 논리적으로 배치하면 좋은 글을 쓸 수 있다.

둘째, 본격적으로 본문을 쓰기 전에 자신이 쓰고자 하는 글의 소재와 주제를 정한다. "무엇을(Topic) 가지고 무엇을(Subject) 말할 것인가?" 글을 쓸 때는 두 개의 무엇(What)을 반드시 사전에 정해 놓고 글을 써 내려 가야 한다. 소재는 주제를 독자에게 표현하기 위해 필요한 유무형의 재료들, 즉 사물이나 구체적 사건들이다. 주제는 글에서 말하는 핵심 메시지다. 무엇을 말하고 싶은지 알지 못한 채 글을 쓸 수는 없다. 글의 핵심을 누락할 수 있고 중언부언하기 쉽다. 무엇을 말하고 싶은지 알기 위해서, 글쓰기에 자신감을 갖기 위해서 아무런 준비 없이 글을 쓸 수 있지만 이것은 글쓰기의 초보적인 단계일 뿐이다. 글 쓰는 사람은 언제나 스스로에게 이렇게 물어야 한다. '나는 과연 무엇을 말하고 싶은가?' 다음은 두 개의 무엇에 대한 예시다.

- 제목: 프로젝트 성공 비결
- 소재: 비전 워크숍 실시, 매일 팀원들과 10분간 서서 미팅 (Stand Up Meeting), 일주일 단위로 성과를 달성했을 때 팀 회식 실시
- 주제: 프로젝트 성공 비결은 팀원들간의 단합이다.

셋째, 글의 구조를 설계한다. 설계도를 작성하고 글을 쓰면 쓰다 말 일은 별로 없다. 글의 짜임새도 당연히 좋아진다. 앞에서 글 전체에 대한 두 개의 무엇을 정한 것처럼 서론, 본론, 결론에 활용할 소재와 메시지를 간략하게 메모한다. 대다수 실용적인 글은 3단 구성을 따른다. 서론에서는 글의 목적과 주제, 문제점을 제시한다. 본론에서는 서론에서 제시한 키워드를 자세히 서술한다. 마지막 결론에서는 본론에서 다룬 내용과 해결책 등을 정리한다. 이 정도만 준비해도 글쓰기에 대한 자신감이 커진다. 실제 글을 쓰다 보면 메모한 내용이 눈덩이처럼 커지고 이스트 발효 빵처럼 부풀려지는 쾌감을 느낄 수 있다. 글이 나를 어디론가 끌고 가는 황홀함의 경지에 다다를 수도 있다.

넷째, 첫 문장을 준비하라. 글은 어떻게 시작하느냐에 따라 완전히 달라진다. 〈글쓰기 생각쓰기〉의 저자 윌리엄 진서William Knowlton Zinssers의 다음 말을 기억하라. "첫 문장이 독자를 둘째

문장으로 끌고 가지 못하면 그 글은 죽은 것이다. 그리고 둘째 문장이 독자를 셋째 문장으로 끌고 가지 못하면 마찬가지로 그 글은 죽은 것이다." 평소에 첫 문장을 유심히 보고 마음에 드는 첫 문장은 채집해서 적재적소에 활용한다.

다섯째, 모든 것을 글의 주제와 연결하여 쓴다. 만약 일주일에 한 편의 글을 쓴다고 하면 일주일 동안 보고 듣고 느끼고 말한 모든 것들을 내 글의 주제와 연결시키려는 노력을 기울여야 한다. 예전에 백석 시인에 대해 글을 쓸 기회가 있었다. 내 머릿속은 백석으로 꽉 차 있었다. 잘 써야 한다는 부담감 때문에 내가 경험한 모든 것을 나도 모르게 백석과 연결시키고 있었다. 그러자 회사 회장실에 비치된 사보에서, 미용실 잡지에서, 아이들이 펼쳐 놓은 책에서 예기치 않은 상황에서 백석이 짠~하고 나타났다. 글감이 밀려왔다. 예상치 못한 행운이 찾아오는 느낌이랄까? 이럴 때 내게 다가오는 모든 것들과의 경계가 허물어지고 하나로 연결되어 있음을 느끼게 된다. 이것이 우주가 도와주는 것이 아니고 무엇이랴?

여섯째, 일필휘지(一筆揮之)로 한걸음에 내달리며 초고를 완성하고 고쳐쓰기를 한다. 한 번에 완벽하게 쓴 글은 거의 없다. 고쳐 써야 글이 좋아진다. 일정 시간 묵혀 놓은 후에 고쳐라. 잠잘 때 키가 크는 것처럼 글을 재워 놓아야 생각이 무르익고 고칠 구석이 잘 보인다. 지금 쓰고 있는 글이 아니라 2~3일 전에 쓴 글을 출력하여 가지고 다니면서 출퇴근 시간에 틈틈이 읽고 고치면 효율적이다. 이때 좋은 아이디어가 떠오르는 경우가 많다. 고쳐쓰기를 귀찮게 여기는 사람도 있겠지만 나는 좋아한다. 글이 좋아진다는 느낌이 좋기 때문이다. 고칠수록 빛이 난다.

일곱째, 진실하게 써라. 글을 잘 쓰기 위해서는 쓰는 것 이외에 다른 방법은 없지만 쓸 때는 진심을 담아야 한다. 글쓰기의 최종 심급은 진정성이다. 글 쓰는 이가 결국 팔아야 할 것은 글의 주제가 아니라 자기 자신이다. 윌리엄 진서가 말한 것처럼 좋은 글의 핵심은 기교나 수사가 아닌 '인간미'와 '온기'다. 글 한 편에 자기 자신을 팔자. 그러면 글이 호소력을 발휘할 것이다.

글을 쓰는 과정은 예상외로 부침이 심할 수 있다. 어떤 날은 집중력을 발휘하여 보고서의 절반을 하루에 끝낼 수 있다. 그에 반해 며칠 동안 한 글자도 못 쓸 때가 있다. 머리를 쥐어 짜내도 도무지 어떻게 써야 할지 막막하고 답답하다. 이런 과정에서 필요한 덕목은 성실함이다. 글이 도무지 써지지 않을 때는 자료를 찾거나 글의 얼개를 그려본다. 글쓰기 자체를 미루거나 포기해서는 절대 안 된다. 힘겹더라도 조금씩 쓰다 보면 어느새 글의 마지막 문장을 쓰고 있는 자신을 발견하게 될 것이다.

글쓰기는
고쳐쓰기다

글을 전문적으로 쓰는 작가일수록 고쳐쓰기의 중요성을 강조한다. 헤밍웨이는 "모든 초고는 걸레다"라는 말로 고쳐쓰기를 강조했다. 그는 노벨상 수상작인 〈노인과 바다〉를 200번 넘게 고쳐 썼다고 알려져 있다. 괴테는 〈파우스트〉 한 권을 60년 가까이 썼다. 그도 수없이 고쳤을 것이다. 구양수(歐陽脩)는 글을 지으면 가장 먼저 벽에 붙여놓고 시간이 나는 대로 고쳤는데, 어떤 글은 마지막 완성 단계에 이르러 초고 중 단 한 자도 남아 있지 않았다는 전설 같은 일화도 전해진다. 물 흐르듯 잘 읽히고 흠잡을 데 없는 글은 한 번에 써지지 않는다. 부단한 손질의 결과다.

고쳐쓰기가 이렇게 중요한데도 어떤 사람들은 고쳐쓰기를 대수롭지 않게 생각하거나 시간과 노력을 쏟지 않는다. 왜일까? 몇 가지 이유가 있다.

첫째, 게으르기 때문이다. 글쓰기는 정신적 작업이자 육체노동이다. 머리를 써야 하고 손을 움직여야 하며 시간을 들여야 한다. TV 시청보다 독서가 능동적이고, 독서보다 글쓰기가 더 많은 에너지를 요구한다. 특히 고쳐쓰기는 초고쓰기에 비해 단조롭게 보이는 데다 세밀하고 반복적인 작업이 요구된다. 게으른 사람에게는 귀찮은 일이 아닐 수 없다.

둘째, '고쳐쓴 글은 잘못된 글'이라는 인식 때문이다. 어떤 사람들은 수정을 많이 해야 하는 글은 애초에 잘못 쓴 글이라고 생각한다. 그런 글은 고치거나 다듬을 필요조차 없는 글이므로 수정보다는 폐기해야 마땅하다고 속단한다. 이들은 글을 잘 쓰는 사람은 한 번에 좋은 글을 쓴다고 착각한다. 그러나 실상은 많이 쓰고 여러 번 고치는 사람의 글이 좋다.

셋째, 글에 애정이 없기 때문이다. 고쳐쓰기는 글을 양육시키는 과정이다. 아이에게 애정이 있는 사람과 그렇지 않은 사람 중 누가 더 아이를 잘 키울까? 당연히 전자다. 고쳐쓰기도 마찬가지다. 내가 쓴 글을 내가 사랑하지 않으면 누가 사랑할까? 글에 애정이 없는 사람일수록 고쳐쓰기에 힘을 쏟지 않는다.

넷째, 시간이 없기 때문이다. 경우에 따라 시간이 부족해서 고쳐쓰기를 못할 때도 있다. 하지만 우리 경험에 비춰볼 때, 그런 경우는 드물다. 게으름과 애정 부족이라는 이유가 시간 부족이라는 가면을 쓴다.

다섯째, 우리의 뇌는 이미 알고 있는 내용에 대해서는 대충 훑어보려는 판단을 하기 때문이다. 우리는 눈으로 글자를 보고 뇌는 이 시각 정보를 통해 해당 글자가 어떤 내용인지 해석을 한다. 만약에 처음 보는 글이라면 우리의 뇌는 내용을 파악하기 위해 한 글자, 한 글자에 집중하여 글을 읽는다. 하지만 내가 쓴 글이나 여러 번 읽은 글은 내용을 파악하고 있다고 판단해서 주마간산(走馬看山)처럼 대충 볼 확률이 높다. 그래서 고쳐쓰기가 제대로 되기 어려운 측면이 있다. 따라서 묵혀두거나, 출력해서 보거나, 소리 내어 읽으면서 내 글을 최대한 처음 보는 것처럼 낯설게 하는 방법을 쓰면 좋다.

고쳐쓰기를 충실히 하기 위해서는 고쳐쓰기에 대한 인식을 바꿔야 한다. 고쳐쓰기를 '잘못된 것을 바로잡는 작업'으로 여기기보다는 선물이라고 생각하는 것이 좋다. 윌리엄 진서는 "글쓰기가 단번에 완성되는 '생산품'이 아니라 점점 발전해가는 '과정'이라는 점을 이해하기 전까지는 글을 잘 쓸 수 없다"라고 단언했다. 고쳐쓰기는 고단한 작업이지만 결국에는 노력한 만큼 보답

한다. 따라서 성실하고 끈기 있게 계속해서 고쳐 써나가는 자세가 매우 중요하다.

고쳐쓰기는 무엇인가? 고쳐쓰기는 빠진 것을 새로 넣고 불순물을 삭제하고, 문장과 문단을 재배열하고 대체하는 과정이다. 흐름과 논리에 빈 공간이 보이는 곳은 채워주고 불필요한 단어나 문장은 덜어낸다. 메시지를 명확히 표현하기 위해 문장을 다듬거나 설명을 추가한다. 이런 것이 고쳐쓰기다.

한 번에 완벽하게 쓰려고 하지 말고 초안을 빠르게 쓰고 여러 번 고쳐 쓴다. 고쳐쓰기는 필수다. 글쓰기는 고쳐쓰기라고 해도 과언이 아니다. 고쳐쓰기는 글을 완벽하게 만들어준다. 고쳐쓰기에 필요한 노하우 몇 가지를 알아보자.

첫째, 묵혀둔다. 숙성의 시간을 가져라. 잠자는 시간에 키가 자라듯이 글도 재워야 한다. 조선 전기의 명 문장가 김일손(金馹孫)은 초고를 단번에 쓰고 나서 몇 달 후 수정하곤 했다. 그 이유에 대해 그는 "처음 글을 지을 때에는 마음속에 사사로운 뜻이 있기 때문에 스스로 글의 결점과 병폐를 보기 어렵다. 시간이 흐르고 난 다음에야 처음 글을 지을 때 가졌던 사사로운 마음이 없어지고 공정한 마음이 생기므로 좋은 문장과 함께 그 글의 결점과 허물을 분명하게 알 수 있는 법이다"라고 말했다. 또 하나, 초고를 재워두는 동안 우리의 무의식은 보이지 않게 작업한다. 그러니 초고를 적당히 재운 뒤 깨워라. 깨워서 보면 채워야 할 빈 구멍이 보이고 빼야 할 내용이 더 잘 보인다. 이 과정에서 새로운 통찰 역시 떠오를 수 있다. 시간이 촉박하다면 10분이라도 재워라.

둘째, 세 번은 고쳐라. 첫 번째 고쳐쓰기에서는 전체적인 그림(주제와 뼈대)을 조망하고, 두 번째는 글의 흐름(문단)을 살피고, 세 번째는 글의 기본 단위(문장과 단어)를 정돈한다. 고쳐 쓰는 과정은 전체를 넓은 시각에서 보는 '대관(大觀)'에서 자세하게 분석하여 살피는 '세찰(細察)'로 이어지는 것이 바람직하다. 초고는 한 번에 써도 된다. 실제로 일필휘지한 글이 좋은 경우도 적지 않다. 그러나 퇴고(推敲)는 창조라기보다는 정리정돈이므로 한 번에 끝내기 어렵다. 초고를 마음 가는 대로 쓰거나 펜 가는 대로 쓴 경우는 더욱 그렇다. 초고를 쓸 때는 창작가이자 예술가가 되어야 하고, 고쳐쓰기를 하는 동안은 비평가이자 편집자가 되어야 한다. 초고를 쓰면서 비평가나 편집자가 되면 글쓰기는 부담으로 가득한 고된 노동이 된다. 고쳐쓰기를 하면서 창작가이자 예술가가 되면 혼자만 알 수 있는 독단적인 주장이나 함량 미달이 되고 만다.

셋째, 문단을 정리하라. 한 문단은 하나의 메시지와 부연 설명으로 이루어진다. 이것이 문단의 기본 구성이다. 한 문단에 여러 개의 메시지를 섞지 마라. 전달이 어렵고 기억하기는 더 어렵다.

문단은 글을 쓰면서 자연스럽게 나누면 된다. 초고를 쓰면서 호흡을 가다듬거나 다른 이야기를 하고 싶으면 문단을 나누자. 초고에서 문단을 나눠두면 고쳐 쓰거나 다듬기도 쉽다. 또한 문단의 흐름이 자연스럽게 전개가 되는지를 살피고 문단 간의 순서를 바꾸고 조정하라. 불필요한 문단이 있다면 과감하게 빼라. 정리하자면 문단을 추가하고 삭제하고 순서를 조정한다.

넷째, 서론과 결론을 정리하라. 가장 최근에 본 영화를 떠올려보라. 그 영화에서 가장 선명하게 기억하는 장면은 무엇인가? 대부분 처음 장면과 마지막 장면일 것이다. 영화감독들은 첫 장면과 끝 장면의 중요성을 안다. 그래서 다른 장면에 비해 그 장면을 만들기 위해 몇 배의 시간과 노력을 쏟는다. 영화뿐만 아니라 강연도 마찬가지고 글도 다르지 않다. 좋은 도입부는 독자가 글을 계속해서 읽고 싶게 만든다. 최고의 종결부는 핵심을 명쾌하게 정리해주거나 통찰력을 줌으로써 독자의 마음에 느낌표를 선사한다.

다섯째, 문장을 짧게 써라. 긴 문장은 지루하다. 긴 문장을 쓸수록 문법적 오류를 저지를 가능성이 커진다. 짧은 문장은 잘 읽히고 울림이 크다. 특히 초보자는 이 점을 유념해야 한다. 강물이 굽이굽이 유려하게 흘러가듯이 긴 문장을 쓰면 좋겠지만 초보자는 쉽지가 않기에 짧은 문장으로 독자의 심장을 바로 겨냥해야 한다.

여섯째, 주어와 서술어를 맞춰라. 의외로 주어와 서술어가 따로 노는 문장이 적지 않다. 이런 문장은 뇌에 부담을 주고 독서를 방해한다. 때로는 주어를 생략하는 것이 글의 흐름을 원활하게 하는 경우도 있지만 문장의 기본은 주어와 서술어가 함께 가는 것이다.

일곱째, 출력을 해서 소리내어 읽고 리듬감을 살려라. 노래에 리듬이 있듯이 글에도 리듬이 있다. 퇴고 작업에서 글의 리듬감 살리기는 옵션으로 볼 수 있다. 리듬감을 살린답시고 장황하게 늘어놓거나 중언부언해서는 안 된다. 진부한 비유 역시 곤란하다. 뻔한 비유는 쓰는 당사자나 읽는 독자의 마음속에 살아 있지 않다. 리듬감을 살린다는 건 독자에게 읽는 맛을 제공하는 것이다. 긴 문장이 계속되면 숨이 차고, 짧지도 길지도 않은 문장이 나열되면 산만해지며, 짧은 문장만 이어지면 글이 단조로워진다. 리듬감을 살리는 기본적인 방법은 문장의 길이를 조절하는 것이다. 단문과 장문을 섞어라. 글의 명확성과 설득력을 해치지 않는 범위에서 길이가 다른 문장을 섞는 게 효과적이다.

여덟째, 불필요한 내용을 걷어내라. 글을 쓰다 보면 내 글이 부족해 보여 자꾸 내용을 추가하고 싶어진다. 오히려 불필요한 것을 빼고 꼭 필요한 내용만 남긴다고 생각해야 한다. 〈어린왕자〉를 쓴 생텍쥐페리Antoine de Saint Exupery는 "완벽이란 무엇하나 덧

붙일 수 없는 상태가 아니라, 더 이상 뺄 것이 없는 상태"라고 했다. 미국의 유명한 소설가 스티븐 킹은 고등학교 3학년 시절 어느 잡지사의 편집자로부터 "수정본 = 초고 - 10%. 행운을 빕니다"[1]라는 친필 메모를 받았다. 스티븐 킹은 이 간단한 메모가 자신의 글쓰기에 큰 영향을 미쳤다고 말했다. 그는 이 공식을 벽에 붙여 두었다. 그 후부터 전보다 글이 좋아지기 시작했다.

아홉째, 피드백을 받아라. 모니터링 그룹을 만들어 내 글에 대한 피드백을 받으면 좋다. 글을 다 쓰고 지인들의 의견을 구할 수도 있지만, 글의 중요한 부분은 중간중간 피드백을 받아보면 수정에 도움이 된다. 단 모니터링 그룹은 양보다 질이 중요하다. 그룹의 인원수보다 피드백 수준이 관건이라는 말이다. 본인이 쓰고자 하는 글에 대해 안목이 있는 전문가와 글의 실제 독자가 될 만한 이들을 합쳐 서너 명으로 구성하면 무리가 없다.

지금까지 고쳐쓰기에 필요한 9가지 노하우를 얘기했지만, 마지막으로 강조하고 싶은 사항이 있다. 고쳐쓰기의 핵심은 기술이 아니라 성실함이라는 사실이다. 그만큼 고쳐쓰기는 시간과 정성을 쏟아야 하는 작업이다. 소설가 안정효는 〈글쓰기 만보〉에서 초고는 집짓기에, 고쳐쓰기는 실내장식에 비유했다. 그는 "실

---

1 스티븐 킹, 『유혹하는 글쓰기』, 김영사, 2017년

내장식은 터 닦기나 골격 만들기보다 조금도 쉽지 않다. 장식하기에는 짓기보다 오히려 더 많은 정성과 세심한 공이 들어간다"라고 말했다. 고쳐쓰기는 선택이 아니라 필수다. 고쳐쓰기가 글쓰기의 핵심이다. 고치기 실력이 쌓일수록 글 쓰는 내공도 깊어진다.

합평, 영혼 없는 칭찬보다 날카로운 비평이 낫다

"나는 멘붕 상태였고 그로기 직전이었습니다. 합평(合評)이란 게 이런 거구나. 그 날 저녁, 밥을 먹을 수가 없었습니다."

내가 운영하는 글쓰기 모임에서 처음으로 '합평'이라는 걸 해본 참여자가 나중에 회상하며 했던 말이다. 이쯤 되면 그에게 합평은 평가라기보다는 고역에 가까웠던 모양이다. "글쓰기 실력은 합평에서 얻은 고통과 비례한다"라고 말해주었던 기억이 난다.

합평은 여러 사람이 모여서 각자 쓴 글에 대해 비평하는 것이다. 합평을 어떻게 진행하느냐에 따라 여러 모습이 나타난다. 영혼이 없이 칭찬만 오가거나, 평가가 아니라 성토의 장이 되어 감정적으로 토라지는 경우는 양극단의 안 좋은 모습이다. 합평은 역지사지의 입장에서 적극적으로 내 글처럼 살펴야 한다. 수동적으로 그냥 "좋다" "안 좋다"라고 말하면 별반 도움이 되지 않는다.

아무 생각 없이 글 쓰는 사람은 없다. 글을 쓴 사람의 머릿속으로 들어가자. 서로에게 최초의 독자가 되어서 날카로운 비평을 하되 도움이 될만한 말을 해주자. 나라면 무엇을 더하고 무엇을 뺄 것인지 이야기해주자. 영혼이 없는 칭찬보다 제대로 말해주는 게 도움이 된다. 니체는 "봉합된 우정보다 드러난 적대가 낫다"라고 말했다.

합평은 회사에서 일할 때 문서나 제품에 대해 동료검토(Peer Review)를 하는 것과 유사하다. 동료검토는 결함을 발견하기 위해 문서나 제품을 동료와 함께 검사하는 활동이다. 동료검토를 할 때 중요한 결함을 동료가 발견해주는 경우가 많다. 객관적으로 바라보기 때문이다. 바둑을 둘 때 훈수 두는 사람이 수를 잘 보는 원리가 작동하는 것과 비슷하다. 동료검토처럼 합평을 제대로 하면 내가 작성한 글의 오류를 합평하는 동료가 잘 찾아낼 수 있다.

또한 합평을 통해 우리는 새로운 것을 배울 수 있다. 글을 작성한 사람이 어떤 의도로 글을 썼는지를 알게 되고 자신이 미처 생각하지 못한 점을 깨닫게 된다. 함께 한 사람들의 실력이 상향 평준화된다. 그런데 동료검토를 잘못하면 '동료성토'가 되듯이 합평도 부작용이 있을 수 있다. 합평할 때는 작성자에 초점을 두지 말고 검토할 글에 초점을 두어야 한다.

합평할 때는 합평 참가인원수만큼 글을 출력하여 준비한다. 글을 쓴 사람이 직접 자기 글을 읽고 함께 글을 살펴본다. 글쓴이는 글을 읽으면서 동시에 듣게 되어 자기 글을 객관적으로 보게 된다. 읽으면서 어떤 부분이 잘못되었는지 스스로 알게 된다. 글을 읽을 때 말이 제대로 나오지 않는 대목은 고쳐야 한다. 글과 말은 다르지 않다.

합평에 참석하는 사람들은 다 함께 글을 읽고 글에 대해 생각을 하고 글을 고치고 피드백을 한다. 그러니까 합평을 통해 구양수가 말한 다독, 다상량, 다작이라는 삼다(三多)의 조합이 일어난다. 그래서 합평은 제대로 공부가 된다.

합평할 때는 중요한 잣대를 가지고 먼저 전체를 살펴보고 세세한 부분으로 접근한다. 내가 생각하는 합평의 잣대는 이오덕 선생이 말한 좋은 글의 세 가지 원칙이다. 이것을 질문 형식으로 던져보자.

1. 이해하기 쉬운가?(무슨 말을 하려는가?)

⇨ 각자 글의 핵심 문장을 찾아서 이야기해보자. 서로가 찾은 핵심 문장이 똑같다면 말하고자 하는 메시지가 잘 전달이 된 것이다. 그렇지 않고 서로 다르거나, 또는 잘 못 찾는 경우는 말하고자 하는 핵심 내용이 모호하거나 누락된 것이다.

2. 재미가 있는가?(글 맛이 있는가?)

⇨ 글이 술술 읽히는가? 글이 리듬감이 있고 문체가 맛깔스러운가? 글에서 제시한 사례와 문장이 감동적인가? 특히 어떤 부분이 마음에 와닿는지 찾아서 이야기해보자.

3. 가치가 있는가?(독자에게 의미가 있는가?)

⇨ 읽을 만한 내용을 담고 있는가? 독자에게 감동이나 도움이나 재미를 주는가? 이 글이 독자인 나에게 어떻게 다가오는지 느낌을 이야기해보자.

이 세 가지 질문에 대해 전부 긍정적이면 좋은 글이다. 만약, 한 가지라도 "그렇지 않다"는 대답이 나오면 고치고 다듬고 다시 써야 한다. 그런 후에 다음과 같이 전체적인 글의 흐름을 살펴보자.

- 글에서 찾은 핵심 문장을 기준으로 불필요한 내용이 있는지, 빠진 내용은 없는지 살펴보자. 핵심 문장이 포함된 핵심 문단을 기준으로 다른 문단이 핵심 문단을 보충하는지, 연관이 있는지 살펴보자. 만약, 별다른 관련이 없다면 그 문단은 불필요하다.

- 문단 나누는 게 적절한지 살펴보자. 문단을 나누는 기준은 한 문단에 하나의 메시지만 담는 것이다. 한 문단에 두 개 이상의 메시지가 들어가 있으면 문단을 나눈다. 호흡이 가빠지거나 글의 흐름이 바뀌면 문단을 나눈다.

- 문단이 일관성 있게 흘러가는지 살펴보자. 문단별 핵심 메시지를 찾아서 핵심 메시지가 자연스럽게 연결되어 글이 전개되는지 살펴보자.

- 한 문단 내에 핵심 메시지가 들어가 있는지 살펴보자. 한 문단은 핵심 메시지와 핵심 메시지를 부연 설명하는 문장들로 구성되어 있다. 핵심 메시지와 상관없는 문장이 있으면 삭제한다. 핵심 메시지를 부연하는 문장들의 설명과 논거가 설득력이 있는지 따져본다. 핵심 메시지를 설명하는 근거가 부족하면 문장을 수정하거나 필요한 문장을 추가한다.

- 글의 시작과 끝 문단을 살펴본다. 글의 시작과 끝만 다듬어도 글은 아주 좋아진다. 내가 독자라면 첫 단락을 읽고 계속 읽을 마음이 들까? 내가 독자라면 마지막 문단을 보고 미소 지을 수 있을까?

문단 단위로 살펴본 후에는 마지막으로 글의 기본 단위인 문장과 단어를 검토한다. 앞의 고쳐쓰기에서 살펴본 내용과 유사하다. 세부적인 사항을 요약, 정리하자면 다음과 같다.

- 주어와 서술어가 호응하는지 확인한다. 문장의 기본 구조는 '~가 ~하다'다. 주어와 서술어가 호응할 수 있도록 유의하면 누구나 바른 문장을 쓸 수 있다.
- 주어와 서술어는 연인 사이다. 주어와 서술어는 최대한 가까이 둔다.
- 형용사와 부사가 남발되어 있는지 확인한다. 글쓰기에서 수식이나 불필요한 강조는 중요하지 않다. 형용사나 부사는 과감하게 뺀다. 퇴고할 때는 전달력에 신경써라.
- 접속어를 자주 사용하고 있는지 확인한다.

- 복문이 많아서 문장 해석이 어렵게 되는지 확인한다. 복문은 단문으로 나눠 쓴다. 문장이 길면 생각이 엉키고 문법도 틀리기 쉽다.

- 같은 단어나 표현이 반복되는지 확인한다.

- 수동태로 표현한 문장이 있는지 확인한다.

- 뜻이 정확한 단어를 사용하고 있는지 확인한다.

- 그림이나 도표 등 시각 요소는 정확하게 정보를 전달하고 있는지 확인한다.

- 문장이 추상적으로 작성되어 있는지 확인한다. 문장은 구체적으로 적고 감각적으로 표현해야 한다. 문장을 구체적으로 쓰려면 육하원칙을 생각하며 자세하게 쓰도록 하고, 일반 명사가 아닌 고유명사를 쓴다. 또 숫자 등 구체적인 정보를 정확하게 표현하고, 사물의 특징을 세밀하게 그림을 그리듯이 묘사한다.

- 제목이 적절한지 살펴본다. 제목은 내용을 정확하고 보여주고 있으며 간결한가? 또는 본문을 읽고 싶게 할 정도로 매혹적인가?

합평은 혼자 글을 쓰는 게 아니라 함께 쓰기다. 단순히 소감을 듣는 자리가 아니다. 집단 지성을 이용해 글을 더 좋게 만드는 행위다. 그러나 자칫하면 인신공격으로 흐르거나 쓸데없는 시간 낭비가 될 수도 있다. 합평에 참여하는 사람은 무조건 비판이나 칭찬이 아니라 장점을 살려주는 합평을 해주는 게 좋다. 이런 점은 좋고, 이런 점은 이렇게 보완하면 좋겠다고 피드백을 해준다. 합평을 받는 사람도 내 글이 다른 사람의 도움으로 좋아진다고 여기고 열린 마음으로 참여해야 한다. 내가 아무리 잘 썼다고 생각하더라도, 내 동료가 읽고 잘 이해되지 않는다고 하면 내 글에 고칠 부분이 있다고 여겨야 한다.

단순하고 강력한
스마트 라이팅의 4C 법칙

일을 잘하는 사람은 똑똑하게 글을 쓴다. 똑똑한 글쓰기, 즉 스마트 라이팅은 '메시지의 효과적인 전달'이라는 글쓰기 목표에 부합하는 최종심급이다. 스마트 라이팅의 핵심을 한 문장으로 표현하면 다음과 같다. "독자를 위해 핵심을 간결하게 논증하라" 나머지는 사족이다. 이 문장을 기억한 후에 스마트 라이팅을 실제 활용하기 위해서 알아야 할 4C 법칙을 하나씩 살펴보자.

첫째, 독자(Customer)를 고려하라. 읽는 사람의 마음을 겨냥하라. 결국 글은 누군가에 의해 읽힐 운명인 것이다. 글은 읽는 사람에 의해 판명이 날 것이다. 소통이란 모름지기 말을 듣거나 글을 읽는 사람이 이해되어야 완성된다. 그렇기에 독자의 마음을 읽는 게 먼저다. 독자의 성향, 요구사항, 관심사항, 문제점, 불편사항 등이 무엇인지 파악하라. 자신이 하고 싶은 말을 독자의 요구와 수준에 맞춰서 할 수 있을 때 좋은 글이 된다.

둘째, 핵심(Core)을 전달하라. 결국 내가 하고자 하는 말이 상대방에게 전달되어야 한다. 알맹이가 먼저이고 사족은 빼야 한다. 그렇기에 결론을 먼저 써라. 읽는 독자를 고려하여 핵심을 명확하게 전달하는 게 우선이다.

셋째, 주장만 하지 말고 논증(Concrete)하라. 글의 구조를 설계하고 논리적 일관성을 부여한다. 내가 하고 싶은 말에 대해 왜 그런지에 대해 근거를 대고 사례 제시를 통해 이성적, 감성적으로 설명하고 설득한다.

넷째, 간단명료하게(Concise) 써라. 이해하기 쉽게 간결하고 명료하게 쓴다. 글의 내용별로 문단을 나누고, 각 문단은 짧은 여러 개의 문장으로 쓴다. 한 문장에는 한 가지 개념만 서술한다. 사용자 수준에 맞게 전문용어 사용은 가급적 배제하거나 쉽게 설명한다. 글 전체를 통해서 가장 영향력이 큰 이야기 하나를 떠올리고 글에 반영하면 글이 독자에게 훨씬 전달이 잘 될 것이다.

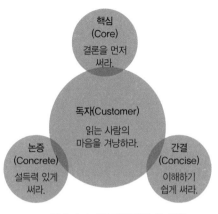

▲ 그림 2-1 스마트 라이팅의 4C 법칙

스마트 라이팅을 글쓰기에 실제 적용해보자. 회사에서 수년간 개발한 제품의 해외시장 진출에 도움을 받기 위해 정부 지원 사업을 제안하려고 한다. 이때 4C 법칙을 활용해서 제안 내용을 간단히 적어보자.

독자(Customer)

독자(또는 고객)의 성향, 요구사항, 관심, 문제점 등을 기술한다.
➡ 2022년 제품 ABC의 국내 출시 후 고객의 클레임 증가 등 문제가 지속적으로 발생하고 있으며, 일본기업과 양해각서를 체결하고 제품 해외사업을 추진하고 있으나 해당 기업이 글로벌 수준의 품질관리를 요구하고 있다.

핵심(Core)

문서에서 주장하는 결론을 기술한다.

➡ 제품에 대한 신뢰와 품질 수준을 확보하기 위하여 <u>글로벌 수준의 제품 개발 프로세스와 도구를 도입</u>해야 한다.

논증(Concrete)

핵심을 뒷받침할 수 있는 근거와 사례를 기술한다.

➡ 글로벌 수준의 제품 개발 프로세스와 도구를 도입해야 <u>제품 개발의 안정적인 품질관리체계를 구축하고 특화된 상용 솔루션 확산을 통한 매출 증대와 기업 경쟁력을 강화</u>할 수 있다.

〈예상 기대 효과 산출〉
해외 매출 기여액 연간 1억 원, 비용절감 효과 연간 5천만 원, 제품 출시 비용(평균 약 2년, 1억 원)을 40~50%로 단축(세부 근거는 첨부 파일 참조)

〈해외 진출 성공 사례〉
2021년 A회사 제품의 일본 시장 진출 사례 요약

간결(Concise)

핵심 용어에 대해 쉽게 풀이하고 글의 가독성을 높이기 위해 인상적인 문장이나 스토리를 기술한다.

➡ • 품질은 프로세스, 도구, 사람 삼위일체의 결과다.
  • 회사의 인도 시장 진출에 관한 전설적인 이야기

나는 오랫동안 현장에서 일을 하면서 스마트 라이팅의 4C 법칙을 활용하여 좋은 결과를 만들었다. 이 4C 법칙을 제안서를 작성하거나 보고서를 작성할 때 적용하여 사업을 수주하거나 원하는 의사결정을 얻어내는 경우가 많았다. 스마트 라이팅의 4C 법칙은 독자에게 필요한 핵심을 설득력있게 정리해서 간결하게 전달하는 방법이기 때문이다. 이 법칙을 알게 된 후 수년간 일을 잘하는 사람들을 관찰해본 결과, 그들은 알게 모르게 스마트 라이팅의 4C 법칙을 깨닫고 있었고 글쓰기에 활용하고 있었다.

스마트 라이팅의 4C 법칙은 일을 잘하기 위해서 꼭 알아야 할 최소한의 원칙이다. 모든 글을 쓸 때 스마트 라이팅의 4C 법칙을 먼저 적어보자. 스마트 라이팅은 내 삶과 일을 스마트하게 비춰주는(Smart Lighting) 등불이다.

제 3 장

스마트 라이팅 제 1 법칙
(Customer-독자)

"읽는 사람의 마음을 겨냥하라"

회사에서 차세대 성장동력으로 전도유망한 인공지능 사업을 이끌고 있는 전 팀장은 내년도 사업계획서를 작성해서 회사 대표에게 보고할 준비를 하고 있었다. 그런데 보고서 실무를 담당하고 있는 안 대리가 도무지 말을 듣지 않고 자기가 하고 싶은 대로 보고서를 작성하길래 몇 번이나 수정 지시를 하였다. 나는 전 팀장의 답답한 하소연을 들은 적이 있다.

> "정답이 있는데 도대체 왜 타인을 설득해야 하죠? 이런 생각이 안 대리 머릿속 저변에 깔려있습니다. 그의 잘못이 아니죠. 그렇게 교육을 받았기 때문입니다. 나중에 경영진을 위한 기획서나 보고서를 써야 할 때 비로소 알게 됩니다. 아무리 정답을 말해도 알아듣지 못하는 저 경영진을 위해 내가 글쓰기 공부를 해야 하는구나."

전 팀장은 대표의 관심사항과 의중이 보고서에 들어가야 한다고 강조하였는데 결국 안 대리는 최종 보고서를 제대로 수정하지 않고 제출하였다. 그러면서 한마디를 던진다.

> "팀장님, 아무리 생각해도 이렇게 추진하는 게 맞는 거 같아요."

안 대리는 자기 주장이 타당하기 때문에 번복할 수 없고, 상대방이 무슨 말인지 못 알아 듣는 건 '그 사람이 문제야'라는 식의 태도를 보였다. 전 팀장은 '그럼 안 대리가 대표님에게 직접 보고해'라는 말이 목구멍까지 올라왔지만 참았다.

화성에서 온 제품 개발자,
금성에서 온 사용자

회사에서 자동차, 반도체, 소프트웨어 같은 제품을 만드는 일을 할 때 직원 간의 커뮤니케이션은 매우 중요하다. 왜냐하면 제품은 아무리 좋은 기술과 도구, 프로세스를 활용한다 하더라도 결과적으로는 사람이 하는 일이며 혼자만의 지적 노동이 아니기 때문이다. 아무리 작은 제품을 개발한다 하더라도 최소 두 사람 이상의 협업이 반드시 필요하다. 비단 제품 개발과 관련된 일뿐만이 아니라 모든 일에서 관련된 이해관계자들(Stakeholder)과의 소통이 중요하다는 것은 두말할 나위가 없다.

존 그레이John Gray는 〈화성에서 온 남자, 금성에서 온 여자〉라는 책에서 남녀 사이에 일어나는 갈등의 원인을 파악했다. 존 그레이는 남자와 여자는 전혀 다른 사고와 언어를 가진 행성에서 왔지만 지구에서 오랫동안 살면서 서로가 다른 존재라는 것을 잊어버렸다고 한다. 그래서 상대방이 자기가 생각하는 것처럼 생각하고 행동할 거라고 믿는다. 여기서 갈등이 시작된다. 실제로 남녀가 소통을 하면서 남자들은 감정을 무시하거나 어떻게든 해결책을 제시하려고 하고, 여자들은 쓸데없는 조언을 하거나 지나치게 챙겨주려고 하면서 갈등이 생긴다.

제품을 개발하는 조직과 제품을 최종 사용하는 고객과의 소통도 남자와 여자의 차이만큼 다르다. 제품을 개발하는 조직의 관리자와 제품 개발자 그리고 사용자와의 소통 차이를 일상에서 흔히 나누는 대화 한 토막으로 살펴보자.

- 제품 개발자: 과장님, 지금 생각해보니 고객이 이야기한 주문 등록 기능은 멀티 레코드Muiti Record를 하나의 트랜잭션Transaction으로 처리해야 하기 때문에 컴포넌트Component를 바꾸지 않는 한 기술적으로 구현이 어려워요.
- 제품 관리자: 그럼 그걸 진작 이야기해야지, 이제 와서 안 된다고 하면 어떡해?

- 사용자: 무슨 말하는지 잘 모르겠지만 내가 보기엔 간단한 것 같은데 뭐가 어렵다는 거죠? 아무튼 어떻게든 만들어 줘요.

기본적으로 제품 개발을 바라보는 관점이 상이하기 때문에 커뮤니케이션 문제가 발생한다. 제품 개발자는 "이 기능을 어떻게 구현하지?"라는 제품을 개발하는 방법에, 제품 관리자는 "아니, 왜 이렇게 개발 진척이 지연된 거야?"라는 제품을 개발하는 과정에, 사용자는 "어떻게 만드는 지는 관심이 없고 내가 원하는 결과만 나오면 된다"라는 오로지 개발된 제품 자체에 관심을 갖기 때문이다.

제품 개발자가 사용자에게 갖는 느낌은 대략 이런 것이다.

- 사용자는 요구사항을 정확하게 표현하지 못하는 것 같다.
- 처음에는 요구사항이 없다가 제품을 만들고 나면 요구사항이 늘어난다.
- 현실적으로 불가능한 요구가 많다.
- 기술을 잘 모른다.
- 제품에서 해결해야 할 문제를 떠넘기려 한다.

- 요구사항을 들어주지 않으면 제품 개발자의 실력이 부족하다고 판단한다.

반면에 사용자가 제품 개발자에게 갖는 느낌은 이런 것이다.

- 제품 개발 납기를 잘 못 맞춘다.
- 90% 정도 해결하고 10% 남았다고 말하지만 실제로는 90%가 남아있기도 하다.
- 주인의식을 가지고 진지하게 일하는 것 같지 않다.
- 기술적인 용어만 늘어놓고 비즈니스를 고려하지 않는다.
- 커뮤니케이션에 적극적이지 않다.
- 실력이 없는 건지, 기술적으로 무조건 안 된다고 하거나 오래 걸린다고 한다.

제품 개발자와 사용자가 남자와 여자처럼 서로 다르다는 사실을 이해하지 못하면 제품 개발자가 문제점을 이야기할 때 사용자는 질책을 하고, 사용자가 중요한 사항을 이야기할 때 제품 개발자는 무시한다. 반면에 서로 다르다는 사실을 제대로 알게 되면 상대방을 자신의 생각과 행동의 기준에 맞추려는 시도가 오해를 불러일으키고 충돌이 생길 수 있다는 것을 깨닫게 된다.

요즘 젊은 세대에게 뜨거운 열풍을 일으키고 있는 MBTI
(Myer-Briggs Type Indicator)는 사람의 심리를 16가지로 나
눈 성격유형검사다. 내가 누구이고 너는 누구인지를 쉽고 빠르
게 판단할 수 있어서 유행하고 있다. 심지어 여행지 추천이나 구
직 공고에도 MBTI 유형을 활용한다. 예를 들어 기업에서는 "열
정적이며 창의적인 ENFP 기획자를 찾습니다"와 같은 모집 공
고를 한다. 나는 신입사원을 대상으로 강의를 할 때 MBTI를 다
룬 〈성격을 읽는 법〉 책을 추천하곤 한다. 이들이 사회생활을 할
때 사람들이 다르다는 것을 구체적으로 이해하면 도움이 된다고
생각하기 때문이다. MBTI를 맹신할 필요는 없지만 서로가 다름
을 이해하는 도구로 활용하는 것은 바람직하다고 생각한다.

'다르다'와 '틀리다'는 다르다. 우리는 다름과 틀림의 차이를
잘 구분하지 못한다. 다름을 틀리거나 잘못된 것으로 인식하여
배타적이고 완고한 태도를 취한다. 그러나 상대방이 다른 별에
서 온 사람처럼 다르다는 것을 기억한다면 상대방에게 의견을
강요하거나 자존심을 내세울 필요가 없다. 오히려 그 차이를 받
아들이면 진정한 소통을 하게 되고 잘 지낼 수 있게 된다. 말과
글을 통한 소통의 기본은 역지사지(易地思地)하는 것이다.

일과 관련된 글쓰기는 목적이 분명하다. 글쓴이는 자신이 말하고자 하는 바를 잘 전달하고 독자는 글을 쉽게 읽고 이해할 수 있어야 한다. 소통하는 글쓰기이기 때문이다. 목적이 분명하기 때문에 내 입장보다 상대방 입장이 더 중요하다. 서로의 다름을 인정하고 독자의 입장에서 생각하고 잘 읽히는 글을 쓰는 연습을 해야한다.

글쓰기는
독자와의 심리전이다

"나는 누이들에게 말하고 있다고 가정하면서 버크셔해서웨이 연례 보고서를 작성한다. 이렇게 상상하면 아주 쉽다. 내 누이들은 대단히 명석하지만 재무나 회계 분야는 잘 알지 못한다. 쉽게 쓴 내용은 이해할 수 있지만 전문용어가 나오면 어리둥절해질 것이다. 그래서 나는 누이들이 알고 싶어 할 정보를 전달하는 것을 목표로 보고서를 쓴다. 내게는 셰익스피어처럼 글을 써야 할 이유가 전혀 없다. 오로지 상대방이 원하는 정보를 주고자 하는 진실한 열망만이 필요할 뿐이다."

'투자의 달인' 워런 버핏Warren Buffett이 미국증권거래위원회에서 1998년 펴낸 〈쉬운 영어 안내서(A Plain English Handbook)〉 서문에 쓴 글이다.

내가 쓴 글이 세상에 나오면 틀림없이 누군가가 내 글을 읽게 되기 때문에 쓰는 사람은 독자를 고려해야 한다. 글을 읽는 사람이 무릎을 치며 공감할 수 있어야 하고 지식과 정보를 얻을 수 있어야 한다. 글은 독자와 소통하는 매개체다. 그렇기 때문에 독자가 누구인지를 알고 쓸 때 더 좋은 글을 쓸 수 있다. 에이브러햄 링컨Abraham Lincoln은 누군가와 논쟁할 때, "나는 시간의 3분의 1은 나 자신과 내가 말할 내용을 구성하는 데 할애한다. 나머지 3분의 2는 상대방이 어떤 사람인지 그리고 그가 무슨 이야기를 할지 생각하는 데 할애한다"고 말했다.

영국 소설가 버지니아 울프Adline Virginia Woolf는 독자가 누구인지 알면 어떻게 써야 하는지 알 수 있다고 했다. 구체적인 독자가 없으면 진공상태에 있는 것과 같다. 독자가 있어야 글이 공허하지 않으며 추상적으로 흐르지 않고 글의 일관성을 유지할 수 있다.

구체적으로 독자란 어떤 특징을 가지고 있을까? 윌리엄 진서는 이렇게 말한다. "독자는 순간에 머무르는 존재다. 30초밖에 기다려주지 않는 존재다. 순간에 머무르는 존재이자 수많은 유혹에 둘러싸인 사람들이다." 윌리엄 진서는 독자는 개별적이며 변덕스러운 존재라고 규정한다. 한마디로 독자는 모두 서로 다른 사람이다.

모든 사람을 대상으로 글을 쓸 수는 없다. 가상 독자는 없으므로 글을 쓸 때 많은 사람을 떠올릴 필요는 없다. 글은 말처럼 직접적이지 않고 암시와 은유가 존재하므로 독자가 그 내용을 이해하기 위해서는 어느 정도 공감대가 형성되어야 한다. 저자의 텍스트에 공감한다면 독자는 기꺼이 그 글을 읽는다. 글은 저자의 창조물이지만 독자가 수용할 때 생명력을 갖는다. 따라서 글을 쓸 때는 구체적이고 특수한 독자를 설정해야 한다. 지금 자기 앞에 있는 단 한 사람을 위해 글을 쓰는 것이다.

이처럼 한 사람만을 떠올리며 글을 쓰면 내용의 일관성을 유지하는 데에도 도움이 된다. 또한 글 쓰는 사람이 자기 이야기에 함몰되지 않고 적당한 거리를 두고 집필할 수 있다.

우리가 보통 생각하는 글은 '표현 글쓰기'다. 주로 학교에서 배운 글쓰기로 일기, 에세이, 시 등을 통해 자기 생각, 감정 등을 잘 표현하면 좋은 글로 평가받았다. 하지만 우리가 일하는 현장에서 주로 쓰는 글쓰기는 보고서와 같은 '소통 글쓰기'다. 소통 글쓰기는 글을 읽는 사람의 관점에서 내용을 선택하고 배열하고 표현해야 한다. 표현 글쓰기의 중심이 '나'라면 소통 글쓰기의 중심은 '독자'다. 소통 글쓰기는 쓰는 사람 위주가 아닌 읽는 사람

위주의 글쓰기다. 〈유시민의 글쓰기 특강〉을 쓴 유시민은 공부는 남의 감정을 읽는 것이고, 글쓰기란 그런 감정을 남에게 글로 전달하는 것이라고 말했다. 워런 버핏은 특정 독자를 그리며 글을 쓰라고 조언한다.

예를 들어, 보고서를 쓸 때는 처음부터 끝까지 보고를 받는 사람의 관점에서 봐야 한다. 보고를 받는 사람은 대부분 상사이며 그들이 독자다. 이 보고서를 읽는 사람이 무슨 생각을 하고 있고, 무엇을 궁금해할까를 보고서 제출 전까지 생각해야 한다. 보고서를 통해 상사를 이해시키고 나아가 공감과 동의를 끌어내야 한다.

내 글을 읽는 사람을 구체화하면 더욱 명쾌한 글을 쓸 수 있다. 내 글을 읽을 사람의 사진을 붙여놓고 글을 쓰면 그 사람에게 말하듯이 글을 쓸 수 있다. 글을 읽을 사람의 특징을 세 가지 정도로 요약해놓고 그걸 염두에 두고 써도 좋다. 부장님이 읽어야 할 보고서라면 부장님의 특징을 이렇게 요약해보자. 이렇게 하면 보고서를 설득력있게 쓸 수 있다.

- 부장님은 요약과 결론을 좋아한다.
- 부장님은 전문용어 사용을 싫어한다.
- 부장님은 오타를 극도로 싫어해서 오타를 발견하면 다시 작성하라고 한다.

몇 해 동안 대전 연구단지에서 근무하고 있는 과학기술인을 대상으로 책 저술 과정을 교육한 적이 있었는데 그들 대부분은 한 분야에서 20~30년 이상의 경력을 갖고 있었다. 그들은 첫 수업에서 내게 두 가지를 호소했다.

하나는 쓸거리가 없다는 것이었고, 또 하나는 논문은 써봤지만 일반인들을 대상으로 기술적인 주제를 써본 적이 없어서 막막하다고 했다. 나는 그 정도의 경력이면 자신이 연구한 분야에서 충분히 쓸거리가 있다고 말했다. 예를 들어 미세먼지, 미생물, 도로 안전, 인공지능 등에 관련된 자료, 보고서, 회의록 등이 얼마나 많은가? 게다가 논문도 써보지 않았는가? 쓸거리는 충분하다. 다만 시선을 바꾸어야 하는데 그게 처음에는 힘들 수 있다. 논문은 전문가 심사를 위해 작성한 글이다. 책은 일반 대중들의 눈높이에 맞춰 써야 한다. 중학교 2학년 수준의 독자라고 가정하고 늘 독자를 염두에 두고 써야 한다고 나는 그들에게 강조했다.

회사에서 고객에게 제안을 할 때는 고객의 최고 결정권자에게 초점을 맞춰야 한다. 다른 사람의 의견은 그렇게 중요하지 않다. 최고 결정권자가 평소에 관심을 가지는 분야나 그 사람의 성향에 대한 사전 조사가 결정적인 역할을 한다. 내용을 중시하고 형식에는 관심을 두지 않는 회사가 있는가 하면 형식까지도 깔끔

하게 다듬은 보고를 요구하는 회사도 있다. 선이 굵고 간단명료한 보고를 원하는 사람이 있는가 하면 섬세하고 세밀한 내용을 좋아하는 사람도 있다. 최고 결정권자에게 초점을 옮기면 제안의 방향과 내용을 명확하게 할 수 있다.

공공기관에서 발주하는 프로젝트를 제안할 때에는 제안심의회에서 최종 결과가 결정되기 때문에 남다른 전략을 가지고 제안서를 써야 한다. 제안심의회는 여러 심사 위원이 점수를 매기는 방식을 채택하므로 결정권자가 일정치 않다. 요즈음은 전문 분야가 워낙 세분화되어 자기 분야를 아는 심사 위원이 10명 중 2명 정도가 고작이다. 전문 분야가 아주 독특한 때에는 이들 2명의 발언권이 커져 채점에 큰 영향을 미치지만 다른 분야의 전문가도 어느 정도 아는 분야라면 8명의 의견이 더욱 중요하다. 이들은 세부적인 내용에는 관심이 없기 때문에 내용이 너무 깊어지지 않도록 하여야 한다.

제품을 개발하거나 서비스를 제공할 때 고객의 요구사항을 청취하고 정리하는 일은 매우 중요하다. 보통 〈요구사항 정의서〉라는 문서를 제품 개발팀이나 서비스팀에서 작성하는데 문서 내용이 전문적인 용어로 가득 차서 고객이 이해하기 어려운 경우를 가끔 보게 된다. 〈요구사항 정의서〉에서 다루는 요구사항은 고객의 요구사항이기 때문에 고객의 입장을 고려해서 기술해야 한다. 요구사항 정의서는 프로젝트 기간 내내 커뮤니케이션을 원활하게 진행하기 위한 기본 문서이기 때문에 고객이 이해하기 쉬운 비즈니스와 관련된 내용으로 작성해야 한다.

세미나 혹은 컨퍼런스에서 발표를 하기 위해 자료를 작성할 때도 청중의 수준과 성향을 파악한 후에 자료를 준비하는 게 좋다. 대게는 전문가보다 특정 분야에 관심을 갖고 있는 비전문가나 관심이 있는 타분야의 전문가가 참석하는 경우가 많다. 청중은 대학생 정도의 지식을 가진 것으로 간주하면 준비에 무리가 없다. 전문용어와 약어를 자주 사용하고 상세한 설명이 없으면 참석자는 알아듣지 못한다. 그렇다고 너무 기초적인 것부터 설명하면 참석자는 금방 외면한다.

회사에서 〈프로젝트 사례집〉을 만든 적이 있었다. 사원부터 임원까지 전 직원을 대상으로 교육을 진행하기로 했기 때문에 읽는 대상을 신입사원과 임원으로 선정하고 핵심 위주로 쉽게 작성하는 데 초점을 두었다. 임원들은 사례집의 내용에 공감하고 확산시킬 것을 주문하였다.

메시지를 전달하는 글은 특정 독자가 존재하며 메시지를 효과적으로 전달하여 독자의 생각을 바꾸고 행동의 변화를 꾀하게 하는 게 목적이다. 이런 목적을 달성하기 위해서는 독자가 가지고 있는 고정관념을 타파하고 새로운 생각과 이를 뒷받침하는 합리적인 근거들이 제시되어야 한다. 이것은 단순히 독자 중심으로 글을 써야 한다는 것을 넘어서 독자처럼 생각할 수 있어야 하는 것을 의미한다. 독자의 머릿속으로 들어가야 한다. 그래서 글쓰기는 어쩌면 독자와의 심리전인지도 모른다.

전지적 독자 시점에서 글쓰기

예수는 겟세마네 동산에서 십자가에 매달리기 직전까지 "나의 아버지, 하실 수만 있으시면, 이 잔을 내게서 지나가게 해주십시오. 그러나 내 뜻대로 하지 마시고, 아버지의 뜻대로 해주십시오(마태복음 26장 39절, 새번역)"라고 기도했다. 글쓰기도 모름지기 그래야 한다. 내 뜻대로 하지 말고 독자의 뜻대로 하옵소서. 보고서를 상사에게 보고한다면 "부장님이 지시하신 방향대로 작성했습니다"라고 말해야 한다. 보고서를 수정해서 다시 보고한다면 "부장님이 말씀하신대로 수정했습니다"라고 말해야 한다. 내 생각이 아니라 상사가 지시한대로 수정했다고 말해야 한다.

그러면 상사는 내가 작성한 보고서의 공동 작성자가 되는 것이다. 상사는 자연스럽게 내 보고서의 든든한 후원자가 될 것이다.

베트남 전쟁에서 젊은 미국인 해군이 부상을 당해 병원에 실려 왔다. 천만다행으로 심각한 부상은 피해서 생명에는 지장이 없었다. 그는 자신을 걱정하고 있을 아내에게 소식을 전하고 싶었지만 팔을 다쳐 글을 쓸 수가 없었다. 그래서 간호사에게 대신 써달라고 부탁했다. 그가 문장을 불러주었다.

"여기 간호사들은 예쁘지 않아."

한창 받아 적던 간호사가 기분이 상해서 퉁명스럽게 말했다.

"말씀이 지나치시군요."

그러자 해군이 그녀를 바라보며 조용히 말했다.

"당신, 내가 누구에게 편지를 쓰고 있는지 잊었군요."

간호사는 기분이 나빠서 해군이 아내에게 쓰고 있다는 것을 잊었다. 독자를 앞에 두고 독자를 잊지 말고 독자의 관점에서 글을 써야 글이 잘 전달된다. 독자를 내 편으로, 아군으로 만들 수 있다. 추상적인 독자는 결코 없다. 전지적 독자 시점에서 글을 쓰자.

전지적 독자 시점에서 쓴다는 것은 구체적으로 무엇을 말하는가?

첫째, 독자의 관심사를 파악하라. 고객의 시선으로, 상사의 시선으로 내가 쓸 글을 생각해보자. 상사나 고객이 강조하는 부분이 있다. 그것을 보고서에 핵심 내용으로 적어라.

몇 년 전에 대기업의 컨설팅 보고서를 작성한 적이 있었다. 워낙 컨설팅을 많이 받은 고객이라 까다롭기로 소문이 났다. 며칠을 밤낮으로 보고서 작성에 매달렸다. 이 정도면 괜찮다는 판단을 하고 고객에게 보고서를 제출하고 함께 검토를 진행했다. "보고서에 핵심이 없고 말씀하신 내용에 대한 근거가 부족합니다" 고객은 퇴짜를 놓았다. 이후 여러 번 보고서를 수정해서 제출하였으나 그때마다 퇴짜를 맞았다. 내 나름대로 설득력있는 보고서라고 판단했으나 고객이 받아들이지 못하자 짜증도 나고 화도 났다. 고객에게 보고서를 거부한 이유가 뭔지 정중하게 물었다. 답변은 간단했다. "제 생각이 보고서에 없어요."

그렇다. 나는 내 생각 중심으로 보고서를 작성한 것이다. 내 생각이 더 타당하다고 여겼는데 고객은 그걸 원하는 게 아니었다. 자기 생각을 컨설턴트의 공신력을 활용하여 매력적으로 보고서에 담아주기를 원했던 것이다. 독자의 관심사와 생각을 보고서에 적어라.

둘째, 독자가 원하는 분량에 맞춰라. 어느 조직이나 모임에서든 일의 성격과 직위에 따라 일반적으로 통용되는 문서의 분량이 있다. 회사 부장님이 평소 12포인트 크기의 글씨로 A4 용지 한 장 분량의 보고서를 선호한다면 모든 보고서를 거기에 맞춰야 한다. 그런 분에게 A4 100장의 보고서를 쓴다면 쳐다보지도 않을 것이다.

셋째, 독자가 원하는 글자 크기를 고려하라. 실무자는 보고서의 내용이 아까워서 파워포인트 글자 크기를 9포인트나 10포인트로 해서 가급적 많은 내용을 담으려고 한다. 그런데 읽는 독자의 입장에서 보면 작성자가 친절하게 작성했다고 여기는 게 아니라 짜증이 날 수가 있다. 회사에서 팀장 이상의 상사는 대개 40대 후반을 넘어간다. 시력이 예전과 같지 않다. 실제로 나도 50대를 넘어가면서부터 작은 글씨가 보이지 않는다. 안 보려고 하는 게 아니라 정말로 글이 잘 보이지 않는다.

직장에서 직원들은 대부분 상사의 안테나에 잘 맞추려고 애를 쓴다. 글도 마찬가지다. 상사 입장에서 쓰려고 해야 좋은 보고서가 나온다. 글은 혼자 쓰는 게 아니라 독자를 앞에 두고 쓰는 것이다.

독자가 있다는 것은 축복일 수 있다. 글은 독자가 읽어야 완성이 되기 때문이다. 독자는 내 글을 읽는 단순한 대상이 아니라 내 글의 주인이다. 전지적 독자 시점에서 이해하고, 공감하고, 판단하고, 감동하는 글이 좋은 글이다.

읽는 사람을 사랑하는 마음으로
몰입해서 써라

글쓰기는 훈련을 통해서만 배울 수 있다. 말은 태어나면서부터 자연스럽게 배우지만 글은 스스로 마음먹고 노력하지 않으면 실력을 키우기 어렵다. 글쓰기 전문가들이 '글 잘 쓰는 법'을 얘기할 때 공통으로 강조하는 요소가 있다. 많이 읽고 많이 쓰기다. 〈뼛속까지 내려가서 써라〉의 나탈리 골드버그Natalie Goldberg나 공포소설의 제왕 스티븐 킹Stephan Edwin King 같은 글쓰기 대가들 역시 최대한 많이 읽고 많이 쓰라고 권한다. 다른 사람의 글을 많이 읽고 되새김질하면서 많은 글을 쓰다 보면 좋은 글을 쓸 수 있다. 이는 가장 단순하면서도 강력한 글쓰기 훈련법이다.

여기에 두 가지를 더 추가하고자 한다. 먼저 읽는 사람을 사랑하는 마음으로 쓰는 것이다. 많이 읽고 많이 쓰기에 사랑이 더해지면 글쓰기 실력이 일취월장한다. 연애편지를 생각해보면 된다. 사람들은 연애편지를 어떻게 읽을까? 〈독서의 기술〉에서 모티머 J. 애들러Mortimer Jerone Adler가 말했듯이 다음처럼 읽을 것이다.

> "사랑에 빠져서 연애편지를 읽을 때, 사람들은 자신의 실력을 최대한으로 발휘하여 읽는다. 그들은 단어 한마디 한마디를 세 가지 방식으로 읽는다. 그들은 행간을 읽고, 여백을 읽는다. 부분의 견지에서 전체를 읽고, 전체의 견지에서 부분을 읽는다. 콘텍스트와 애매성에 민감해지고, 암시와 함축에 예민해진다. 말의 색깔과 문장의 냄새와 절의 무게를 알아차린다. 심지어는 구두점까지도 고려에 넣는다."

이처럼 연애편지는 집중해서 읽고, 깊이 음미하고, 치밀하게 읽는다. 그렇다면 왜 연애편지는 감동적일까?

첫째, 연애편지는 단 한 사람을 겨냥한다. 독자가 분명하다. 둘째, 연애편지는 목적이 확실하다. 읽는 이의 마음을 움직이겠다는 지향점이 확고하다. 셋째, 연애편지는 자신의 능력을 총동원하여 쓴다. 자신의 역량이 부족하면 다른 사람에게 부탁을 해서 대필하기도 한다. 넷째, 연애편지는 사랑으로 쓴다. 사랑만큼 강력한 에너지는 없다. 사랑이 글을 준비하고 쓰는 과정을 이끌어 주기 때문에 좋은 글이 나올 수 있다. 그 에너지가 글에 투영되기에 읽는 사람의 마음을 움직일 수 있다. 따라서 내 글을 읽는 사람을 사랑하는 마음으로 써라.

소설가 이외수는 "좋은 글을 쓰기 위해서는 반드시 사랑이 필요하다"라고 말했다. 소설가 김영하 역시 "연애편지 쓰듯 글을 쓰면 반드시 감동적인 글이 나온다"라고 강조했다. 〈마지막 수업〉의 작가 알퐁스 도데Alphonse Daudet는 이렇게 말했다. "작가는 묘사하는 인물 속으로 들어가야 한다. 그의 몸속으로 들어가서 그의 눈으로 세상을 보고 그의 감각으로 세상을 느껴야 한다."

일하면서 만나는 내 상사와 고객의 어려운 점과 아픔을 느껴보자. 특히 고객은 아픈 곳, 즉 통점(痛點, Pain Point)을 가지고 있는 경우가 많다. 고객이 힘들어하는 것을 헤아려 본다. 고객이 출시한 제품에 대한 클레임Claim 때문에 계속 힘들어한다면 일단 얼마나 힘든지 가슴으로 느껴본다. 그 아픔을 어떻게 해결해 줄 것인가를 떠올려본다. 그리고 그 마음으로 보고서를 쓴다. 진정성이 느껴지면 고객은 감동하고 내 팬Fan이 된다.

글쓰기 실력을 높이고 독자를 감동시키는 두 번째 방법은 몰입이다. 일을 잘하는 사람은 중요한 일에서 성과를 만들어낸다. 회사에서 중요하게 여기는 일에서 성과를 내려면 몰입 시간(Flow Time)이 확보되어야 한다. 조각난 시간으로는 중요한 일에서 제대로 성과를 내기 어렵다. 내 상사가 신경쓰고 있는 보고서를 잘 쓰려면 집중해야 한다.

그런데 현실은 어떤가? 몰입하기가 어려운 환경이다. 좀 집중해서 보고서를 쓰려고 하면 메신저가 울리고 동료가 커피 한잔하자고 해서 맥이 끊긴다. 몰입을 방해하는 요소가 주변에 가득하다. 어쩌면 우리가 쓰는 대부분의 시간은 초점이 모아지지 않은 조각난 시간인지도 모른다. 그래서 중요한 보고서를 잘 쓰기가 어렵다. 몰입이 끊기면 다시 몰입하는 데 드는 시간이 평균 15분이 걸린다고 한다. 그러니까 아무리 많은 시간을 들여서 일을 한다고 해도 실제 몰입해서 일한 시간은 얼마 되지 않기 때문에 좋은 결과를 만들어내기 어렵다.

가장 몰입도가 좋은 시간에, 예를 들어 출근하자마자 중요한 보고서를 집중해서 꼼꼼하게 작성하라. 보고서의 수준은 '누가 보아도 깔끔한' 최고의 수준이 되도록 애써야 한다. 그리고 보고서 작성이 끝나고 나면 시간을 내어 그 일의 전개 과정의 하이라이트를 기록해 두는 게 좋다. 예를 들면 처리하는 과정에서 가장 어려웠던 점들, 가장 잘 처리된 부분, 반드시 고려해야 할 사항,

일 처리 결과에 대한 피드백 등을 적어두면 누구보다도 그 일을 잘 처리할 수 있는 중요한 배움을 얻을 수 있다.

몰입을 통해 누군가를 도와주는 것이 글쓰기다. 연애편지를 쓰듯이 사랑하는 마음으로 몰입해서 글을 쓰다 보면 몰입이 주는 기쁨을 느낄 수 있고 좋은 글이 나온다. 다만, 사랑에 빠지면 그 사람밖에 보이지 않는 것처럼 글쓰기에서도 자신의 글에 갇히는 부작용이 일어날 수 있다. 하지만 이 점은 크게 걱정하지 않아도 된다. 고쳐 쓰는 과정에서 다듬어주면 되기 때문이다.

읽는 사람의 언어를
구사하라

스탠포드대의 심리학자 엘리자베스 뉴턴Elizabeth Newton은 1990년 '지식의 저주(The Curse of Knowledge)'와 관련된 실험을 실시했다. 뉴턴은 실험 참여자를 두 그룹으로 나누고 '책상을 두드리는 사람(Tappers)' 그룹은 자신이 아는 음악들을 손가락으로 두드리게 했다. 그리고 '듣는 사람(Listeners)' 그룹은 두드리는 소리를 듣고 음악 이름을 대답하도록 했다. '책상을 두드리는 사람'은 '듣는 사람'의 절반 가량이 음악 이름을 정확히 대답할 것이라고 예측했으나 120곡 중에서 정답을 맞춘 곡은 불과 3곡이었다. 2.5%의 정답률로 당초 예상 50%와 크게 동떨어진 결과가 나왔다. 두드리는 사람은 누구나 뻔히 아는 노래를 듣는 사람이 맞추지 못하는 것을 보고 당황했다. 듣는 사람에게는 그들이 책상을 치는 소리가 아무런 의미도 없는 그냥 단순한 타격음으로밖에 들리지 않는다는 사실을 그들은 모른다. 책상을 치는 사람은 노래의 정보를 알기 때문에 '알지 못한다는 기분'을 이해할 수 없다. 이것을 지식의 저주라고 한다.

지식의 저주는 자신이 알고 있는 내용은 상대방도 알고 있을 것이라고 착각하는 데에서 발생한다. 우리 뇌는 자신이 선명하게 볼 수 있고, 들을 수 있으면 상대방도 자신과 마찬가지로 잘 보고 들을 수 있을 것이라고 가정한다. 내가 알고 있으면 상대도 알고 있을 것이라고 우리 뇌는 착각을 하게 된다. 내가 알고 있는 바를 전달하면 상대방도 100% 이해할 거라고 미루어 짐작한다.

전문가일수록 비전문가의 마음을 잘 모를 수 있다. 지식의 저주는 특정 분야의 전문가들이 자신의 행동이 무엇을 의미하는지 제대로 파악하지 못한다는 말이다. 일부 전문가들은 자기들만의 방식을 고집하여 비전문가들과 제대로 의사소통을 하지 못한다. 이들이 제시하는 제품과 서비스는 실제로 고객을 위한 것이 아니라 자신들만의 생각을 반영한 경우도 적지 않다. 회사 관리자나 임원들은 직원들이 회사 방침을 도통 이해하지 못한다고 한탄한다. 제품 개발자는 수백 가지의 기능을 갖춘 앱App을 개발해 놓고 자기들끼리는 좋다고 한다. 하지만 일반 고객에게는 너무 많은 기능으로 혼란을 줄 수 있다. 제품 개발자는 이 바닥에서 이 정도의 전문용어도 이해를 못하면 그건 상대방의 잘못이라고 생각한다. 내가 제품 개발자에게 가장 많이 들었던 말은 "당연한 거 아냐?"라는 말이었다. 세상에 당연한 것이 어디 있을까? 다른 시각에서 보면 당연히 맞는 것은 없다. 치열한 논쟁과 설득을 거쳐서 상대를 설득해야 하는데 제품 개발자는 항상 '당연한 것'이 있다고 생각한다. 당연한 그걸 모르는 사람이 바보라고 생각한다.

"어떻게 이런 걸 몰라"라고 반응하지 말고 내가 아는 것을 다른 사람이 당연히 알고 있다는 생각을 버려야 한다. 내가 알고 있는 지식과 기술도 알게 된 지 그리 오래되지 않았다는 것을 인정해야 한다.

'인지적 구두쇠(Cognitive Miser)'라는 심리학 용어가 있다. 우리 뇌는 생각하는 것을 싫어하기 때문에 최대한 적게 생각해서 문제를 해결하려고 한다는 말이다. 생각하기 싫은데 무슨 말인지 모르는 용어가 글에 등장한다면 무슨 말인지 생각을 해야 한다. 시간이 부족한 상사들은 인지적 구두쇠 중에서 가장 구두쇠다. 이들에게 보고를 할 때는 그냥 한번에 봐도 단숨에 이해가 될 수 있을 정도로 쉽게 문서를 작성해야 한다.

글을 쓸 때 사용하는 어휘는 작성자의 선택이다. 어려운 단어를 그냥 쓰는 사람도 있고 풀어서 글에 녹여내는 사람도 있다. 선택은 각자의 몫이지만 쉽게 읽히고 뜻을 알기 쉬운 방식을 택하는 게 좋다. 읽는 사람이 알기 힘든 단어를 쓰는 건 심하게 말하면 읽지 말라는 소리와도 같다. 메시지 전달이 잘 될 리가 없다. 글을 쓸 때 전문용어를 사용해야 한다면 한 번쯤 생각해보자. 읽는 사람이 이 말의 뜻을 알 수 있을까? 읽는 사람의 언어를 사용하는 것은 글쓰기에서 기본적으로 갖춰야 할 태도다.

일상생활용어로 대체할 수 있다면 외래어나 전문용어를 절대 쓰지 않는다. 전문용어를 사용하는 이유는 정말 잘 모르거나 자신이 전문가임을 자랑하기 위해서다. 광고인 데이빗 오길비David Ogilvy는 '재개념화', '탈대중화', '개인적으로', '결정적으로' 등의 용어를 쓰지 말라고 했다. 이런 전문용어는 허세의 증거일 뿐이라는 거다.

전문용어는 쉽게 풀어야 한다. 예를 들어 회사에서 사업계획서나 마케팅 보고서를 작성할 때 자주 등장하는 SWOT 분석을 설명하는 경우에는, 시작 시점에 이렇게 풀어주어야 한다. SWOT 분석(Strengths(장점), Weaknesses(단점), Opportunities(기회), Threats(위협)의 약어이며 조직에서 장점, 단점, 문제, 기회를 파악하기 위한 분석 기법). 글의 중간에 용어를 설명하지 마라. 제시되는 첫머리에 해당 용어를 설명하라. 약어를 쓰고 괄호를 치고 괄호 안에 약어를 풀어주고 한글로 설명하라.

문서를 작성할 때 가장 주의해야 할 것은 친절하게 설명해야 한다는 점이다. 전문적인 내용에 대한 배경 지식이 없는 사람한테 반드시 확인을 받아라. 이해되는지 물어보라. 모른다면 그 부분을 고쳐 써라. 자신은 알지만 고객이 볼 때 모를 수 있다. 아인슈타인은 "여섯 살짜리에게 설명할 수 없다면 아직 제대로 이해하고 있는 것이 아니다"라고 말했다. 그 정도는 아니더라도 일반인에게 글로 설명하려면 중학생 수준으로 생각하고 쓰는 게 좋다.

제품을 개발할 때 필수적으로 작성하는 〈요구사항 정의서〉는 고객과 소통하기 위해 쉽게 작성해야 한다고 앞에서 말했다. 그런데 제품 개발자가 주로 이 문서를 작성하다 보니 요구사항을 기술적으로 구현하는 관점에서 생각하여 어려운 기술 용어가 심심찮게 등장한다. 고객은 쉽게 설명하지 않으면 모른다. 〈요구사항 정의서〉와 같이 고객이 이해해야 하는 문서는 고객의 언어로 표현해야 한다.

하는 일의 분야에서 자주 쓰는 전문용어를 일반인들도 이해할 수 있도록 쉬운 용어로 바꾸거나 쉽게 풀어보는 연습을 해보자. 해당 분야의 매체나 관련 자료에서 눈에 자주 띄는 전문용어를 찾아서 쉽게 풀어보자. 글쓰기 실력이 일취월장할 것이다.

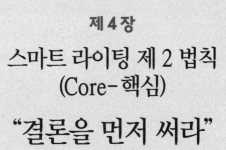

제 4 장

스마트 라이팅 제 2 법칙
(Core-핵심)

"결론을 먼저 써라"

최근에 경력사원으로 입사한 최 과장은 인도 시장 진출에 관련된 보고서를 작성하라는 지시를 받았다. 입사 후 처음으로 맡은 중요한 일이라 적잖게 신경이 쓰였다. 관련된 자료를 샅샅이 찾고 읽었다. 자료 구성이나 디자인도 대충 할 수가 없었다. 자료 검색과 정리, 보고서 구성에 많은 시간을 보냈다. 열흘 내내 계속 야근을 했다. 이렇게 많은 시간과 노력을 기울였지만 최 과장은 인도 시장을 진출해야 하는지 결론을 내리기 어려웠다. 아니, 오히려 자료를 읽을수록 혼란스러웠다. 보고서를 내일까지 제출해야 하는데 결론에 대한 확신이 없다 보니 피곤이 밀려오고 불안이 엄습했다.

박 이사는 최 과장이 제출한 보고서를 보다가 단도직입적으로 이렇게 물었다. "최 과장~ 그래서 결론이 뭐야? 인도 시장을 진출해야 해? 말아야 해?" 최 과장은 아무런 대답도 하지 못하고 멘붕에 빠졌다. 보고서 결론을 계속 뒤로 미루면서 나중에 쓰려고 하면 보고서 기한에 쫓길 수밖에 없다. 막바지에 몰려서 쓰게 되면 보고서 쓰기가 고통스럽고 결론이 용두사미로 끝날 수 있다.

결론을 아는 저자가
독자를 끌고 간다

나는 몇 년 전에 책을 읽다가 글쓰기 방식을 송두리째 바꾸기로 마음먹었다. 앞으로 글을 쓸 때는 결론을 먼저 써야겠다고 생각했다. 나는 글을 쓸 때 이 방법을 적극 추천한다. 결론부터 쓰는 게 글쓰기에 효과적이라는 믿음이 생겼기 때문이다.

글감을 정하고, 관련 자료를 수집하거나 메모를 하고, 글의 구조를 간단히 설계한 후, 일필휘지로 초고를 쓰고, 고쳐쓰기를 하는 게 그동안 내가 글을 쓰던 일반적인 패턴이었다. 그런데 자료를 계속 찾고 뒤늦게 생각을 정리하다 보면 내가 하고 싶은 이야기를 정말로 하고 있는지 확신할 수 없는 때가 있었다. 특히 어떤 주제에 대해 보고서를 작성할 때는 자료만 찾다가 정작 결론은 제대로 쓰지도 못하고 시간을 보내는 경우도 가끔 있었다. 내 생각을 분명하게 하기보다는 멋지게 포장하는 데 에너지를 더 많이 쏟았다. 글쓰기가 힘들고 정신적으로 피곤했다. 정작 고객에게 보고할 때는 고객이 "그래서 결론이 뭡니까?"라고 물어보면 머뭇거렸다.

전통적인 글쓰기 방식은 결론을 제일 나중에 말하라고 가르쳤다. 글의 주제를 정하고 자료를 수집하고 이를 바탕으로 글의 구조를 설계하고 글을 써나가면서 마지막에 결론을 내렸다. 그러다 보니 결론이 정리가 되지 않으면 글을 쓸 수가 없게 되기 때문에 미루게 된다. 게을러서 그런 게 아니다. 완벽하게 정리되지 않으면 글을 쓸 준비가 되지 않았다고 판단하게 만드는 글쓰기 관행 때문에 미루기 현상이 발생하는 것이다. 따라서 결론을 나중에 쓰면 글을 쓰는 내내 마감에 쫓길 수밖에 없다. 글쓰기가 고역이 될 수밖에 없다.

누구나 하고 싶은 말을 마음에 품고 있다. 글 주제가 정해지면 제일 먼저 할 일은 뼛속까지 내려가 마음의 소리를 듣고 그것을 적는 것이다. 글의 중심을 먼저 파악하고 글을 쓰면 글에 상대방의 마음을 움직이는 에너지가 실릴 것이다.

글쓰기는 자신의 생각을 독자에게 전달하는 것이다. 결론을 독자의 머릿속에 심는 것이다. 자료가 부족하더라도 일단 독자의 입장에서 생각하면서 자신의 잠정적인 생각, 즉 결론과 이유를 적고 시작한다. 이 틀에서 글을 전개하면 글이 중심을 잃지 않고 일관성을 유지할 수 있다. 결론을 아는 저자가 독자를 끌고 간다. 중간 지대는 어떻게 흘러갈지 나도 모른다. 글이 어떻게 전개될지 알 수 없다는 것 또한 글쓰기의 묘미다.

잠정적인 결론을 먼저 쓰고 근거를 붙이는 방식으로 본론을 쓰면서 결론을 계속 수정해 나가면 논리적 사고가 향상되어 글을 읽는 사람에게 명확하게 전달할 수 있다. 〈장미의 이름〉의 작가 움베르토 에코Umberto Eco는 〈움베르토 에코의 논문 잘 쓰는 방법〉에서 이렇게 말했다.

"졸업 논문을 시작하는 단계에서 가장 먼저 해야 할 일 중 하나는 바로 제목, 서문, 그리고 최종적인 차례를 쓰는 일이다. 말하자면 모든 저자들이 마지막에 하는 일들이다. 이러한 충고는 아마 역설적으로 보일 것이다. 끝에서부터 시작한다? 하지만 차례는 마지막에 나와야 한다고 누가 말했던가?"

나는 직관을 믿는다. 직관은 내면에서 나오는 메시지다. 직관이란 판단이나 논리 등의 의식적인 작용에 의존하지 않고 대상을 직접 파악하는 것이다. 직관은 인위가 개입되지 않은, 지극히 상식적인 결론이기 때문에 논리적이라고 나는 믿는다. 경험적으로 볼 때 제일 먼저 떠오르는 게 자연스럽고 대부분 맞다. 독자의 시선으로 직관적인 결론을 한 문장으로 먼저 쓰면 글의 구조를 한눈에 파악하면서 글을 쉽게 쓸 수 있다.

핵심을 한 문장으로
표현할 수 있어야 한다

"도대체 자네는 무슨 말을 하고 싶은 거야? 장황하게 말하지 말고 한 마디로 이야기해보게."

정보전략실에서 근무하는 A 과장은 사장님이 전산 시스템의 문제점을 파악해서 보고하라는 지시를 받고 며칠 동안 불철주야 보고서 작성에 매달렸다. 그가 내린 결론은 '시스템이 오래되어 전면적인 개편이 불가피하다. 이제 우리 시스템도 업그레이드해서 경쟁력을 높여야 한다'는 것이었다. 이 결론을 도출하기 위해 시스템 현황을 자세하게 분석하고 시스템 업그레이드가 필요한 이유와 사례를 보고서에 담았다. 그런데 막상 사장님 앞에서 허

둥지둥 보고를 하다가 사장님의 첫 질문에 얼어붙어 횡설수설하고 말았다.

"시스템 업그레이드를 꼭 해야 하나?"

"네. 회사의 경쟁력을 높이기 위해서는….

"그건 당연한 이야기 아닌가? 하면 좋겠지만 우리 상황에서 할만한 가치가 있는가?"

A 과장은 시스템 구축을 위한 방안, 비용, 기간을 산정한 자료까지 자세하게 준비했지만 정작 첫 질문에 막혀 더 이상 보고를 진행할 수가 없었다. 사장님의 입장에서 사장님이 만족할만한 대답을 하지 못했다는 생각이 머리를 떠나지 않았다. 사장님을 설득할 결정적인 한 마디(Winning Shot)가 없었기 때문에 실패한 보고가 되었다는 자책이 들었다. 회사 생활을 하면서 누구나 한 번쯤 경험해본 일이다.

상사는 중요한 의사결정을 하기 전에 근본적인 질문을 던진다. 방법(How)보다는 이유(Why)나 목표(What)에 관한 것이다. 상사는 그 일을 왜 하는지에 대한 확신이 먼저 필요하고 그 일을 통해 어떤 목표를 달성할 수 있는지에 대한 관심이 크다. 높은 직급일수록 더 그렇다. 그 후에 구체적이고 현실적인 방안에 대해 관심을 갖는다. 아니, 방안에 대한 관심이 없을 수도 있다. 사장님 밑에 있는 관리자나 실무자들이 방안을 처리하면 된다.

보고서 같은 설득이나 설명을 위한 글은 핵심이 중요하다. 보고서의 핵심을 단 한 문장이나 한 마디로 표현할 수 있어야 한다. 보고서를 작성하고 나면 핵심 문장 하나를 찾는 연습을 하라. 만약, 그 문장을 발견할 수 없다면 아직 충분하게 하고 싶은 말을 하지 않은 것이다.

다른 사람이 쓴 글을 보고 요약하는 연습을 해보자. 예를 들어 스티브 잡스Steve Jobs의 스탠포드 대학 졸업식 연설문을 읽고 한 문장으로 정리해보면 다음과 같다. "항상 갈망하고, 우직하게 살라(Stay Hungry, Stay Foolish)."

보고서를 작성할 때는 핵심이나 결론을 글의 맨 앞에 언급하는 두괄식이 효과적이다. 결론부터 쓰면 읽는 사람은 이 글이 무슨 내용인지 읽자마자 바로 알 수 있어서 편리하다. 글쓰기를 시작할 때 가장 중요한 핵심 메시지를 먼저 쓰고, 그 메시지로부터 글을 전개하면 글이 중심을 잃지 않고 일관성을 유지할 수 있다. 무작정 자료를 수집하고 정리해서 결론을 내는 방식은 이리저리 휘둘리기 쉽고 시간에 쫓기고 결론에 대한 확신도 서지 않는다.

'엘리베이터 스피치Elevator Speech'라는 게 있다. 엘리베이터를 상사와 함께 타서 내릴 때까지 1분도 안 되는 짧은 시간 안에 상사의 마음을 단번에 사로잡아 설득하는 기법이다. 엘리베이터에서 상사의 OK 사인을 받으려면 핵심을 먼저 이야기할 수밖에 없다. 핵심을 말하려면 결론을 우선적으로 내세워야 한다.

TV 뉴스 자막은 리드Lead라고 해서 15초 정도 결론에 해당하는 부분을 먼저 소개한다. 바쁜 시청자들이 기사 전체를 읽지 않아도 핵심을 파악할 수 있도록 내용 요약형 리드를 쓰는 것이다. 전체 내용을 시청자가 먼저 파악하여 채널을 돌리지 않고 계속해서 뉴스를 보도록 유도한다. 리드 글은 결론과 근거를 보통 두 문장으로 단순화해서 보여준다.

상사는 글의 핵심을 이해하고 전체 논리 구조를 한눈에 파악할 수 있는 보고서를 원한다. 장문의 보고서보다 한 페이지 보고서를 선호하고 간략하게 이메일로 보고를 받는 게 보편적이다. 한 페이지 보고서를 쓰려면 잠정적인 결론과 이유를 먼저 도출하고 결론의 근거를 자료를 찾아 붙이는 게 효과적이다. 상사들은 복잡한 보고서를 이해하고 논리를 구성하는 데 시간과 에너지를 낭비하고 싶어 하지 않는다. 판단을 내려야 할 사안이 많고 더 단순한 보고서를 만들라고 지시할 힘을 갖고 있기 때문에 짧은 보고서를 선호한다.

물론 쓰다 보면 글의 결론이 수정될 수 있다. 그렇지만 핵심을 먼저 말하는 방식은 독자의 입장에서 바라보면서 글을 시종일관 쓰고 고칠 수 있다는 장점이 있다.

글쓰기는 읽는 사람에게 자신의 생각을 전달하는 과정이다. 읽는 사람의 입장에서 생각하면서 핵심을 분명하게 도출하라. 핵심을 전달하지 않으면 명확하게 이해하기 어렵다.

아래 내용은 제안서를 요약한 문장인데 핵심 한 문장으로 줄여보자.

📑 예시(수정 전)

> "본 시스템은 선행 연구와 체계 개발을 동시에 진행하므로 개발 기간이 매우 짧고, 센서 체계와 동시 개발되어 개발 위험이 매우 높으므로 유사사업의 자원을 재활용하여 본 시스템과 부체계 설계 및 시험평가를 위한 관련 자원을 적시에 개발하여 적용함으로써 개발 기간을 단축하고 개발 위험을 제거하겠습니다."

바로 글이 이해가 되지 않는다. 내용을 한 문장으로 작성해서 그렇다. 방위산업체의 전투기 시스템을 개발하는 프로젝트에서 전투기 전체를 만드는 업체는 '체계 개발'이고 전투기에 들어가는 부품을 만드는 업체를 '부체계 개발'이라고 한다.

이 글을 요약해보자. 먼저 우리말의 기본은 주어와 서술어이므로 전체 문장의 주어와 서술어를 식별한다. 주어는 '우리는'이며 생략되어 있다. 서술어는 '개발 기간을 단축하고 개발 위험을 제거하겠다'는 것이다. 여기서 궁금한 게 뭔지 파악해보자. 개발 위험을 어떻게 제거하겠다는 것인가? 개발 기간을 얼마나 단축하겠다는 것인가? 이 질문에 대한 답이 알고 싶은 핵심 내용이므로 이 부분을 찾아서 명확하게 기술해주어야 한다.

📋 예시(수정 후)

> "유사 사업의 자원을 75% 재활용해 선행 연구 및 체계 개발을 동시에 진행하는 데서 오는 개발 위험을 제거하고, 개발 기간을 6개월 단축하겠습니다."

읽고 싶어지는 제목 짓기

글을 쓰고 나면 누구나 스티커처럼 읽는 사람의 뇌리에 찰싹 달라붙는 멋진 제목을 붙이고 싶어 한다. 그럴싸한 제목이 떠오르면 글의 절반 이상은 쓴 기분이 든다. 반면에 보고 날짜가 얼마 남지 않았는데도 마음에 드는 보고서 제목이 떠오르지 않으면 벽에 머리라도 찧고 싶어진다. 그만큼 글의 제목을 정하기가 쉽지 않다.

헤드라인은 광고에서 가장 중요한 요소다. 광고계의 대부 데이비드 오길비David MacKenzie Ogilvy는 〈광고 불변의 법칙(Ogilvy on Advertising)〉에서 평균적으로 헤드라인을 읽는 사람이 바디카피를 읽는 사람보다 5배는 많으며, 따라서 헤드라인을 제대로 뽑지 못하면 광고주의 돈을 80%나 낭비한 셈이라고 강조했다. 제목도 다르지 않다. 제목은 독자를 유혹하는 도구이자 최고의 마케팅 수단이다. 글의 내용과 콘셉트를 압축적으로 표현한 핵심 메시지다. 적합한 제목이 하나도 떠오르지 않는다면 글 내용을 제대로 간파하지 못했다는 증거다.

좋은 제목을 짓기 위해서는 각고의 노력이 필요하다. 제목은 한순간에 우연히 떠오르는 경우도 있지만 대부분 치열한 고민 끝에 나온다. 거리를 걸어갈 때 간판을 유심히 보는 것뿐만 아니라 심지어 꿈속에서도 작명소를 찾아다녀야 한다. 눈에 보이는 모든 대상을 제목과 연관지어 생각해야 한다.

제목을 지을 때 시도해볼 수 있는 다섯 가지 방법을 소개한다. 첫째, 글의 핵심단어를 찾아라. 아무리 좋은 제목이라 해도 글의 내용과 동떨어진 것이라면 좋은 제목이라고 할 수 없다. 제목만 보고도 어떤 내용인지 알 수 있게 핵심을 담는 게 중요하다. 따라서 특색 있는 제목을 택하되 내용과 동떨어져서는 안 된다. 보고서 제목을 지을 때는 보고서 요약과 목차를 천천히 훑어보며 핵심 키워드를 찾아 목록을 만들어보자. 적어도 20개 이상의 키워드를 뽑은 뒤 그것을 바탕으로 제목을 브레인스토밍해본다.

둘째, 조합하라. 명사, 동사, 형용사 등 품사에 관계 없이 도출한 키워드를 이리저리 연결하고 조합한다. 어떤 단어는 매력적인 다른 언어로 대체해본다. 예를 들어, '솔루션'을 '노하우'로 바꿔본다. 최상의 조합과 대체 작업을 계속하다 보면 좋은 제목이 떠오를 것이다.

글쓰기 프로그램을 진행하면서 멋진 제목이 나온 책의 사례를 하나 소개한다. 그녀는 국수에 관련된 책을 출간하고 싶어했다. 단순히 맛있는 국수를 소개하는 음식 책이 아니라 인생의 중요한 순간마다 특별한 사람과 같이 국수를 먹었던 추억을 이야기하고 싶었다. 그녀와 책의 서문을 단어 하나하나에 집중해서 살폈다. 그때 '어이없게도'라는 단어가 눈에 들어왔고 그 단어를 국수와 연결시켰다. 그래서 '어이없게도 국수'라는 제목과 '인생의 중심이 흔들릴 때 나를 지켜준 이'라는 부제가 탄생했다. 그녀는 책의 제목에 흡족했다.

셋째, 좋은 제목과 광고 문구를 조사하고 적어라. 제목을 잘 짓기 위한 비결 중 하나는 인터넷 사이트에서 관련 분야의 제목, 신문의 헤드라인이나 광고카피를 살펴보는 것이다. 요즘 유행하는 제목의 패턴들을 알 수 있을 뿐더러 이를 변형하거나 이리저리 조합하다 보면 새로운 아이디어를 얻을 수 있다.

넷째, 이미지 작업을 해보라. 내가 쓴 글의 독자가 누구이며 어떤 상황에서 내 글을 읽고 있을 것인지를 연상해보자. 내 글을 읽을 독자의 반응은 어떤지 생각해보자. 독자가 내 글에 흥미를 가질 것인지, 지루해할 것인지 떠올려보자. 독자의 모습을 떠올리면서 내 글의 첫 표지를 만들어보자. 표지의 이미지를 그려보고 제목, 부제 등을 자유롭게 적어본다.

다섯째, 제목 후보를 관련 담당자에게 물어봐라. 제목이 떠오르면 주변 지인에게 의견을 물어보거나 전문가와 브레인스토밍을 하면서 보완한다.

글 제목을 지을 때는 내용뿐 아니라 형식도 고려해야 한다. 카피라이터 최병광은 제목의 표현 방식을 7가지로 분류한다. 모든 글의 제목을 포함할 수 없더라도, 이 분류는 제목을 지을 때 어떤 형식으로 접근할 것인지에 대한 지침을 제공한다.

구분	제목 유형	제목 예
1	편익형	빅데이터로 트렌드를 예측합니다.
2	뉴스형	내년부터는 암에 걸려도 죽지 않는다.
3	어드바이스형	창의적 직장인이 되려면
4	명령형	보고서는 이렇게 써라.
5	설문형	4차 산업혁명은 일자리를 어떻게 바꾸는가?
6	대상선택형	40대 직장인의 삶의 질에 대한 연구
7	호기심형	자율주행 자동차 운전석은 앞만 바라보지 않는다.

▲ 표 4-1 제목 유형에 따른 제목 예

제목이 나오면 글 내용을 잘 대변하는 적절한 제목인지 검증해야 한다. 글을 쓰는 사람들이 진정 원하는 건 독자의 뇌리에 꽂히는 제목을 뽑아 사람들의 행동에 영향을 주는 것이다. 이와 관련해 〈Stick 스틱!〉에서 칩 히스Chip Heath와 댄 히스Dan Heath는 뇌리에 착 달라붙는 메시지들이 공통적으로 가진 6가지 특성을 밝혀냈다. 이 특성들을 활용하여 제목을 검증하는 기준을 정리해보자.

[표 4-2]에서 제시한 특성 중에서 세 가지 이상 충족시키면 좋은 제목이라고 볼 수 있다.

구분	특성	검증 기준
1	단순성(Simplicity)	핵심을 간결하게 표현한 제목인가?
2	의외성(Unexpectedness)	상식을 깨는 제목인가?
3	구체성(Concreteness)	분명하게 느끼고 볼 수 있는 제목인가?
4	신뢰성(Credibility)	믿을 만한 제목인가? 거짓말은 아닌가?
5	감성(Emotion)	가슴을 뛰게 하는 제목인가?
6	스토리(Story)	한 번만 들어도 머릿속에 쉽게 그려지는 제목인가?

▲ 표 4-2 메시지의 특성과 검증 기준

제목은 평생을 따라다닐 수 있기 때문에 제목을 짓기 어렵다고 대충 지어서는 안 된다. 글 내용을 책임질 수 있는 제목이어야 한다. 요컨대 글쓴이의 주장을 압축적으로 표현하고 독자의 관심을 끌 수 있어야 훌륭한 제목이다.

메시지를 잘 전달하려면
한 놈만 팬다

하나의 글에 하나보다 더 많은 메시지가 필요할까? 하나의 글에 여러 메시지를 섞으면 말하고자 하는 게 명확하지 않고 두서 없이 쓴 글이 된다. 글의 목적은 하나의 메시지를 전달하는 것이다. 글의 모든 내용은 하나의 메시지를 전달하기 위해 존재해야 한다. 메시지를 벗어나는 다른 목소리를 허용하면 안 된다.

하나의 글에는 많은 내용이 포함되어 있지만 메시지는 간단하다. 예를 들어 "글 하나에는 하나의 메시지만 전달하라"라든가 "4차 산업혁명 시대에는 창의적이고 공감적인 인재가 필요하다"라는 한 가지를 전하기 위해 많은 이야기를 하는 것이다. 다시 말하면 하나의 글 속에 존재하는 사례, 주장, 근거, 인용 등 모든 것은 하나의 메시지를 전달하기 위해 존재하는 것이다. 그중에 하나라도 다른 목소리를 내면 글의 초점이 흔들린다. 이 이야기도 아니고 저 이야기도 아닌 엉성한 글이 된다. 하나의 글에는 하나의 메시지만 담고, 다른 모든 요소는 하나의 메시지를 전달하기 위해서 존재한다. 이 두 가지만 지켜지면 전달하는 메시지가 명확해진다.

- 글 전체는 하나의 주제를 다루는 큰 덩어리다(One Chapter, One Subject).
- 하나의 글은 몇 개의 문단으로 구성이 되고 하나의 문단은 하나의 소주제만 취급한다(One Paragraph, One Topic).
- 하나의 문단은 몇 개의 문장으로 구성이 되고 하나의 문장은 하나의 의미만 취급한다(One Sentence, One Idea).
- 하나의 문장은 몇 개의 단어를 포함하며 하나의 단어는 하나의 개념만 취급한다(One Word, One Meaning).

위에서 언급한 것처럼 글을 쓸 때 한 문단, 한 중심 생각(One Paragraph, One Topic)의 원칙이 있다. 프레젠테이션 발표 자료에도 한 장면에 한 중심 생각(One Slide, One Topic)만을 적용한다. 예를 들면, 제품의 가격과 성능에 대하여 설명하는 경우에 한 슬라이드에는 가격에 대해서, 다른 한 슬라이드에는 성능에 대해서 언급해야 한다는 것이다. 만약, 성능과 가격을 같은 슬라이드에서 다루면 메시지가 두 개 이상이 되어 독자가 집중력을 잃게 된다.

하나의 글을 쓸 때 반드시 문단을 나눠라. 문단의 기본 구성은 하나의 메시지와 부연하는 설명 문장들이다. 한 문단에 여러 개의 메시지를 섞지 마라. 전달이 어렵고 기억하기는 더 어렵다. 문단은 글을 쓰면서 자연스럽게 나누면 된다. 호흡을 가다듬거나 다른 이야기를 하고 싶으면 문단을 나누자. 보통 한 문단은 6~7줄 정도로 이루어진다고 생각하면 나누기 쉽다.

하나의 주제에 집중하라. 설득하는 주제는 하나이어야 한다. 주제가 둘 이상이면 청중은 실컷 들어도 돌아서면 자기가 무엇을 들었는지 모른다. 시종일관 하나의 주제에 집중하여야 한다. 주제를 정할 때 우리는 습관적으로 범위를 크게 잡는 버릇이 있다. 이렇게 되면 초점이 흐려지기 때문에 구체적이고 명확한 주제를 잡아야 한다. 주제의 범위를 가급적 좁게 한정해야 한다. '4차 산업혁명'은 주제가 너무 넓다. 이보다는 '인공지능'이 보다 좁은 주제가 될 수 있으며, '인공지능과 일자리'라고 구체화할 수 있다. 이런 식으로 주제를 좁혀서 구체성을 갖추어 나가면 '인공지능의 일자리 위협에 대한 대응방안'에까지 이르게 되는 것이다.

꼭 맞는 단어를 써야
명확하다

"담당 업체의 도메인 지식 미흡 및 모호한 제품 최적화 개념에 대한 상세 요구사항 분석이 미흡"

이 말은 이해하기 쉽지 않다. 이 문장에 쓰인 단어 중에서 '최적화'라는 말은 직장인들이 빈번하게 쓰는 용어인데 단어의 뜻이 모호하다. 국어사전에 최적화(最適化)는 '어떤 조건 아래에서 주어진 함수를 가능한 최대 또는 최소로 하는 일'로 정의되어 있다. 그래도 무슨 말인지 감이 잘 잡히지 않는다. 우리가 이 단어를 현장에서 쓸 때의 느낌은 경제성이 좋고 부가가치가 높다는 뜻에 가깝다. 어떤 상황에 맞게 여러 요소를 합리적으로 조정하여 최대의 결과를 얻는다는 의미로 쓰는 경우가 많다. 요즘 자주 쓰는 말로 가성비가 좋다는 말이다. 그러니까 상황을 고려하지 않고 무한대로 성능이나 품질 등을 높이겠다는 게 아니라 주어진 자원을 상황을 잘 활용하여 결과를 제공하겠다는 뜻에 가깝다. 같은 용어인데 뜻은 전혀 다르게 해석될 수 있다.

　"각 계층별 변화관리 진행, 프로세스 내재화 전략 수립, 내재화 수준 진단"

　최적화만큼 자주 쓰는 말은 아니지만 '내재화'라는 단어의 의미도 살펴보자. 내재화(內在化)는 쉽게 말하면 '안에 존재한다. 몸에 배어 있다'는 뜻이다. 어떤 현상이나 성질 따위가 내부나 일정한 범위 안에 있게 된다는 뜻이다. 이 역시 조직에서 주로 쓰는 말인데 정확하게 알고 쓰는 사람은 많지 않다. 조직 내의 내재화는 개인이 어떤 조직의 목표나 가치를 자신의 신념으로 채택하고 수용하는 일 또는 그러한 과정을 말한다. 즉, 조직의 비전이나 사명을 받아들여 자기 것으로 하는 일을 말한다. 어떤 일을 하는 행위 등이 형식적인 게 아니라 조직의 문화로 자리 잡았다는 말이다.

말하려는 뜻을 명확하게 표현하려면 '꼭 맞는 단어'를 써야 한다. '꼭 맞는 단어'란 '뜻이 정확할 뿐만 아니라 앞뒤에 있는 단어들과 어울려 자연스럽고 멋진 표현을 만드는 단어'를 말한다. 그렇게 글을 쓰려면 어휘를 많이 알아야 한다. 어휘가 부족하면 같은 단어와 표현을 반복해서 쓸 수밖에 없다. 위에서 언급한 '최적화', '내재화' 두 단어처럼 자주 사용하는 말인데도 뜻이 명확하지 않거나 다르게 사용하는 경우가 적지 않다.

헤밍웨이는 매일 동틀 때부터 정오까지 글을 썼는데 쓴 글을 수정하는 데 많은 시간을 할애하여 전날 쓴 부분을 고쳐 썼다고 한다. 그가 수정을 반복한 이유는 이야기에 맞는 단 하나의 단어를 찾기 위해서였다.

좋은 문장을 쓰려면 멋지게 어울리는 단어를 결합해야 한다. 사전을 뒤져 용례를 찾아가며 글을 쓰면 도움이 된다. 하지만 그보다는 잘 쓴 글을 많이 읽어서 자연스럽게 익히는 편이 더 쉽다. 단어의 궁합, 표현의 자연스러움은 '안다'기보다는 '느끼는' 것이다. 왠지 어색하면 무엇인가 어긋나 있다고 봐야 한다. 어색한 표현을 어색하다고 느낄 수 있는 능력은 많이 읽음으로써 키울 수 있다.

좋은 글은 아름답기보다
정확하다

프랑스의 작가 귀스타브 플로베르Gustave Flaubert는 "한 가지 생각을 표현하는 데는 오직 한 가지 말 밖에는 없다"라고 말했다. 일물일어(一物一語). 이 말은 글쓰기 명언 중에서 내가 좋아하는 말이다. 정확(Correct)은 간결(Concise), 명확(Clear)과 함께 문장이 갖춰야 할 3대 요소 중 하나다. 정확이 글의 내용에 초점을 맞춘다면, 간결과 명확은 문장의 장단과 문법적 정합성에 과녁을 맞추고 있다.

좋은 글은 아름답기 이전에 정확해야 한다. 정확하게 쓰려면 단어의 의미를 알아야 한다. 처음 하는 일은 용어를 명확하게 정리하는 습관을 들이는 게 좋다. 회사를 대상으로 비즈니스 컨설팅을 하려면 회사의 비즈니스 모델에 대한 이해는 필수다. 회사에서 사용하는 용어에 대해 사전을 찾고 담당자에게 물어 용어의 정확한 의미를 파악하고 스스로 이해하는 언어로 정리해본다. 용어를 모르면 한글로 작성된 문서에 대한 독해가 불가하거나 오독할 소지가 다분하다.

글을 모호하게 쓰는 이유는 잘 모르고 귀찮기 때문이다. 대략 '이럴 것이다'라고 가정을 하고 쓰니까 모호해진다. 반복은 용서할 수 있어도 모호함은 용서할 수 없다. 알베르 카뮈Albert Camus가 말했듯이 분명한 글에는 독자가 모이지만, 모호한 글에는 비평가만 몰려들 뿐이다.

다음은 우리가 쓰고 있는 보고서 등에 나타난 모호한 표현들에 대한 예시다.

📋 예시 1

> 솔루션 개발에 대한 경험이 많아 무엇을 어떻게 해야 하는지에 대한 구상은 내부적으로 가지고 있음

➡ **무엇을 어떻게 해야 하는지에 대한 구상이 무엇인지 궁금한데 언급하지 않음**

예시 2

> 각 영역별로 업무에 대한 이해도가 높고 무엇을 해야 하는
> 지가 분명하여 산출물이 많아도 업무를 추진할 수 있는 역
> 량이 되고 있음

➡ 이해도가 어느 정도 높은지, 얼마나 많은 사람이 높은지 알 수
　가 없다. 업무 경험 년수가 10년이 넘어 업무 전체를 꿰뚫고
　있다는 식으로 구체적으로 기술해주어야 함

예시 3

> 그에 따라 개념적인 수준의 분석 결과는 상호간에 이해 가
> 능한 수준에서 정의가 되어 있음

➡ 상호간에 이해 가능한 수준은 도대체 어느 수준인가? 조금 더
　구체적으로 설명할 필요가 있음

예시 4

또한 분석의 패턴에 따른 사용 가능한 알고리즘의 유형도
비교적 구체적으로 정의를 하고 있음

➡ 비교적 구체적으로의 수준이 어느 정도인가? 부사는 쓰지 않
는다.

예시 5

통합 테스트를 마치고 ABC 방법론 교육에 꽤 많은 개발
자들이 참여하여 교육성과가 높을 것으로 생각됨

➡ 꽤 많은 개발자는 몇 명인가? 정확하게 수치를 쓴다. 정확히
모르면 '전체 개발자 3분의 1이 참여하여'라고 쓴다.

예시 6

사업기획서의 추가적인 보완항목에 대한 반영 및 필요 활
동을 잘 식별하여 수행하고 있음

➡ 조치사항 등 추가적으로 보완해야 하는 세부 항목을 열거한다.

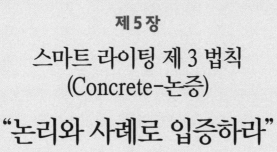

제 5 장

스마트 라이팅 제 3 법칙
(Concrete-논증)

"논리와 사례로 입증하라"

이 부장은 차세대 금융 프로젝트를 수주하기 위해 제안서를 제출한 후에 경쟁 프레젠테이션을 준비하고 있었다. 산전수전을 다 겪은 베테랑이지만 최근 회사 실적이 좋지 않아 긴장이 올라왔다. 이 부장은 제안 발표를 할 때 강조할 경쟁사보다 우월한 차별적인 장점을 떠올렸지만 마땅히 뾰족한 방안이 없어서 프레젠테이션을 할 때 늘 하던 대로 자신의 주장을 강조했다.

> "계획이 반입니다. 계획을 잘 수립하면 이미 프로젝트의 절반은 성공한 것과 다름없습니다. 남들이 먼저 프로젝트를 시작하고 우리는 아직도 계획을 세우고 있는 상태라고 해서 조급해할 필요가 전혀 없습니다. 오히려 오랫동안 공들여 세운 계획이 우리 프로젝트를 성공으로 이끌 것입니다."

어찌 보면 하나 마나 한 이야기를 계속 반복해서 이야기를 하다 보니 식상했다. 그리고 주장에 대해서 왜 그런지 근거나 사례를 제시해야 하는데 주장만 강조하다 보니 설득력이 떨어졌다. 결과적으로 사업 수주에 실패했다.

글을 논리적으로 구성하는
6가지 방법

전문직에 종사하는 직장인들의 공통된 특성 중 하나는 논리를 중요시한다는 점이다. 따라서 그들을 설득시키려면 그냥 두루뭉술한 설명으로는 어렵고 논리적으로 명쾌하게 설명할 수 있어야 한다.

그런데 글을 쓸 때 가장 어려워하는 부분이 글을 논리적으로 구성하는 것이다. 보통 글을 본격적으로 쓰기 전에 글을 어떤 순서로 전개할 것인지에 대한 윤곽을 정한다. 그러려면 글을 구성하기 전에 먼저 생각이 정리되어야 한다. 무언가에 대해 글을 쓰려고 한다면 그것에 대해 할 말이 있어야 한다. 무엇들에 대해 쓰려고 하는가? 글의 소재(Topic)를 말한다. 그 소재들을 통해서 결국 무엇을 말하고자 하는가? 글의 주제(Subject), 글이 도달할 목표를 말한다. 이 두 가지가 준비되어야 전체 글을 구성할 수 있다.

모든 글에는 주제를 말하기 위한 흐름이 존재한다. 글의 구성은 주제를 향한 흐름이나 주제로 집결되는 구심력을 말하는 것이지 고정된 틀이 아니다. 만약, 구성이 고정된 것이라면 외워서 응용하면 된다. 그러나 구성은 일정한 방향이며 논리적 흐름이다. 순서에 따라 배열하는 것이다. 즉 주제를 향해 내용들을 어떻게 배치할 것이냐는 문제다. 글쓰기는 마치 레고블록이나 부품을 조립하는 것과 유사하다.

글의 구성은 글의 구조가 아니다. 보통 글쓰기에서 3단 구성(서론-본론-결론)이나 4단 구성(기-승-전-결)법을 말하는데, 실제 글을 쓰다보면 무용지물이 되는 경우가 허다하다. 틀에 박힌 구성에 맞추다 보면 죽은 글이 되기 십상이다.

일반적으로 일을 하면서 작성하는 글을 구성할 때 참조할 수 있는 방법은 대략 6가지로 나눌 수 있다.

첫째, 소재를 나열해서 구성의 흐름을 만드는 방법이다. 자신이 하고 싶은 메시지에 관련된 글의 소재들을 뽑아보고 이들을 독자가 동의할 수 있도록 논리적으로 연결한다. 소재 하나에 하나의 문단을 구성한다고 생각하고 소재들을 적어보고 순서를 정하는 작업을 여러 번 시도한다. 가장 기본적인 방법이며 특별히 구성을 생각해보지 않은 경우에 많이 쓴다.

둘째, 비판을 하고 자기 주장을 전개하는 방식이다. 상대방의 주장이나 방법의 약점을 제시하여 내 주장이 논리적으로 옳음을 증명한다. 이런 구성 방식은 자료 조사를 통해 논리를 철저하게 준비해야 한다.

셋째, 문제해결 방식이다. 대부분의 일은 문제해결과 관련이 있으므로 직장 글쓰기에서 자주 사용한다. 어떤 문제에 대한 진단을 하고 원인을 찾고 해결책을 제시하는 방식이다. 좋은 해결책을 제시하는 것만으로도 좋은 글이 된다.

넷째, 결론을 먼저 쓰는 방식이다. 서론에서 결론을 미리 말하고 본론에서는 결론에 대한 이유와 근거를 제시하고 결론에서는 전체 글을 요약하고 글의 결론을 다시 강조하는 방식이다. 독자가 주제를 먼저 파악하고 글의 주제에서 벗어나지 않고 글에 집중할 수 있다.

다섯째, 논증이다. 독자의 공감을 얻기 위해 자신의 주장을 뒷받침하는 과정을 논증이라고 하는데 자신의 주장을 제시하고 근거와 사례로 증명을 하고 다시 한번 주장을 강조하는 방식으로 글을 구성한다.

여섯째, EOB(Example Outline Benefit) 구성이다. 사례나 이야기를 바탕으로 핵심을 말하고 독자에게 주는 이익으로 구성한다. 사례를 중심으로 상대방의 이익을 우선 생각하면 설득력이 높아진다.[1]

위 6가지 중에서 어떤 구성을 취하든 내용적으로는 이야기를 활용하여 글을 전개하는 방식이 좋다. 글에서 전달하고자 하는 내용에 알맞은 예화나 사례 같은 이야기로 글을 시작한다. 소개한 이야기를 바탕으로 글의 핵심을 간략히 정리한 다음 글이 주는 이익과 시사점이 무엇인지 제시하며 마무리한다.

글을 쓸 때는 먼저 두 개의 무엇을 생각하면서 중심 소재들과 주제를 도출하자. 그런 후에 어떤 구성 방식이 적합한지 생각해보자. 글감을 모으고 배열해보자. 여기에 첫 문장을 어떻게 시작할지 준비가 되면 한 편의 글을 쓰는 데 주저함이 없어진다. 글의 구성은 논리적 흐름이다. 글을 쓸 때는 논리 전개 순서를 결정해야 한다. 논리 전개 순서를 정함으로써, 스스로의 생각을 점검할 수 있고 독자를 효과적으로 설득할 수 있게 된다.

---

1 논증과 EOB 구성은 뒤에서 자세히 다루겠다.

이유를 들어 설명하고
사례로 증명하라

누군가를 설득하려면 말하고자 하는 결론에 대해 '왜' 그런지 이유를 설명하고 사례를 들어 이유가 타당함을 증명해야 한다. 설득력은 '왜?'에 적절하게 대답할 수 있느냐에 달려있다.

남 캘리포니아(Southern Califonia) 대학의 스파크스J. E. Sparks 박사는 아리스토텔레스부터 현대 작가까지 고전을 총망라하여 '위대한 책들(Great Books)'을 분석했다. 소설을 제외한 책들을 분석한 결과, 그가 내린 결론은 간단했다. 대부분의 책이 주요 개념(Main Idea)을 제시하고 이를 상세 근거(Details)로 뒷받침하고 있었다. 책들은 무슨 말을 하고 있었고 그것을 뒷받침할 사례가 제시되어 있었다. 그는 이를 통해 '힘 글쓰기(The

Power Writing)'의 원리를 제시하였는데 숫자가 클수록 상세한 문장이 되고 설득하는 힘이 커진다.

- Power 1 = Main Idea or Focus(주제/주장)
- Power 2 = Major Detail, Supporting(근거); 구체적 뒷받침, 방법과 이유
- Power 3 = Minor Detail, Elaboration(증명); 상세한 설명, 자료와 예시
- Power 4 = Main Idea or Focus(주제/주장)

이 원리는 처칠이 애용한 발표 기법인 PREP과 유사하다. PREP은 Point(주장), Reason(이유), Example(사례), Point(마무리)를 통해 논리적인 흐름을 만드는 방법이다. 처음에는 주장을 만들고 대강의 요점을 보여준다(P). 다음에는 주장에 대한 근거와 이유를 제시한다(R). 이후에는 이유를 더 보강하기 위해 구체적인 사례를 거론한다(E). 마지막으로 주장을 마무리 지으며 R과 E의 이야기를 근거로 첫 번째 P에서 주장한 것이 타당하다는 것을 재차 설명한다(P). 이런 흐름으로 뼈대를 작성하면 설득력 있게 문서를 완성할 수 있다. 우리는 이 PREP 기법을 일상 생활에서 자연스럽게 쓰고 있다.

"여보, 밥 좀 차려줘(P). (왜냐하면) 지금 배가 너무 고파(R). 일
이 너무 바빠서 오늘 점심도 못 먹었어(E). 빨리 밥줘(P)."

하버드 대학교 심리학과 교수인 앨런 랭어Allan Langer는 도서
관에서 복사하기 위해 줄을 서서 기다리는 사람들의 양보를 얻
어내기 위해 어떤 말을 하는 것이 좋을지를 실험했다. 참가자에
게 다음의 세 가지 말을 하게 했다.

❶ 죄송하지만 제가 먼저 하면 안 될까요? 왜냐하면 바쁜 일
  이 있습니다.
❷ 죄송하지만 제가 먼저 하면 안 될까요? 바쁜 일이 있습
  니다.
❸ 죄송하지만 제가 먼저 하면 안 될까요? 왜냐하면 복사를
  해야 합니다.

실험 결과는 1번이 94%, 2번이 60%, 3번이 93%의 양보를
얻어냈다. 놀랍게도 논리가 맞지 않은 3번의 경우에도 높은 수
치가 나왔다. 혼잡한 도서관 복사실 앞에서 이유를 설명하는 단
어인 '왜냐하면'에 반응하여 그럴만한 이유가 있을 것이라고 믿
어 버렸기 때문이다. 바쁘다는 이유보다 '왜냐하면'이라는 단어

때문에 양보했다고 한다. 사람들은 자기를 정당화하고 근거를 찾는 데 익숙하다. PREP은 '왜냐하면'으로 설득하는 기법이다.

PREP을 비즈니스 상황에서 예를 들어 살펴보자. 기술 개발 투자에 대해 회사의 경영진들을 설득하는 보고서를 작성한다고 생각해보자.

먼저 "우리는 이제 독자적인 기술 개발에 획기적으로 투자를 해야 한다"고 결론에 해당하는 메시지를 제시한다. 이는 핵심 메시지를 먼저 이야기함으로써 처음부터 결론과 결부시켜 다음 이야기를 생각할 수 있게 해준다.

두 번째는 주장을 하게 된 이유와 근거를 제시한다. 결론이 도출된 논리의 핵심은 이유와 근거가 있기 때문이다. 예를 들어 "장기적으로 기술, 소재, 장비의 해외 의존도를 낮추기 위해서는 자체적인 연구개발 투자가 불가피하다"고 바로 뒤에 나오는 구체적인 사례들을 포함할 수 있는 근거를 제시한다.

세 번째는 주장을 뒷받침할 수 있는 구체적인 사례, 객관적인 데이터나 사실, 전문가 의견을 기술한다. 예를 들면 "경쟁 업체인 A사는 내년 기술 개발 투자를 올해의 두 배 이상으로 늘린다고 한다. 우리 회사의 기술 개발 투자 확대는 생존 여부를 판가름 짓는 문제다."

덧붙여 "기술 개발 투자를 통해 우리는 내년에 조달 물품의 100% 국산화가 가능하고 해외시장 매출이 최소 20% 이상 성장이 가능할 것이라고 예상한다"라고 언급한다. 여기에서 가장 중요한 것은 핵심 메시지에 경영진이 더욱 집중할 수 있도록 신뢰성 있는 근거 자료를 제시해야 한다는 점이다.

마지막으로 "위기는 기회라는 말처럼 해외 수출 규제 등 어려울 때일수록 자체 기술 개발 투자에 공격적으로 임해야 한다"라고 주장을 한 번 더 언급해 강조함으로써 막판 굳히기에 들어간다.

제안서 목차를 설계할 때 PREP 원리를 활용하면 설득력이 높아진다.

구분	목차	메시지
P(주장)	제안 요약	ABC 솔루션 도입의 필요성 및 도입 내용 등
R(이유)	제안 배경	발주사가 당면한 문제점 해결
	제안 목표	생산성 10% 향상 등
	당사 선택 이유	전문 기술력, 가격 등
E(사례)	A 사 도입 사례	성공 사례를 시간 순으로 설명
P(마무리)	결론	R과 E의 근거를 가지고 도입 필요성 강조

▲ 표 5-1 PREP 원리를 활용하는 제안서 목차

미국의 소설가 마크 트웨인은 "만약 당신이 가지고 있는 유일한 도구가 망치라면 당신은 세상의 모든 것을 못으로 볼 수밖에 없다"라고 했다. 설득 기법 못지않게 상대방과 상황에 맞는 준비가 중요하다는 것을 절대 잊지마라. 독자와 독자가 처한 상황을 기억하라. 스마트 라이팅의 1법칙을 떠올려라.

진정한 설득의 힘은 논리보다는 진정성에서 나온다. 합리적인 논리로 제압하는 방식은 머리로는 이해가 되지만 가슴으로는 설득이 되지 않을 수 있다. 상대방을 배려하는 마음이 있어야 진정한 설득이 가능하다. 진심이 느껴지지 않으면 부메랑이 되어 다시 돌아올 수 있다. 설득을 하려면 상대방이 당신의 메시지뿐만 아니라 당신을 믿게 해야 한다. 아리스토텔레스가 제시한 설득의 수단 세 가지, 즉 로고스Logos(내용의 논리), 파토스Pathos(독자의 감정), 에토스Ethos(저자의 인격)가 잘 어우러질 때 설득력이 배가 된다.

주장은
반드시 논증한다

글로 의사소통을 할 때는 적합한 진술 방식을 채택해서 쓰는 게 좋다. 우리는 보통 설명, 묘사, 서사, 논증의 4가지 방식을 자주 쓴다.

- 설명: 어떤 일의 의미나 내용을 알기 쉽게 밝혀주는 것으로, 이해시키려 할 때 쓰는 방식이다. 제품 사용설명서에서 자주 사용한다.
- 묘사: 어떤 대상이나 상황을 직접 본 것처럼 구체적으로 표현하는 것으로, 소설이나 수필에서 많이 사용하는 방식이다.

- 서사: 시간의 흐름에 따라 사건을 전개하는 방식으로 기행문이나 역사서 등에서 사용한다.
- 논증: 설득을 목적으로 어떤 결론을 근거와 사례를 들어 증명하는 것으로 보고서, 제안서, 신문 사설, 연설문, 칼럼 등에서 많이 채택하는 방식이다.

일하는 사람이 주로 쓰는 실용적인 글은 논증을 바탕으로 서사, 묘사, 설명을 적절히 배치하는 방식을 많이 쓴다. 긴 정보를 서술할 때는 서사를, 부분을 강조할 때는 묘사를 사용한다. 예시, 비교, 대조, 분석, 종합, 정의 등 설명의 다양한 방식을 활용하면 문단이 풍부해진다.

실용적인 글을 쓰면서 자주 범하는 오류는 논리의 부족이다. 특히 제안서나 보고서를 쓸 때 자주 쓰는 서술 방식은 논증이다. 왜 우리 솔루션을 도입해야 하는지, 장애에 대한 예방은 왜 이 방법이 좋은지를 근거를 들어 제시해야 한다. 근거가 부족하면 자신의 주장을 증명하지 못해서 설득력이 떨어진다. 논증하지 않고 주장만 줄곧 하는 사람은 꼰대거나 바보다.

독자의 공감을 얻기 위해 자신의 주장을 뒷받침하는 과정을 '논증'이라고 한다. 그리고 논증하기 위해 제시한 사실, 이유, 원인 등의 근거를 '논거'라고 한다. "지구는 자전한다"는 사실은 이미 다 알고 있는 사실이므로 증명할 필요가 없고 그냥 기술하면 되지만 "우리 회사는 내년에 중국 시장에 진출해야 한다"는 주장은 반드시 타당성을 논증해야 한다.

글을 논리적으로 쓴다는 것은 논증을 하는 것이다. 예를 들어 제안서에 대한 논증은 다음과 같이 한다.

❶ 어떤 결론을 제안할 것인지 결정하고 그 제안에 대한 근거를 제시한다.

❷ 근거를 구체적으로 뒷받침할 사례를 열거하고 마지막으로 제안한 내용을 강조하며 마무리한다.

논증은 근거를 바탕으로 주장을 도출하는 논리 구성이므로 글의 종류에 관계없이 모든 글의 기본적인 전개 방법이다. 주관적인 감상을 다룬 여행 에세이를 쓸 때도 왜 그 여행이 그토록 기억에 남는지에 대해 근거를 제시해야 한다. 모든 글은 무엇에 대해 말을 한다. 말하고자 하는 주제에 도달하기 위해서 문장들을 전개해나가기 때문에 문장의 기본은 논증이 된다.

유시민 작가는 논증을 구현하기 위해 글을 쓸 때 규칙 세 가지를 최선을 다해 지킨다고 한다. 그 세 가지는 다음과 같다.

첫째, 취향 고백과 주장을 구별한다.

둘째, 주장은 반드시 논증한다.

셋째, 처음부터 끝까지 주제에 집중한다.

자기 취향을 고백하는 것에 대해서는 굳이 논쟁할 필요가 없고, 주장은 근거와 이유를 밝혀야 하며, 감정에 휘둘리지 않고 삼천포로 빠지지 말아야 한다는 말이다.

논증의 방식은 연역법과 귀납법으로 나뉜다. 연역법은 일반적인 전제를 제시한 뒤 결론을 끌어내는 방식으로 두괄식 구성에 활용된다. 연역법의 가장 대표적인 예로 아리스토텔레스의 삼단논법을 들 수 있다. 연역법을 이르는 영어 Deduction의 뜻을 보면 뺄셈의 미학으로 이해할 수 있다. 이미 알려져 있는 사실을 근거로 새로운 판단을 유도한다.

❶ 대전제: 제품 개발 방법론은 생산성을 향상시킨다.

❷ 소전제: 우리 회사는 생산성이 떨어진다.

❸ 결론: 따라서 우리 회사는 제품 개발 방법론을 도입해야 한다.

귀납법은 특수하고 개별적인 전제를 제시해 결론을 이끌어 내는 방법으로 미괄식 구성에 활용된다. 귀납법을 뜻하는 영어 Induction은 라틴어의 Induce(이끌려 가다)에서 유래했는데 개별적인 전제들을 내세워 자신의 주장이 '참'이라는 것을 증명한다. 귀납법은 주로 통계 조사를 거쳐 나타난 결과를 결론으로 제시할 때 사용한다.

❶ 야근이 많아진다.
❷ 회의가 많아진다.
❸ 결함이 증가한다.
❹ 결론: 프로젝트가 지연된다.

논증이 성공하려면 '왜 그런가'라는 질문에 대해서 '~ 때문에 그렇다'라는 근거를 정확히 제시할 수 있어야 한다. 먼저 타당하지 않은 근거를 피하고 구체적이고 정확한 근거를 제시하는 연습을 해야 한다. 그러려면 과연 그것 때문에 그런지, 다양한 각도에서 사안을 볼 수 있어야 한다. 또한 근거를 제시할 때는 믿을만한 출처인지 확인할 필요가 있다. 요즘처럼 가짜 뉴스가 범람하기 좋은 조건에서는 반드시 출처의 신빙성을 따져봐야 한다.

논증은 논리를 따지다 보니 추상적인 과정이라고 오해하기 쉽다. 그렇지만 일상생활에서 부딪히는 다양한 문제에 대해서 나름의 근거를 가지고 최선을 다해 해결하려고 한다면 이것이야말로 논증의 본령에 가깝다고 생각한다.

무엇보다 논증을 잘 하기 위해서는 문제를 문제로 받아들이는 문제의식이 중요하다. 일을 하다가 문제가 생겨도 거리를 두고 무관심하다면 문제에 대한 나의 생각은 일어나지 않는다. 고객이 중요하게 여기는 불편사항을 문제로 여기지 않는다면 제안서에 합리적인 해결 방안을 담을 수 없다.

논증하는 글을 쓰기 위해서는 무엇보다도 자신의 생각을 가다듬고 주장을 확실히 해야 한다. 그러나 무조건 강한 목소리로 자기 주장만 되풀이하지 말자. 효과가 떨어질뿐더러 사람이 추해 보인다.

논리의 오류를
피하는 법

글이 이치에 맞게 앞뒤가 잘 연결이 되면 글이 '조리'가 있거나 '논리'가 있다고 말을 한다. 논리는 신문 사설이나 법원 판결문에만 있는 게 아니다. 논리는 일상생활에서 숨쉬고 있다. 오늘 식사를 할 때 메뉴를 고르는 사소한 일, 인도에 개발센터를 세울지 결정하는 일, 수출 규제를 할 것인지 등의 정치적 사안에 이르기까지 일상은 선택의 연속이며, 모든 선택은 말이 되는 합당한 이유가 있다. 즉 논리가 있다는 말이다. 반대로 왜 그런지에 대한 이유를 제대로 설명할 수 없다면 논리가 없거나 논리적 오류가 있다고 볼 수 있다. 논리의 오류를 피하려면 오류의 종류들을 알아둬야 한다.

논리의 비약은 논리가 연결되지 않거나 중간 단계를 많이 생략하여 결론이 부실한 경우를 말한다. 예를 보자.

❶ 프로젝트 초기에 프로젝트의 규모, 비용, 기간, 자원 등이 얼마나 걸릴 것인지를 견적(Estimation)하는 작업은 나비효과와 비슷하다.

❷ A 사의 프로젝트는 대부분 실패하고 있다.

❸ 결론: A 사의 프로젝트 실패는 견적에서 기인한다.

A 사 프로젝트 실패의 원인이 견적이라는 논리적 인과관계가 정확히 설명되지 않는다. 프로젝트 초기에 견적이 미치는 파급효과가 크지만 프로젝트 실패와 직접적인 연관이 있다는 설명이 부족하거나 생략되었다.

논리의 비약을 막기 위해서는 'So What(그래서 어떻다는 거죠?)'과 'Why So(왜 그렇게 생각하죠?)'라는 질문을 해야 한다. 논리 전개에서 결론이 부족하다면 'So What' 질문을 해서 답을 구하고, 근거가 미흡하다면 'Why So' 질문을 해서 보완해야 한다. 'So What'을 묻고 반드시 'Why So'로 확인해야 한다.

제한된 자료를 바탕으로 결론을 도출하는 경우에는 성급한 일반화의 오류를 저지르기 쉽다. 성급한 일반화 오류는 한두 가지의 사례를 가지고 성급하게 보편적인 원칙이나 법칙으로 만들려고 하는 경우다. "하나를 보면 열을 알 수 있다"는 속담은 틀린 말이다. 열을 알기 위해서는 열 모두를 살펴보고 종합적으로 판단해야 한다. 사례 건수가 적은 경우 오류를 야기할 가능성이 높다.

❶ A 프로젝트는 문제 보고서를 작성했다.
❷ A 프로젝트는 문제가 발생하자 기록하여 회사 임원에게 보고했다.
❸ 결론: 모든 프로젝트는 문제 보고서를 작성한다.

이 예시에서는 모든 프로젝트가 문제 보고서를 작성한다는 성급한 결론을 내렸다. 제품 개발자들이 성급하게, 아니 당연하게 내리는 결론이 하나 있다. 좋은 제품을 만들면 당연히 잘 팔린다고 생각한다. 과연 그럴까? 그럴 수도 있고 그렇지 않을 수도 있다. 아무리 좋은 제품을 만들어도 고객이 원하지 않으면 그 제품은 시장에서 사라질 수 있다. 얼마나 많은 사례가 있어야 결론을 내리기에 충분한지, 충분한 근거에 따라서 결론을 내렸는지 생각해봐야 한다. 근거를 제시할 때는 한두 가지의 근거를 간단하게 정리하는 것보다는 세 개 이상의 근거를 찾아서 각각의 근거를 자세히 정리하는 게 논리적 사고를 향상시키는 데 도움이 된다. 그렇게 해야 '예, 아니오'라는 이분법적 사고방식을 극복하고 다양하고 종합적인 사고력을 기를 수 있다.

근거와 사례가 맞지 않은 경우에도 오류가 발생한다.

❶ A 은행의 성공은 저비용으로 자금을 조달하고 고이율로 운용하는 데 달려있다.

❷ A 은행은 외환 경험이 거의 없고 자금 운용은 국채처럼 저이율이 대부분이다.

❸ 결론: A 은행이 높은 수익을 내는 것은 어렵다.

A 은행의 경우 자금 운용이 중요한 수익원이라고 단정할 수 없다. 수익원이 다를 수 있다. 수익원이 수수료가 될 수도 있다. 이러한 논리 전개에 있어서 더 큰 문제는 의도적으로 논리의 일부를 숨기거나 무리하게 결론을 내리려고 한다는 점이다. "어, 이상한데?" 하면서도 논리 전개상 말이 되기 때문에 무심코 수긍하게 된다. 논리 전개가 미심쩍으면 근거와 사례의 불일치를 의심해봐야 한다.

근거가 구체적이지 않으면 설득력이 떨어진다. "우리는 강점을 강화하고 약점을 보완하는 전략을 통해 경쟁력을 향상시킨다"라는 말은 하나마나한 소리다.

또한 논리에 명백한 중복, 누락 및 착오가 있으면 설득력이 떨어진다. 논리의 중복. 누락 및 착오를 막는 방법은 앞의 글에서 언급한 MECE 원칙이다. 논리의 근거들이 상호 중복 없이, 전체적으로 누락 없이 구성되어야 한다. 즉, 겹치거나 빠짐이 없어야 한다.

우리 사회에서 최근까지 흔하게 나타나는 논리적 오류는 흑백논리의 오류다. "사회복지를 주장하는 걸 보니 사회주의자구나." "엔지니어는 기계나 컴퓨터와 친하니까 인간관계에 무관심하다"라고 모든 것을 흑과 백처럼 두 가지 논리로 단순화하고 "이것이 아니면 저것이다"라는 식으로 판단하고 논리를 전개할 경우 발생하는 오류다. 남북 분단 하에 민주화 과정을 거치면서 한국 사회가 갈등을 극심하게 겪은 이유 가운데 하나는 흑백논리에 쉽게 빠져들었기 때문이다.

고정관념도 논리적 오류를 야기한다. 고정관념이란 쉽게 변하지 않는 틀에 잡힌 생각이다. 사람들은 자신의 선입관과 고정관념 때문에 보고 싶은 것만 본다. "한국 사람은 노예근성이 있다." "엔지니어는 순수하지만 자존심이 강하다"라는 주장은 자신이 어떤 가면을 쓰고 세상을 바라보는지를 말해준다. 고정관념 자체를 나쁘다고 할 수는 없지만 그것이 고착화되면 스스로를 옭아매는 사슬이 된다.

이 밖에 "누구나 가장 좋아하는 음식이 몸에 좋은 거야"라고 사실을 넘어 과장하는 오류, "무조건 열심히 할 테니까 꼭 이번 사업에 참여시켜주세요"라고 근거 없이 감정에만 호소하는 경우, "요즘 제때 일을 끝내는 경우가 별로 없는 걸 보니 당신은 일에 대한 개념 자체가 없는 사람이야"라고 인신공격을 하는 오류, "다른 사람도 다 마찬가지야"라고 대중에 호소하는 오류 등이 있다.

논리를 전개할 때는 결론의 근거가 충분해야 오류를 저지르지 않는다. 근거가 충분하더라도 그 근거가 모호하지 않아야 한다. 근거가 가정에 기반을 둔다면 진실성이 의심받는다. 근거가 없이 주장만 한다면 최악이다. 논증 없는 주장은 허망하다. 무언가 주장한다면 그 주장에 대한 근거와 이유를 밝혀야 타인의 생각과 마음을 움직일 수 있다.

문제해결책을 제시해야
좋은 글이다

삶은 문제해결과 의사결정의 연속이다. 문제는 끊임없이 발생하며 문제없이 살아가는 사람은 없다. 문제를 지혜롭게 풀어나가는 사람은 능력을 인정받지만, 그렇지 못한 사람은 오판을 하게 되고 결국 원하는 것을 얻기 어렵다.

프로젝트 현장을 다니며 제3자 시각에서 제품 개발과 프로젝트 관리에 대한 점검을 수행한 적이 있었다. 프로젝트 관리자에게 문제해결에 대한 조언을 하고 시정조치를 지시했다. 그런데 점검 활동을 하면서 한 가지 재미있는 사실을 알게 되었다. 문제가 발생한 프로젝트의 대부분이 문제를 대하는 태도가 신기하게

도 아주 낙관적이라는 점이었다. "일정이 너무 촉박한데 특단의 조치가 필요하지 않겠습니까?"라는 질문에 "글쎄요. 조금 문제가 있긴 한 것 같은데… 잘 될겁니다. 걱정하지 마세요"라고 대답한다. 긍정적인 마인드는 필요하지만 왜 잘 될 것인지 현실적인 근거가 있어야 한다.

어떤 관리자는 "문제 없다는 데 왜 참견이야?"라며 짜증을 내기도 한다. 인생과 마찬가지로 문제없는 프로젝트는 없다. 문제를 문제로 인식하고 싶지 않은 태도는 문제를 제대로 보고 있지 못함을 반증하는 것이다. 문제의 본질을 꿰뚫어 보려는 노력보다는 회피하거나 수수방관한다. 반면에 문제를 심각하게 받아들이는 사람은 모든 것을 문제로 바라본다. 문제의 경중을 따져보지 않고 문제 자체에 골몰하다가 나중에는 자포자기하게 된다.

직장에서 제품을 개발하거나 서비스를 제공하는 과정은 글을 쓰는 과정과 유사하다. 둘 다 문제해결을 다루는 경우가 많다. 제안서나 보고서는 문제해결 글쓰기의 전형이다. 특히 제안서는 고객이 어려워하는 문제를 해결해주는 내용을 담는 경우가 많다. 문제를 해결하는 글쓰기는 문제해결을 위한 논리적 사고(Logical Thinking)가 중요하다. 논리적 사고가 창의나 비판 등의 고차원적 사고의 기본이기 때문에 그렇다. 논리적 사고를 하지 않으면 문제해결 글쓰기에 익숙해지지 않는다.

지식사회에서는 매일 정보가 홍수처럼 쏟아진다. 여기서 필요한 것은 무엇이 필요하고 의미있는 정보인지를 구별하는 능력과 그 정보를 재구성하는 능력이다. 논리적인 글쓰기는 이런 능력을 향상시키는 데 적합하다. 문제를 명료하게 분석하고 문제해결을 위한 아이디어를 창의적으로 도출하고 관련자에게 명확히 전달하여 설득하는 능력을 글쓰기를 통해 키울 수 있다.

일반적으로 문제를 해결하는 과정은 크게 3단계로 구분해 볼 수 있다.

- 1단계(문제 정의): 객관적인 시각으로 문제를 발견하여 기술한다.
- 2단계(원인 분석): 논리적 사고를 통해 문제를 구조화하고 원인을 파악한다.
- 3단계(해결방안 수립): 아이디어와 경험, 상상력 등을 활용하여 해결책을 제시한다.

문제의 정의와 원인 분석은 분석적으로, 경찰의 마음으로 수행하고 해결 방안 수립은 창의적으로, 예술가의 마음으로 수행해야 한다.

문제해결 능력이 뛰어난 사람은 성급하게 해결책을 찾으려 하지 않고 문제를 제대로 정의하는 데 시간을 보낸다. 의사가 진단을 하지 않고 병을 치료할 수 없는 것처럼, 정비사가 고장난 곳이 어딘지도 모르면서 차를 고치려고 하지 않는 것처럼 먼저 문제를 파악해야 한다. 문제해결의 첫 걸음은 문제를 잘 파악하는 것이다.

문제를 발견하기 위해서는 문제에 대한 모든 사실을 수집해야 한다. 문제해결 기법에 대한 교육실습을 할 때 교육생들에게 문제를 기술하라고 하면 원인을 적는 경우가 많다. 문제란 나타난 구체적인 현상을 말하는 것이라는 것을 강조하고 싶다. '커뮤니케이션 미흡'이 문제가 아니라 '이번 달에 한 번도 고객과 회의를 하지 못했다'는 것이 문제다.

그렇지만 모든 문제가 중요한 것은 아니다. 진짜 문제를 알아내야 한다. 주어진 문제가 진짜 문제인지 알아내는 유일한 방법은 더 깊이 파고 들어가는 것이다. 사실을 모으고 여러 가지를 파헤치고 질문을 해보라. 얼마 지나지 않아 당신이 본질적인 문제에 접근하고 있다는 확신이 들 것이다. 그렇다고 첫 느낌을 무시하지는 마라. 면접에서 첫 인상이 중요하듯이 문제 상황에 대한 느낌도 비슷하다. 여기저기서 모은 문제를 글로 명확히 써 봐야

한다. 문제를 구체적으로 써 보면 진짜 문제와 걱정을 분리시켜
볼 수 있게 된다.

문제해결을 위해서는 세세한 문제도 알고 있어야 하지만 전체
적인 문제를 알아야 한다. 앞에서도 언급했듯이 맥킨지에서 개
발한 MECE 방법을 활용하여 누락과 중복을 피하고 전체적으
로 한눈에 문제를 알아볼 수 있도록 구조화한다. MECE는 서로
배타적이면서 부분의 합이 전체를 구성하는 것을 의미한다. 문
제를 규정했다고 가정하고 각각의 문제가 서로 구분되고 명확한
항목인가? 그렇다면 당신의 세부적인 문제 목록은 '서로 배타적
(ME)'이다. 문제 목록이 그 문제들을 포괄하는 전체적인 문제에
포함되어 있는가? 다시 말해 세부적인 모든 문제를 생각했는가?
누락이 없다면 당신의 문제 목록은 '전체적으로 포괄적(CE)'
이다.

이제 문제 목록에서 핵심을 추려낸다. 80대 20의 법칙을 생
각하여 우선순위를 정해야 한다. 약 20%의 문제가 전체 문제의
80% 비중을 차지하는 파레토 법칙(Law of Pareto)이 작동하
기 때문이다. 겉보기에는 문제들이 실타래처럼 얽혀있지만 핵심
문제가 먼저 풀려야 나머지 문제도 술술 풀리는 법이다.

핵심 문제를 정의했으면 문제의 근본 원인을 찾아야 한다. 문제를 해결하기 위해서 "어떻게"라는 질문을 던지면 뇌는 굳어진다. 문제의 근본 원인이 무엇인지 찾아야 하는데 해결 방법을 먼저 생각하면 뇌는 과부하가 걸린다. "왜"라는 질문을 반복적으로 던지면 뇌는 스스로 답을 만들기 시작한다. 문제가 발생할 때마다 최소 다섯 번의 문제 발생 이유(5Why)를 질문하여 문제의 근본적인 원인을 찾아내라.

근본 원인이 발견되었으면 이를 해결할 만한 자원을 찾아야 한다. 사람, 시스템, 책, 자료 등에서 해결 방법을 하나씩 찾아본다. 문제해결의 실마리를 발견할 수 있고, 예상치 못한 해답을 만날 수 있다.

바야흐로 문제해결 방법이 점점 분석적인 방법에서 벗어나 창의력과 상상력 같은 발산형 사고를 요구하고 있다. 문제가 복잡하게 서로 얽혀있기 때문에 각개격파식이 아닌 새로운 차원의 접근이 필요하게 되었다. 상식의 틀을 벗어나서 다양한 생각을 결합하는 발상의 전환이 필요하다.

브레인스토밍Brainstorming을 통해 아이디어를 발굴해보자. 브레임스토밍이란 말 그대로 두뇌를 폭풍우처럼 돌리라는 뜻이다. 원래 의미는 정신병 환자의 두뇌 착란상태를 가리키는 것이지만, 개념이 변하여 한 가지의 문제를 놓고 다양한 아이디어를 내는 기법을 가리키게 되었다. 여러 사람이 모인 집단의 장점을 살려 아이디어의 연쇄반응을 촉발시키기 위해 사용한다. 브레인스토밍을 진행할 때는 타인의 아이디어에 대한 비판을 삼가해야 하며, 다른 사람의 아이디어에 무임승차하여 전혀 생각하지 못했던 좋은 대안을 만들어 낼 수 있도록 독려해야 한다. 브레인스토밍이 끝나면 아이디어에 대해 평가를 한다. 평가할 때 좋은 방법은 하나의 아이디어에서 잘못될 수 있는 세 가지 경우를 도출해보는 것이다. 적어도 세 가지는 발견해야 제대로 아이디어에 대해 검토했다고 말할 수 있다.

아이디어 검토 후 채택한 방안에 대해서는 구체적인 실천 계획(Action Plan)을 수립해야 한다. 세부적으로 진행해야 할 작업을 명시하고 일정, 역할, 비용 등을 수립한다. 문제해결 전 과정을 구성원들과 같이 공유하여 우리의 문제해결로 여기고 일사불란하게 움직여 효과를 내도록 한다.

모든 문제에는 반드시 해결의 길이 있다는 것을 믿자. "하늘은 스스로 돕는 자를 돕는다"라고 했다. 해결될 문제라면 걱정할 필요가 없고, 해결 안 될 문제라면 걱정해도 소용이 없다. 문제해결의 열쇠는 자기 안에 있다. 그 열쇠를 사용하여 문제를 풀어가는 힘 또한 자기 안에 있다. 해결책을 알지 못하는 것이 해결 불가능을 의미하는 것은 아니다.

나의 경험에 의하면 문제를 해결하는 행위 자체보다는 문제를 선명하게 정의하고 자료를 찾고 생각을 숙성시키는 과정이 훨씬 더 어렵다. 문제해결 과정을 통해 문제해결의 단초를 얻은 글은 그 자체로 좋다. 문제에 대한 해결책을 제대로 제시한 글만큼 좋은 글이 어디 있는가? 읽는 이를 만족시키고 감동을 줄 수도 있다.

분석에 그치지 않고
통찰로 나아가야 한다

글에서 전달하는 메시지가 공허한 이야기로 채워지는 경우를 가끔 보게 된다. 각종 데이터를 단순히 나열하고 현상만을 표면적으로 기술한 보고서는 무언가 비어있는 느낌이 든다. 글이 단지 현상만 열거하는 데 머무른다면 글을 읽는 사람에게 도움을 주거나 가치를 제공하기 어렵다. 설득하기도 쉽지 않다. 예를 들어 신사업 기획 프로젝트 진행 과정에 대한 분석은 잘해놓고 엉뚱한 방향이나 의미 없는 대안을 제시하는 보고서를 종종 보게 된다. 보고서나 기획서 등의 글을 쓸 때 자료를 조사하고 분석은 하는데, 보고서의 진정한 목적이라고 할 수 있는 '통찰'은 하지 않는 경우가 많다. 데이터를 의미 있게 해석해서 그 데이터를 기준으로 어떤 판단을 내릴 수 있도록 통찰력을 제공해야 진정한 보고서라 할 수 있다. 분석만 하지 말고 통찰하라.

미국 카네기멜론 대학교의 소프트웨어 공학 연구소에서 개발한 CMMI(Capability Maturity Model Integration) 모델은 조직의 프로세스 성숙도 평가 모델이다. 모델은 여러 개의 프로세스로 구성되어 있는데 그 중에서 PPQA(Process and Product Quality Assurance) 프로세스는 '프로세스와 제품에 대한 품질 보증 활동'으로 프로세스의 목적을 두 가지로 정의하고 있다.

❶ 프로세스와 작업 산출물을 객관적으로 평가한다(프로세스를 객관적으로 평가하고 작업 산출물 및 서비스를 객관적으로 평가한다).

❷ 객관적인 통찰력을 제공한다(부적합 이슈가 의사소통이 되고 해결을 보장한다).

제품이나 서비스에 대한 품질을 보증하는 활동의 생명은 객관성이다. 객관성이란 사실을 기반으로 보편적인 잣대와 기준으로 공정성을 보장하는 것이다. 이해 관계 부서에 편향되지 않는 객관적인 활동을 통해 결과적으로 직원들의 신뢰를 얻는 것이다.

품질 보증 활동을 수행하는 품질 담당자는 단순히 제품의 결함과 프로세스 불이행에 대한 시정조치를 부여하는 경찰관의 역할에서 벗어나야 한다. 많은 품질 보고서가 ❶의 수준에서 작성이 되고 ❷의 통찰력을 제공하지 않는다. 그래서 품질 담당자와 제품 개발자들은 사이가 좋지 않다. 지적질만 하는데 제품 개발자가 좋아할 리가 없다.

품질 담당자는 이해관계자들과 문제에 대해 의사소통을 하고 당면한 문제해결과 조직의 목표 달성을 위한 통찰력 있는 방안을 제시할 수 있어야 큰 도움을 줄 수 있으며 품질 활동의 가치를 높일 수 있다. 비단 품질 보고서뿐만 아니라 일에 관련된 모든 보고서에는 수행한 활동 내용뿐만 아니라 향후 문제해결 및 개선을 위한 방안이 제시되어야 가치가 있다.

"일정이 계획 대비 10% 지연되고 있습니다."

("그래서 어쩌라고?")

"본사의 인력 두 명을 한 달간 추가 투입하고 사용자 매뉴얼 작업 등을 병행하는 게 필요합니다."

분석에만 그치지 않고 통찰로 나아가야 이치에 맞는 보고서라 말할 수 있다.

4차 산업혁명이 진행되면서 빅데이터를 활용하여 고객의 요구사항을 실시간으로 파악할 수 있는 시대가 되었다. 중요한 것은 어떤 요구사항들이 있다는 걸 아는 게 아니라 그것을 해석할 수 있는 힘이다. 왜 고객들은 상품 디자인에 대한 요구사항을 많이 이야기할까? 그 이유를 해석할 수 있는 힘이 있어야 한다. 통찰력은 데이터를 분석한다고 저절로 생기는 게 아니다. 평소 미래 트렌드나 고객의 요구에 대해 생각해보지 않은 사람에게 빅데이터는 그저 데이터에 불과하다. 그 해석은 남이 해주는 게 아니라 내가 하는 것이다. 통찰력은 스스로의 생각에 따라 새로운 시각으로 관찰한 것을 종합적으로 파악하는 능력이다.

통찰력을 제공하는 글을 쓰기 위해서는 두 가지 질문을 해 본다. 먼저 "So what"을 물어보자. "그래서 그게 무슨 의미가 있지?" "결국 하고 싶은 말이 뭐야?" 자료의 단순한 나열이나 설명이 아니라 의미 있고 설득이 가능한 시사점을 도출해보자. 특정 문제에 대해서 조사한 자료들을 통해 전달하고자 하는 메시지를 만들어 보자.

두 번째로 "Really?"를 물어보자. "정말 그런가?" "그렇게 말할 수 있는 근거가 뭐지?" 내가 말한 메시지를 검증해보자. 논리의 비약이 없는지, 혹은 결론의 근거가 명확하고 충분한지를 검증해보자.

통찰력이 있는 글을 쓰기 위해서는 그 상황을 한번 더 깊게 들어가 보거나, 그 상황의 과거나 미래. 즉 추이를 들여다보거나 그 상황을 한발 뒤로 물러서서, 즉 그 상황의 배경은 무엇인지 객관적으로 생각해본다.

글을 잘 쓰는 사람과 못 쓰는 사람의 근본적인 차이는 '통찰력'의 유무다. 글에 통찰력이 담겨 있으면 문장의 톱니바퀴가 제대로 맞물려 돌아가고 있는 듯한 느낌이 든다. 통찰력은 비단 논설문이나 설명문에만 있어야 하는 것이 아니다. 그 글이 어떠한 종류든 통찰력이 담겨 있으면 사람들은 본능적으로 '잘 쓴 글'이라는 생각을 하게 된다. 잘 다듬어진 논리나 수려한 표현도 결국 통찰력이라는 말로 표현될 수 있다.

'좋다', '괜찮다', '명쾌하다', '행복하다'와 같은 표현은 누구나 쉽게 할 수 있다. 단순하고 명확하지 않은 표현에 머무르지 말고 글 안에 통찰력을 넣어보자.

지하철을 타고 이동하는 상황을 생각해보자. 어떤 사람들이 지하철을 타고 있는지만 보지 말고 그들은 어디로 향하고 있는지 생각해보자. 왜 이 시각에 유달리 연인들이 많이 타고 갈까 생각해보자. '시간'을 들여 '혼자'서 충분한 '관심'과 '인내'를 가지고 관찰을 하게 되면 자신이 세상을 어떻게 보는지를 이해하게 된다. 그런 생각들이 글에 통찰력을 불어넣는 첫걸음이 될 것이다.

.

보고서를 작성하고 통찰력을 주지 못한다면 보고서의 가치가 떨어진다. 예를 들어 앱(Application)을 개발할 안드로이드 Android 기반 기술 검증이 미흡하다고 파악했을 경우, 미흡한 점이 어떤 결과를 야기할 것인지, 해결 방안은 무엇이 있는지 생각해보고 정리해서 보고서에 담아야 한다. 결국 글쓰기는 목적에 부합하는 글쓰기가 되어야 한다.

논리보다 이야기가
설득에 효과적이다

월화수목금금금, 주말도 없이 바쁘게 돌아가는 프로젝트에서 고생하는 그를 종로에서 오랜만에 만났다. 소주 한잔을 하고 볼그족족한 얼굴로 노래방에 갔다. 그는 취중에 유재하의 '가리워진 길' 노래를 흥얼거리며 불렀다. "그대여, 힘이 되주오, 나에게 주어진 길 찾을 수 있도록. 그대여 길을 터주오. 가리워진 길." 유재하의 '가리워진 길' 대목에서 나도 모르게 울컥했다. 제 갈 길을 모르는 눈물이 하염없이 쏟아졌다. 그 노래는 그 누구도 아닌 나에게 목놓아 부르는 노래로 들렸다. 노래방을 나와 인사동 전통찻집에서 대추차를 시켰다.

"선배님, 여기 '해야만 하는 일을 하는 인생'과 '하고 싶은 일을 하는 인생'이 있습니다. 선배님은 책임과 자유 중에서 어떤 것이 더 중요하다고 생각하십니까?"

"그걸 꼭 양자택일해야 하나? 둘 다 중요하고 어떤 것 하나를 희생하는 방식이 문제가 아닐까? 직장에 다니면 하고 싶은 일을 할 수 없다는 고정관념을 버릴 필요가 있지 않을까? '해야 할 일을 먼저 끝내고 나중에 경제적, 심리적으로 여유가 생기면 그때 하고 싶은 일을 해야지'라고 생각을 하는데 그렇다면 해야 할 일은 언제 끝나냐?"

"선배님의 말은 비현실적이고 한가한 말로 들려요."

자, 이제 당신이 이 질문에 답해보자. 눈을 감고 생각해보자. 어떻게 답할 것인가? 어떤 순서로 말할 것인가? 대부분의 직장인은 이렇게 말할 것이다.

"책임과 자유요? 당연히 책임이 훨씬 중요한 거 아닙니까? (의견)

왜냐하면 제가 책임을 다하지 않으면 가족들을 먹여 살리기 힘들어요. (이유)

실제로 저는 휴직을 하려다 아내와 사이가 안 좋아졌어요. (사례)"

이런 답변은 사람이 생각하는 프로세스를 그대로 반영한다. 우리 뇌가 무의식적으로 이런 순서로 반응하는 것이다.

- 어떻게 생각하는가?(메시지)
- 왜 그렇게 생각하는가?(이유)
- 구체적인 증거는?(사례)

이와 동일한 생각의 과정은 자연스럽게 말하기와 글쓰기에도 적용된다. 주제를 말하고 증거와 사례를 들어 설명한다. 이런 구조의 말과 글을 듣고 보는 독자는 어떤 생각을 하게 될까? 대다수 직장인의 의견(당연히 책임이 훨씬 중요한 거 아닙니까?)에 반대하는 사람은 이렇게 생각할 것이다.

'책임을 강조하는 것은 배가 고프면 진정한 맛을 느낄 수 없다면서 맛있는 음식을 미뤄두고 맛없는 음식을 먼저 먹다가 배를 가득 채우는 것과 같다. 산해진미라 해도 배가 부르다면 즐거움이 아니라 고역이다. 도대체 해야만 하는 일은 언제까지 해야 하는 것인가? 꼭 그 일을 끝낸 후에 하고 싶은 일을 해야 하는가? 그냥 정말로 하고 싶고 보람 있는 일을 찾아 살면 안 되는 걸까?'

상대방의 의견에 반대하는 사람은 이야기를 제대로 들으려 하지 않는다. 이렇게 메시지를 먼저 전달하는 방식은 상대방의 가치판단을 불러일으키기 때문에 주장에 동의하지 않으면 설득하기 어렵다.

결론을 먼저 말하는 두괄식 구성은 명쾌하고 군더더기가 없다는 장점이 있다. 주제가 명확히 드러나야 하는 보고서나 오해의 소지를 줄여야 하는 매뉴얼 또는 이론서를 쓸 때는 두괄식 구성이 좋다. 하지만 어떤 사실을 쉽게 전달하는 대중적 글쓰기에서 의견(주장)을 먼저 제시하는 방식은 듣는 이로 하여금 편견을 갖게 하고 몰입도를 떨어뜨리는 약점이 있을 수 있다. 보고서나 논문이 재미없는 이유다. 사람은 호기심의 동물이다. 궁금증이 생기지 않는 단조로운 글에는 쉽게 반응하지 않는다. 글이 끝까지 긴장감을 유지해야 하는 까닭이 여기에 있다.

어렵고 복잡한 내용을 쉽게 전달하는 효과적인 방법 중 하나는 이야기로 풀어주는 것이다. 이야기는 사람을 빠져들게 하고 계속 읽게 하는 힘이 있다. 그래서 어떤 사실이나 통계수치보다 기억에 오래 남는다. 이야기를 들으면 자연스럽게 머릿속에 그림이 그려진다. 이야기가 인간이 기억을 하는 방식과 가까운 구조로 되어 있기 때문이다. 좋은 이야기는 사람들의 관심을 유발하고 가슴을 파고들어 꽂힌다.

미래학자 다니엘 핑크Daniel Pink는 〈새로운 미래가 온다〉에서 21세기는 분석적이고 논리적이고 단계적 사고를 지배하는 좌뇌의 시대가 아니라, 종합적이고 감성적이고 직관적인 사고를 중시하는 우뇌의 시대라고 말한다. 더불어 우뇌의 시대에는 스토리가 점점 중요해진다고 강조한다. 인지심리학자 로저 생크Roger Schank도 "인간은 논리를 이해하는 데 적합하지 않다. 인간은 선천적으로 스토리를 이해하도록 만들어졌다"[2]라고 역설한다. 우리 뇌의 구조를 보면 사고와 논리는 대뇌피질이 담당하고, 감정은 대뇌연변계가 담당하는데 설득 측면에서 보면 논리가 감정보다 효과가 떨어진다. 내가 논리적으로 주장을 하면 듣는 사람은 저 주장이 맞는지 먼저 따지게 된다. 반면에 어떤 재미있고 감동적인 사례를 먼저 이야기하면 듣는 사람은 따지기 이전에 이야기를 자연스럽게 받아들인다. 감정은 이야기이며 사례와 밀접한 관련이 있다. 이야기를 먼저 한 후에 주장을 하면 설득력이 높아진다. 논리보다 이야기가 설득의 도구로 더 효과적이다.

이야기를 실감 나게 묘사하면서 시작하는 방식은 광고에서 자주 쓴다. 광고 한 편을 살펴보자.

---

2 다니엘 핑크, 〈새로운 미래가 온다〉, 한국경제신문사, 2012년

[사례]

"에취~ 으앙. 엄마~."

(아이가 콧물을 흘리며 계속 재채기를 한다. 급기야 계속 울기 시작한다. 주방에서 서둘러 달려온 엄마가 아이를 달랜다.)

"사내자식이 무슨. 괜찮아, 괜찮아."

[행동]

(이때 현관문을 열고 들어오는 아빠)

"애는, 빨리 ××××× 약을 먹여줘."

[이익]

"어서 약 먹어라. 안 그러면 너 기운이 없어서 놀러 가지 못한다."

약을 먹는 즉시 활력을 되찾는 복합 감기약, ×××××

실제로 많은 광고가 이와 같이 사례를 먼저 제시하는 방식을 채택한다. 광고가 이런 방식을 쓰는 것은 그만큼 효과가 있다는 것이다. 그만큼 독자를 설득하기 쉽다는 것이다. 내용이 다소 억

지스러워 보일 수도 있지만, 시청자의 머릿속에는 "감기에 걸렸을 때 ×××× 약을 먹으면 활력을 금방 되찾는다"라는 메시지가 뚜렷하게 새겨진다.

데일 카네기Dale Breckenridge Carnegie는 이러한 전개 방식을 '마술의 공식(Magic Formula)'이라 불렀다. 사람들의 마음을 마술처럼 열어준다고 해서 붙여진 이름이다. 정리하면 마술의 공식은 '사건(Example) - 행동(Outline) - 이익(Benefit)'의 순으로 진행하는 EOB 커뮤니케이션 기법이다. 사례로 시작하여 핵심(행동)을 간략하게 정리한 후, 이 이야기가 주는 이익이 무엇인지를 제시하며 마무리하는 구조다.

사건(예화)

주제에 맞는 예화 또는 실제 일어난 사건을 어떻게 찾을 것인가? 많은 사람이 적당한 사례를 찾기가 어렵다고 이야기한다. 이러한 어려움은 거창한 뭔가를 찾아야 한다고 생각하기 때문이다. 하지만 생각이 거창할수록 두려움이 커진다. 그럴 때는 작은 것부터 시작해보자.

내 이야기(My Story)는 언제나 훌륭한 글쓰기 소재다. 유명한 사람들과 비교하여 경험이 일천하거나 독특한 경험을 안 해봤다고 주눅 들어서는 안 된다. '그들도 훌륭하고 나도 훌륭하다'라고 생각해야 한다. 속단하지 말고 자기 이야기부터 살펴보자.

뛰어난 작가들은 일상과 수시로 사랑에 빠진다. 자신에게서 빠져나와 누군가의 마음속으로 들어간다. 이런 마음가짐으로 일상을 바라보면 삶의 매 순간이 귀한 소재가 된다. 지금 눈앞에 있는 것부터 자세히 바라보자.

행동(핵심 메시지)

이야기를 읽어가다 보면 허기를 느끼는 시점이 온다. '그래서 어떡하라고?' 이럴 때 자신이 전달하고자 하는 메시지를 던져야 한다. 시장이 반찬이라는 말이 있듯이, 허기질 때 먹는 밥이 가장 맛있는 법이다. 중요한 건 타이밍이다. 이때 핵심 메시지를 남발하지 않도록 주의하자. 커뮤니케이션을 잘하지 못하는 이유 중의 하나는 한 번에 너무 많은 메시지를 전하려 하기 때문이다. 핵심 메시지는 한두 가지면 족하다.

이익(영향)

"젓가락질 좀 똑바로 해." → "내가 왜?"
"운동 좀 해." → "도대체 왜? 너나 잘하세요."

메시지에 대한 반응인 '왜?'는 누구에게나 자연스러운 것이다. 사람은 결코 명령에 의해 움직이지 않는다. 자신의 욕구와 판단으로 움직일 뿐이다. 그러므로 글을 쓸 때는 독자의 행동을 유발할 수 있는 구체적인 이익을 제시해야 한다. 행동을 취함으로써 독자가 얻게 될 이익을 짧고 구체적으로 언급한다. 이때 "그렇게 하면 삶이 윤택해질 것이다"보다는 "그러면 1년 안에 1억을 모을 수 있다"라고 구체적으로 말하면 더 강력해진다.

참고로 각 부분에 대한 구성 비율은 사례 80%, 핵심 메시지 10%, 이익 10%가 적당하다. EOB 공식을 활용하여 일상에서 생생한 사건을 찾아 묘사하고 행동과 이익을 짧게 언급하며 글을 마무리해보자. 그러면 귀를 쫑긋 세우고서 "아!" 하고 감탄사를 연발하는 독자를 만나게 될 것이다. 김상욱 교수는 〈떨림과 울림〉에서 학습에 대해 이렇게 설명한다.

"당신이 이웃한 두 사람과 나란히 손을 잡고 있다고 생각해보자. 왼쪽 사람이 손을 꼭 쥐면 당신에게 신호가 온 것이다. 당신이 신호를 전달하고 싶다면 오른쪽 손을 꼭 쥐면 된다. 사람이 뉴런이고 맞잡은 손이 시냅스다. 실제 뉴런은 손이 수천 개 달린 괴물이라는 점이 다르다. 시냅스의 특징은 그 세기가 변할 수 있다는 거다. 당신 손아귀의 힘이 세다면 약하게 손을 쥐어도 옆 사람에게 신호가 쉽게 전달될 것이다. 손에 힘이 하나도 없다면 쥐어도 옆 사람이 모를 거다. 학습을 한다는 것, 기억한다는 것은 바로 시냅스의 세기를 변화시키는 것이다."

손을 잡는 예시를 통해 시냅스의 작용인 학습을 쉽게 설명한다. 물론 이야기를 먼저 제시하는 방식이 모든 커뮤니케이션에서 통하는 건 아니다. 이 방식 또한 하나의 유용한 도구일뿐 보편타당한 법칙이 아니다. 하지만 사람의 마음을 움직이려면 이야기를 통한 감성적인 접근이 더해져야 한다. 매운탕에 재료만 넣고 끓인다고 맛이 우러나지는 않는다. 감칠맛을 내야 한다. 글도 감성 터치를 통해 맛을 내야 고객을 잡아끄는 매력적인 음식이 된다.

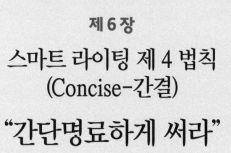

제 6 장

스마트 라이팅 제 4 법칙
(Concise-간결)

"간단명료하게 써라"

사형수가 사형대에 서자 목사님의 기도가 시작되었다. 목사님의 절절한 기도에 사형수의 가슴 속이 일렁였다. 그런데 목사님의 기도가 30분이 넘어갔다. 목사님의 기도는 했던 말을 서너 차례 반복하고 있었다. 다섯 번째 기도가 반복되자 사형수가 말했다.

"저 그냥 사형 받을래요."

소통하려면
읽기 쉬운 글을 써야 한다

"읽기 쉬운 글이 쓰기 어렵다"라고 헤밍웨이는 말했다. 헤밍웨이 말을 다른 각도에서 생각해보면 읽기 어려운 글이 오히려 쓰기가 쉬울 수 있다는 말이 된다. 자신의 생각을 분명하게 정리하지 못하고 쉽게 표현하지 못했다면 그럴 수 있다. 요지는 읽기 쉬운 글을 쓰려면 각고의 노력이 든다는 말이다. 복잡하고 어려운 내용을 쉬운 글로 표현하려면 내공이 필요하다. 쉽게 쓰려면 그 분야를 완벽하게 이해해야 한다. 따라서 가독성이 뛰어난 글은 노력을 기울였다는 말이며 좋은 글이라고 말할 수 있다. 어떤 이유에서든 읽기 힘들다면 좋은 글이 아니다. 읽기 힘든 글은 상대방을 고려하지 않는 글이다. 메시지를 잘 전달하지 못한다. 글은 무조건 읽기 쉽게 써야 한다.

읽기 쉬운 글이란 어떤 글일까? 읽는 사람이 이해하기 쉬운 글이다. 읽는 이가 글쓴이의 의도를 쉽게 이해할 수 있는 글을 말한다. 그러려면 쓰는 이가 무슨 말을 하려는지 명료하게 해야 한다. 명료하게 쓰려면 다음 세 가지를 기억해야 한다.

첫째, 글 전체로 보면 제목이나 글의 시작 또는 마지막 문단에 글의 핵심을 담아서 전달해야 한다.

둘째, 문장 단위로 보면 정확한 문장을 쓰는 게 좋다. 방법은 짧게 쓰는 것이다. 문장을 쪼갤 수 있는 데까지 쪼개 쓴다.

셋째, 단어 단위로 보면 전문용어를 남발하거나 모호한 단어를 쓰지 않는다.

어떤 사람들은 전문용어나 미사여구를 사용해서 글을 쓰는 게 잘 쓴 글이고 자신의 유식함을 드러내는 증거이며 쉽게 쓰면 글의 품격이나 수준이 떨어진다고 생각하는데 이는 착각이다. 전문용어와 미사여구를 불필요하게 넣을수록 가독성은 점점 더 떨어진다. 글이 어려우면 어려울수록 읽는 사람들이 줄어들고 짜증만 유발한다. 〈홍길동전〉의 저자 허균은 "어렵고 교묘한 말로 글을 꾸미는 건 문장의 재앙"이라고 말했다.

누구나 글을 잘 쓰고 싶어 한다. 그런 마음이 드는 것은 당연하다. 자신의 전문성을 뽐내고 싶고 문장을 유려하게 쓰고 싶다. 문제는 잘 쓰려는 욕심이 오히려 글을 못 쓰게 만들 수 있다는 점이다. 어깨에 힘이 들어가고 부담으로 이어진다. 어떤 운동이든 몸에 힘이 들어가면 제대로 효과를 볼 수 없는 것과 같은 이치다. 결국 글쓰기를 뒤로 미루다 포기하게 된다.

일을 능숙하게 처리하는 사람은 어려운 일을 만나도 쉽게 하지만 서툰 사람은 쉬운 일도 어렵게 한다. 글쓰기도 마찬가지다. 어떤 일이든 욕심은 일을 그르치게 한다. 이오덕 선생이 "똥 누듯이 쓰라"고 한 것처럼 자연스럽게 힘을 빼고 써라.

쉬운 글은 친근하고 글을 쓴 저자와 읽는 독자가 연결되어 공명한다. 글은 독자가 얼마나 공명하는지에 따라 가치가 결정된다. 공명이라는 글자에는 종소리가 "댕~" 하고 울리면서 멀리서 듣는 사람에게 울려 퍼지는 느낌이 든다. 독자와 공명하는 글은 에너지를 불어 넣고 공명하지 못하는 글은 독자를 지치게 한다. 독자와 공명하는 글은 감동을 주기 때문에 사람의 마음을 파고들어 움직인다. 공명하려면 읽기 쉬운 글을 써야 한다. 가독성이 좋은 글의 특징은 다음과 같다.

- 전문용어, 외래어, 비속어, 그들만의 언어(은어)의 사용을 자제한다.
- 한 문장, 한 문단 안에 두서없이 많은 내용을 넣지 않는다.
- 글을 기승전결에 맞게 논리적으로 전개한다.
- 구체적으로 쓴다. 모호하지 않게 감각적으로 묘사한다.
- 자신의 생각이나 감정을 강조하거나 호소하기 위해 불필요한 미사여구를 많이 사용하지 않는다.

나는 어려운 글은 내용이 어렵다기보다는 소통 방식에 더 문제가 있는 글이라고 생각한다. 그런 면에서 어려운 글은 없다. 자기가 무슨 말을 하는지 모르는 글, 전문용어나 미사여구의 남발로 누구나 아는 이야기를 아무도 모르게 쓴 글, 즉 잘 쓰지 못한 글에 가깝다. 누구나 진정으로 소통하려고 하면 쉽게 쓰려고 해야 한다. 어렵게 쓴다는 것은 본인이 잘 모르거나 아니면 내가 잘났다는 것을 과시하거나 둘 중의 하나일 확률이 높다.

읽기 쉬운 글은 글을 쓰는 사람보다 읽는 사람이 중심이어야 한다. 읽기 쉬운 글은 상대방의 이해를 최대한 끌어올리기 위해 배려한 글이다. "이 정도는 알고 있겠지"라는 생각으로 글을 쓰는 것은 읽는 이를 배려하지 않는 글이다. 글을 읽는 사람에 대한 애정을 가지고 좀 더 손이 가더라도 읽는 이의 이해를 높이기 위해 배려하는 글쓰기 습관을 들여야 한다. 내 글을 읽는 사람이 먼저다!

생생하게 구체적으로 써야
공감한다

"사랑을 표현하려면 사랑한다는 말을 쓰지 마라. 사랑을 보여
줘라." 연애의 고수가 한 말이다. 사랑한다는 말을 계속하면 식
상하다. 진심이 의심스러울 수도 있다. 글을 쓸 때도 마찬가지다.
설명하지 말고 보여준다는 마음으로 구체적으로 생생하게 쓰는
게 좋다. 구체적으로 써야 독자들에게 인상을 남길 수 있으며 독
자들이 관심을 갖게 된다.

일하는 현장에서 사실을 확인하지 않고 두루뭉술하게 보고서
를 쓰는 경우가 많다. 프로젝트 진행 상황에 대한 보고서를 쓰기
위해 프로젝트 관리자와 면담을 하면서 질문을 한 적이 있었다.

"지금 프로젝트 진척율이 어느 정도인가요?"

프로젝트 관리자는 구체적으로 답변하지 않고 짧게 대답한다.

"잘 되고 있습니다."

잘 되고 있다는 구체적인 근거는 제시하지 않았다. 프로젝트 관리자는 잘 모르고 있었다. 재차 묻자 대략 70% 정도 진행된 것 같다고 한다. 이 역시 근거가 없다. 사실을 확인하지 않기 때문에 정확하지 않다. 진척율을 관리하기 위해서는 합리적인 진척 기준이 있어야 하고 또 어느 정도 진행되었는지 결과물을 직접 눈으로 확인해야 한다. 그렇게 확인한 후 사실 기반으로 보고서를 작성해야 하는데 그렇지 않은 보고서가 많다. 구체적으로 쓰라는 말은 가급적 수치를 파악해서 쓰라는 말이다. 측정할 수 있어야 관리할 수 있기 때문이다.

하는 수없이 그동안 작성한 보고서를 샅샅이 살펴보았지만 진척율을 구체적인 수치로 관리하지 않았을뿐더러 진척을 어떻게 관리해야 하는지에 대한 기준이나 방법이 없었다. 제대로 끝나지 않는 문제 프로젝트는 근거 없는 낙관주의가 프로젝트 수행하는 내내 팽배하다. 구체적이라는 말에는 다음 네 가지 요소가 들어 있다.

1. 육하원칙의 요소를 고려하여 문장을 작성한다.
2. 숫자로 표현한다. '대다수의 사람'보다는 '백 명'으로 쓴다.
3. 고유 명사를 쓴다. '사람들은'보다는 '홍길동은'이라고 쓴다.
4. 묘사 방식으로 표현한다. 작성할 내용을 그림을 그리듯이 상세하게 적는다.

독자들은 추상적이며 뜬구름 잡는 이야기에는 관심이 없다. 구체적인 상황이 머릿속에 그려지고, 손에 잡히고, 정확한 데이터가 있어야 글의 진정성을 믿는다. 글의 결론을 입증하는 구체적인 근거를 제시해야 하고 문장도 구체적으로 써야 귀 기울인다.

건설 회사에서 신축 아파트를 구축하는 프로젝트에서 요구사항에 대한 감리를 수행한 후 감리 보고서에 적힌 구절이다.

"요구사항 추적성을 확보하는 것이 필요하며, 이를 위해서 상위 수준의 명확한 분석이 필요함."

상위 수준의 명확한 분석이 구체적으로 무엇을 말하는지 짐작하기도 어렵다. 이 보고서를 읽은 프로젝트 이해관계자들은 이 내용을 무시할 수밖에 없다.

다음은 추상적으로 모호하게 작성한 문장과 이것을 구체적으로 수정한 문장의 예시다.

📑 **예시(잘못된 문장 ①)**

> 회의록에 나타나고 있는 다양한 이슈들에 대한 이슈 관리
> 가 부족한 것으로 나타났다.

➡ 어떤 다양한 이슈가 있는지, 무엇이 부족한 것인지에 대한 구
체적인 설명이 필요하다.

📑 **예시(잘못된 문장 ②)**

> 사업은 얼마 남지 않았으나 위험과 이슈에 대한 관리는 계
> 속되어야 한다.

➡ 하나마나한 이야기다. 그래서 어쩌라고?

📑 **예시(바람직한 문장 ①)**

> 주관기관과 개발자 간의 주간회의에서 제기된 총 20개의
> 쟁점사항 중 단지 5개의 쟁점사항만이 쟁점사항 목록으로
> 관리되고 있다.

➡ 20개의 쟁점사항 중에서 5개만 관리한다고 구체적으로 기술
했다.

📋 예시(바람직한 문장 ②)

> 이중 1개만이 해결되는 등 전반적으로 프로젝트 관리자의
> 쟁점사항 관리가 부족한 것으로 판단된다.

➡ **1개만 해결되었다고 구체적으로 기술했다.**

잘못된 사례는 문장의 표현이 너무 간단하고 추상적이다. 이해관계자가 그 내용을 파악하기 어렵다. 따라서 위의 바람직한 문장과 같이 객관적인 사실을 바탕으로 구체적으로 기술해야 한다. T. S. 엘리엇Thomas Stearns Eliot은 "글쓰기는 모호함에 대한 공격이다"라고 말했다. 글은 머릿속의 모호한 생각을 논리적으로 정리하고 구체적으로 표현하는 것이다.

시각화로
직관적 이해를 높인다

    문서를 작성할 때 글의 성격과 소재, 그리고 필요에 따라 사진이나 이미지, 도표, 패턴을 활용하여 가급적 시각적으로 표시하는 게 좋다. 시각화(Visualization)는 척 보면 단박에 알 수 있는 직관적인 이해를 높일 수 있기 때문이다. 예를 들어 문제를 진단하고 해결책을 제시하는 문제 보고서의 경우에는 문제에 대한 추이 등을 그래프로 표시하면 문제에 대해 금방 파악할 수 있다. 시각화가 가능한 내용과 관련된 그래프, 도표 유형을 미리 정의해놓거나 글을 쓰고 나서 시각화로 표현하면 좋을 항목이나 데이터를 선별하고 시각화를 반영한다.

요즘 유행하는 인포그래픽Infographics은 인포메이션 그래픽 Information Graphics의 줄임말로, 정보를 시각적으로 표현하여 전달하고자 하는 내용과 의미를 빠르고 쉽게 이해시키기 위해 사용한다. 그래픽을 기반으로 정보를 더욱 쉽고 빠르게 전달하는 방식으로 쉽게 흥미를 유발할 수 있고, 정보 습득 시간을 절감하며 기억 지속 시간을 연장시킬 수 있다. 페이스북이나 유튜브 등 소셜 네트워크 서비스를 통해 빠르게 확산시킬 수도 있다.

주지하다시피 시각화의 목적은 직관적 이해다. 표현하고자 하는 내용을 한눈에 파악할 수 있도록 제시해야 한다. 특히 도표와 그래프는 핵심 내용을 가장 효과적으로 빠르게 전달하는 수단이다. 공간적으로 똑같은 양의 텍스트로 가득한 문서보다 더 많은 정보를 효율적으로 제공한다. 하지만 시각화의 남용은 내용을 더욱 난해하게 할 수 있으므로 주의해야 한다. 효과적인 시각화를 위해서는 다음 요소를 고려해야 한다.

첫째, 도표와 그래프에 제목을 붙인다. 한글 워드 프로그램의 캡션 기능을 활용하여 제목을 넣는다. 제목은 '결함 발생 추이'처럼 명사형을 사용한다. 제목이 없으면 내용을 파악하는 시간이 필요하다. 독자를 피곤하게 한다.

둘째, 내용에 알맞은 그래프 형식을 사용한다. 멋있어 보이는 그래프를 사용하는 것보다 내용을 잘 반영해주는 그래프를 사용한다. [그림 6-1]처럼 추이를 표현할 때는 꺾은선 그래프가 좋고 구성비를 표현할 때는 파이 그래프가 좋다.

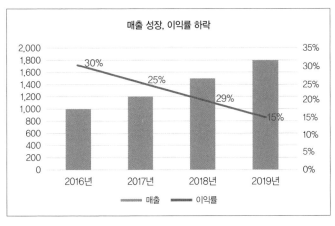

▲ 그림 6-1 그래프 예시

위 그래프에서 핵심 메시지인 이익율 하락에 초점을 맞추어 작성 메시지를 명확하게 전달하기 위해 메시지와 관련된 이익률 정보만 파란색으로 표시하였다.

셋째, 적정 단위(척도)를 일관성 있게 사용한다. 예를 들어 돈이라면 단위를 천 원인지, 원인지 통일시켜 사용해야 한다.

넷째, 디자인(형태. 색상)은 단순화하고 내용에 충실하게 표현한다. 전반적인 디자인 톤을 통일시켜 편안하고 일관성있는 느낌을 줄 수 있도록 한다.

다섯째, 표의 길이가 긴 경우 보기 쉽게 열/행의 색을 다르게 사용한다. 표의 타이틀 줄, 홀수 줄과 짝수 줄의 색깔을 다르게 사용하여 지루함을 느끼지 않고 선명하게 볼 수 있도록 구성한다.

여섯째, 그림이나 표 등을 혼용할 경우에는 배치와 크기 등의 일관성을 유지한다.

일곱째, 하나의 도표와 그래프를 두 페이지에 나누어 기재하지 않는다. 독자를 번거롭게 한다.

여덟째, 설명이 부족한 도표와 그래프는 해설을 첨부한다.

아홉째, 최종적으로 보고서를 제출하기 전에 시각화 자료는 별도로 검토하여 오류를 확인한다.

읽는 것은 10%를 기억하지만, 보는 것은 30%를 기억하기 때문에 시각화는 문서를 효과적으로 표현할 수 있다. 그림 한 장이 천 개의 단어보다 낫다. 문서는 어쩌면 읽는 것이 아니라 보는 것인지 모른다. 문서는 한눈에 꼭 필요하고 중요한 것만 보여야 한다.

우리말 사용이
원칙이다

우리는 일상에서 말을 할 때 외국어를 자연스럽게 쓴다.

"프로젝트 일정이 지연되었으니 빨리 캐치 업(Catch Up) 할 수 있도록 방안을 마련하세요."

"그래서, 어쩌라고? 보고서에 인사이트(Insight)가 없잖아."

"이번에 개발하는 스마트 협업 솔루션은 지금 시작하지 않으면 다른 업체로부터 많은 챌린지(Challenge)를 받습니다."

그런데 말이 아니라 글로 읽는다면 거슬린다. 무슨 말인지 이해는 되지만 '멀쩡한 우리말을 놔두고 왜 저렇게 쓰지?'라고 불편해할 수 있다.

우리말로 쓸 수 있다면 굳이 외국어로 쓰지 말자. 글쓰기는 우리말 사용을 원칙으로 한다. 아무리 열심히 공부하더라도 익숙한 모국어만큼 잘 사용하기는 어렵다.

문장은 한글로 작성한다. 문장에 불필요한 외국어를 섞어 쓰면 가독성이 떨어진다. 다만 영어나 한문 등을 쓰지 않으면 그 뜻을 이해하기가 혼란스러운 경우에는 괄호 안에 같이 사용한다.

📑 예시 1

> 통합 시험과 시스템 테스트를 통해서 구현된 시스템이 통합적인 관점에서~

➡ **통합 시험(Integration Test)과 시스템 시험(System Test)을 통해서 구현된 시스템이 통합적인 관점에서~**

보통 공공기관에서는 시험이라는 말을 쓰기도 하는데 시험과 테스트를 혼용해서 쓰지 말고 용어를 통일시킨다.

일상생활에서 잘 쓰이지 않는 어려운 한자말은 쉬운 말로 순화해서 사용하고, 외래어는 쓰지 않도록 한다. 다만, 학술용어, 전문용어 등 바꾸어 쓸 적절한 우리말 용어가 없는 것은 그대로 사용한다. 그러나 외래어를 그대로 쓰지 않는다.

예시 2

> 모바일 Application을 Web으로 전환할 경우 기술적으
> 로 구현이 불가능한 ~

➡ **모바일 애플리케이션(Application)을 웹(Web)으로 전환할
경우 기술적으로 구현이 불가능한 ~**

예시 3

> 1월 말 통합테스트 목표로 일정을 Catch-Up을 하고 있다.

➡ **1월 말 통합테스트 목표로 일정을 만회하려고 노력하고 있다.**

보고서를 작성할 때 외국 문서를 그대로 번역해서 작성하는 경우가 있는데 그래서 보고서에 특유의 번역투가 자주 보인다. 외국어 번역투의 표현은 우리말답게 바꾸어 사용한다. 번역투가 좋지 않은 이유는 우리가 쓰는 말과 달라 가독성이 떨어지고, 우리 고유 문체를 파괴하기 때문이다. 이오덕 선생은 번역투의 글을 '병든 글'이라고 했으며, 국어학자 이수열 선생은 '때 묻는 글'이라고 했고, 소설가 최인호 선생은 '비틀린 문투'라고 했다.

📑 예시 4

> 이는 제품 개발자와 관리자의 무관심으로부터 기인한다.

➡ 이는 제품 개발자와 관리자의 무관심이 원인이다.

글쓰기에서는 우리말이 외국어보다 잘 읽힌다.

단어를 적재적소에 써야
생명력이 있다

〈목걸이〉라는 단편으로 세계적인 작가의 반열에 올라선 모파상Guy de Maupassant은 청년 시절에 당시 프랑스 문단의 거장 플로베르Gustave Flaubert를 찾아갔다. 그의 제자가 되기 위해서였다. 플로베르는 소설을 배우러 온 청년 모파상에게 물었다.

"어느 층계로 올라왔는가?"

"나무 층계로 올라왔습니다."

"그래? 층계가 몇 개였지?"

"잘 모르겠는데요."

"그래? 그렇다면 자네는 소설가가 될 수 없을 걸세."

모파상은 다시 나가 나무 계단을 세어보고 플로베르에게 와서 서른 여섯 개라고 말했다. 그러나 플로베르는 계속 질문했다.

"그 계단을 올라올 때 일곱 번째 계단에서 무엇을 발견했지?"

모파상은 다시 돌아갔다. 일곱 번째 계단에는 못이 빠져 있었다. 모파상이 플로베르에게 그 이야기를 했을 때 플로베르의 질문은 또 이어졌다.

"그럼 그 일곱 번째 계단에서는 어떤 소리가 나던가?"

모파상은 그 계단에서 들리는 소리를 스승에게 이야기하기 위하여 수십 번을 밟아보았다고 한다.

플로베르는 왜 모파상을 이렇게 훈련시켰을까? 그는 제자들에게 "세상에서 똑같은 파리는 없고, 똑같은 나뭇잎도 없고, 똑같은 모래알도 없다. 글을 쓸 때는 그 현상에 딱 맞는 말을 골라야 한다"라고 가르쳤다. 하나의 사물과 개념의 이름에는 오직 하나의 명사, 움직임에는 하나의 동사, 그것을 꾸미는 데에는 오직 하나의 형용사가 있을 뿐이므로, 작가는 바로 이 하나밖에 없는 말을 찾아 써야 한다는 것이 플로베르의 지론이었다. 그의 대표작 〈보봐리 부인〉은 그의 소신에 입각해 쓴 리얼리즘 소설이다. 당나라 시인 가도가 "달 아래 문을 민다는 뜻의 '퇴(推)'를 쓸까, 두드린다는 '고(敲)'를 쓸까 고민한 이유가 여기에 있다. 헤밍웨이는 사람들이 왜 그렇게 글을 고치느냐고 묻는 말에 "더 맞는 단어를 찾느라고 그런다"라고 답했는데 그도 역시 정확한 단어 사용을 강조했다.

김훈의 소설 〈칼의 노래〉의 첫 문장은 "버려진 섬마다 꽃이 피었다"로 시작한다. 그는 첫 문장을 처음에 "꽃은 피었다"라고 썼다가 며칠 뒤 담배를 한 갑을 피면서 "꽃이 피었다"라고 고쳤다고 인터뷰에서 이야기했다. 꽃을 뒷받침하는 조사(주격 조사)를 쓰는 데 며칠이 걸렸다는 것이다. "꽃은 피었다"와 "꽃이 피었다"는 하늘과 땅만큼 차이가 난다고 했다. "꽃은 피었다"는 꽃이 피었다는 객관적 사실에 관찰자의 주관적 정서를 진술한 언어이며 "꽃이 피었다"는 물리적 사실을 객관적으로 진술한 언어다. 작가가 이 둘을 구별하지 못하면 문장과 서술은 몽매해진다고 한다. 드디어 '이'라는 조사를 통해 김훈이 동경하던 객관과 사실의 세계가 문장으로 실현된 것이다. 왜 이 첫 문장이 묵직한 울림을 주는지 비로소 알게 되었다.

글쓰기는 무언가 말하고 싶은 것을 문자로 표현하는 행위다. 글의 기본은 문장이며 문장은 단어로 이루어져 있다. 글을 잘 쓰는 사람과 못 쓰는 사람을 가르는 첫 번째 기준은 어휘력이다. 우리는 외국어를 배울 때 단어를 가장 먼저 습득한다. 우리말도 마찬가지다. 단어를 평소에 많이 채집해두면 분명 글을 쓰는 데 도움이 된다. 단어가 빠르게 생각나면 글을 신속하게 쓸 수 있고,

정확한 단어를 떠올리면 명료하게 글을 쓸 수 있고, 다양한 단어를 떠올리면 유려한 글을 쓸 수 있다.

평소에 자신이 좋아하는 책, 모범적인 보고서, 우리말의 보고라 할 수 있는 박경리의 〈토지〉 같은 책들을 살펴보고 내 맘에 드는 단어를 채집해보자. 명사, 동사, 형용사, 부사 등 품사에 관계없이 마음에 드는 단어를 수집해서 엑셀 프로그램으로 단어를 '가나다' 순으로 정렬한 후 스마트폰 등에 저장하고 수시로 단어를 들여다보자. 글을 쓸 때 저장한 단어들이 마치 팝콘이 튀어나오듯 쏟아지는 쾌감을 경험할 수 있을 것이다.

우리말은 어휘량이 풍부하다. 어휘력이 풍부한 사람에게는 좋은 글을 쓸 수 있는 기본 토양이 된다. 어휘력이 좋다는 뜻은 연상해서 떠올릴 수 있는 단어가 많고 비슷한 말을 많이 아는 것이다. 어휘력이 부족하면 재앙이 될 수 있다. 어휘의 빈곤은 사고의 빈곤을 초래하기 때문이다. 어휘력을 높이는 공부를 하자. 애매한 단어나 중복 단어를 쓰지 마라. 적합한 단어를 찾아서 사용하는 노력을 하라. 영어 단어를 찾아서 공부한 것처럼 국어도 그렇게 해보자. 적합한 단어를 선택할 때 인터넷에 나와 있는 국립국어원의 표준국어대사전 사이트를 수시로 참조하자.

글을 잘 쓰는 사람은 단어 선택이 엄격하고 까다롭다. 단어를 정중하게 대접해주자. 신중하게 고르자. 단어마다 뉘앙스 차이가 있다. 글은 정확성이 생명이다. 어휘를 잘 써야 정확하다. 어휘를 적재적소에 써야 생명력이 있다. 마크 트웨인이 말할 것처럼 꼭 맞는 단어와 적당히 맞는 단어의 차이는 번갯불과 반딧불의 차이만큼 난다.

다음은 단어 사용에 대한 예시와 설명이다.

📑 예시 1

> 요구사항과 제품 기능은 1:1 또는 1:N의 관계가 되도록 작성하여야 한다. (단,) 요구사항과 제품 기능의 관계가 N:1인 경우에는 두 개 이상의 요구사항이 하나의 기능으로 구현된다는 것을 의미하므로 동일한 요구사항이 두 개 이상으로 나타났을 가능성을 검토한다. 동일한 요구사항으로 판명된 경우에는 요구사항의 통합을 권고한다.

➡ 요구사항과 제품 기능의 관계가 1:1이나 1:N의 관계가 되어야 한다. 그런데 그 다음에 '(단)'이라는 글자가 있고 없고에 따라 의미가 전혀 달라진다. '(단)'이 없으면 갑자기 N:1의 관계를 말하게 된다. 1:1, 1:N의 관계가 아닌 N:1의 관계가 정상적으로 식별된 것으로 오해받을 수 있다.

구글에서 제공하는 메일 서비스로(,) PC에서 이용하는 것과 동일하게 스마트폰에서 이메일을 보내거나 받을 수 있습니다

➡️ 쉼표(Comma)가 있을 때와 없을 때 의미의 차이가 있다. 쉼표가 있으면 뭔지는 모르는, 생략된 주어에 대한 설명이 된다. (ABC 서비스는) 구글에서 제공하는 메일 서비스다. 쉼표가 없으면 '메일 서비스로'가 수단이 된다. 구글에서 제공하는 메일 서비스로 이메일을 보내거나 받을 수 있다는 말이 된다.

능동태를 쓸 수 있다면
수동태를 쓰지 않는다

우리가 쓰는 문서에 수동태가 심심찮게 나온다. 특히 기술이나 지식을 번역해서 정리한 문서에 수동태가 많다. 글에 수동태가 많이 나오는 이유는 외국어의 영향 때문이다. 영어를 비롯한 외국어 번역투의 표현을 그대로 쓰기 때문이다. 학창시절에 성문종합영어로 문법을 공부할 때 수동태를 능동태로, 능동태를 수동태로 바꾸는 연습을 많이 한 적이 있을 것이다. 입시 공부를 할 때는 수동태가 중요했지만 현실에서는 별반 필요없다. 현실에서는 수동태로 말하지 않는다. "무관심으로부터 기인한다"고 말하지 않는다. "계획되어졌어"라고도 말하지 않는다. 능동태를 쓸 수 있다면 절대 수동태를 쓰지 않는다. 반드시 피동문을 써야 정확하게 뜻을 전달할 수 있을 때만 예외로 쓴다. 수동태로 쓴 문장들을 살펴보자.

📑 **예시**

① 제품 개발 방법론에 따라 계획되어 있는 고객과 제품 테스트 수행, 테스트 결과, 결함 등 산출물에 대한 문서관리를 잘하고 있음

② 인터뷰 계획서 작성시 일부 누락되어진 내용에 대한 추가보완이 필요

③ 고객과 제품 테스트 수행 시 활용되어 지는 테스트 데이터의 고도화를 권고함

➡ '계획한', '누락한', '활용한'으로 써도 충분히 말이 되는데 어렵게 수동태로 썼다. 자신도 모르게 습관이 된 것이다.

수동태를 쓰지 말아야 하는 이유는 다음과 같다.

첫째, 능동태가 이해하기 쉽기 때문이다. 능동태가 명확하다.

둘째, 수동태를 쓰게 되면 주어보다 대상이 강조가 된다. "아내는 차를 운전했다"는 문장을 수동태로 바꾸면 "차는 아내에 의해 운전이 되었다"가 된다. 차가 강조가 된다. 주객이 전도된다. 영어는 능동태를 수동태로 표현해도 뉘앙스의 차이만 있을 뿐 의미 차이는 별로 없지만 우리말은 그렇지 않다.

셋째, 수동태를 쓰면 자신감이 결여되어 있거나 책임을 회피하는 것처럼 보일 수 있다. 무엇에 의해 당하는 것이기 때문에 그렇다. 주어를 능동적으로 표현해야 글에 자신감이 나타난다.

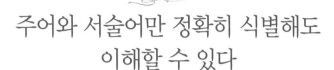

주어와 서술어만 정확히 식별해도
이해할 수 있다

우리말 문장의 기본 구성은 주어와 서술어로, 자주 쓰는 문장은 아래 세 가지 유형이다.

❶ 주어+서술어

❷ 주어+보어+서술어

❸ 주어+목적어+서술어

우리말 문장은 크게 주성분과 부속 성분, 독립 성분 7가지로 나뉘는데 주성분은 문장의 골격을 이루며 주어, 서술어, 목적어, 보어를 말한다. 부속 성분은 주성분을 수식하는 역할로 부사어와 관형어가 있다. 독립 성분은 감탄사처럼 독립적으로 쓰는 독립어가 있다. 주어는 문장의 주인이다. 서술어는 주어의 동작이나 상태를 설명한다. 목적어는 서술어의 움직임을 나타낸다. 보어는 서술어의 역할을 보충한다. 관형어는 왕관처럼 꾸며주는 역할을 한다. 부사어는 서술어를 꾸며준다.

우리말 문장은 주어와 서술어가 기본 구성이기 때문에 문장에서 주어와 서술어만 정확히 식별해도 우리말 글쓰기 문제의 대부분은 해결된다. 어떤 문장이든지 주어와 서술어를 갖추는 것이 원칙이다. 주어와 서술어가 서로 호응하지 않거나 꼭 필요한 주어가 생략되면 문장이 어색해 보이고 글을 이해하기 어렵다.

주어와 서술어가 서로 가리키는 영역이 다르면 서로 호응하기 어렵다. "우리 매뉴얼은 직원들의 생산성을 높이는 교육이다"라는 문장에서 '우리 매뉴얼은'라는 주어와 '교육이다'는 서술어가 호응하지 않는다. '매뉴얼'과 '교육'은 같은 범위가 아니다. "우리 매뉴얼 교육은 직원들의 생산성을 높이는 것을 목표로 한다"로 고쳐보자.

주어와 서술어가 멀리 떨어져 있으면 문장을 처음부터 끝까지 읽어봐야 하기에 내용 파악이 쉽지 않다. 앞에서 한 이야기가 생각이 나지 않아 처음으로 다시 몇 번을 돌아가서 읽어야 겨우 파악이 가능하다면 독자를 정말 피곤하게 만드는 글이다. "팀원들의 만족도가 기존에는 회고 작업이 형식적으로 이루어지다 보니 실질적인 효과가 없었으나 컨설팅 적용 후에는 체계적인 절차에 따라 수행됨으로써 향상됨"이라고 쓰면 '만족도가'라는 주어와 '향상됨'이라는 서술어가 너무 멀리 떨어져 있어 한 번에 쉽게 읽히지 않는다. 문장 뒷부분에 '~ 팀원들의 만족도가 향상됨'이라고 고치는 게 좋다. 주어와 서술어는 연인관계다. 가까이 있게 하라.

주어를 생략해도 앞뒤 문맥을 보면 글을 이해할 수 있다. 그렇지만 내용에 대해 잘 모르는 사람은 주어를 생략하면 이해하기 힘들기 때문에 주어를 생략하지 않고 완전한 문장을 사용하는 게 좋다. 특히 회사에서 만드는 문서의 경우에는 주어를 넣어서 써야 커뮤니케이션이 용이하다. 회사의 업무 절차를 설명하는 문서의 경우에는 주어가 행위의 역할과 책임을 나타내기 때문이다. "팀장 이상의 리더를 대상으로 리더십 향상을 위한 실무 워크숍을 실시해야 한다"고 할 때 누가 워크숍을 실시해야 하는지 명시하지 않으면 혼선이 생긴다.

다음은 주어와 목적어가 생략이 되어 글의 해석이 어려운 예시다.

예시

> 시뮬레이션의 목적은 하드웨어로 구현하기 위한 고정 소수점 체계로 검증하는데 있음. 결정된 구조를 진행하는 과정은 아니고, 목적으로 하는 '스마트 기기'에 가장 적합한 구조를 결정하기 위해 여러 가지 경우에 대해 반복적으로 진행하는 과정이기 때문에 자바(Java) 언어를 사용하여 검증함.

➡ 한 문장이 너무 길고 모르는 단어가 계속 나와서 독해가 힘들다. 첫 문장에서는 무엇을 검증해야 하는지, 목적어가 없다. 두 번째 문장은 주어가 없어 무엇을 말하는지 알 수가 없다. 글을 쓸 때, 주어나 목적어와 같은 주요한 정보가 빠지지 않게 세심한 주의를 기울여야 한다. 주어와 목적어는 문장을 이해하는 주요한 요소이기 때문이다.

> (스마트 기기에 대한) 시뮬레이션의 목적은 (XYZ 알고리즘을) 하드웨어로 구현하기 위한 고정 소수점 체계로 검증하는데 있음.
>
> (시뮬레이션은) 결정된 구조를 진행하는 과정은 아니고, ~~목적으로 하는~~ '스마트 기기'에 가장 적합한 구조를 결정하기 위해 ~~여러 가지 경우에 대해~~ 반복적으로 진행하는 과정이기 때문에 자바(Java) 언어를 사용하여 검증함.

간결하게,
부디 간소하게!

영화 〈흐르는 강물처럼〉에는 목사인 아버지가 아들에게 글쓰기를 가르치는 장면이 나온다. 아버지는 아이들의 글을 본 후 한마디를 한다.

"반으로 줄여라."

간결하게 글을 쓰는 것과 관련하여 일전에 한양대 정민 교수 일화를 읽은 적이 있었는데 아주 인상적이었다. 정 교수가 석사 학위 논문심사를 받을 때였다. 정 교수는 한시(漢詩)를 번역했다.

"텅 빈 산에 나뭇잎은 떨어지고 비는 부슬부슬 내리는데"

이 문장을 보고 지도교수가 따졌다.

"빈 산이면 됐지 왜 '텅'이 붙나. '나뭇잎'이나 '잎'이나, '떨어지고'나 '지고'나, 그리고 비가 내리지 올라가나?"

결국 최후에 남은 문장은 "빈 산 잎 지고 비는 부슬부슬"이었다. 좋은 글을 쓰려면 불필요한 것을 제거해야 한다. 간결하게 써야 한다. 간결한 문장은 군더더기가 없다. 부디 간소하게!

나는 첫 책을 쓸 때 할 이야기가 많아서 분량이 제법 되었다. 초안은 아래 한글 프로그램의 A4 용지 기준으로, 글꼴(Font) 11크기로 400페이지에 달했다. 실제 책으로 나오면 거의 800페이지 분량이었다. 미친 듯이 쏟아내서 후회는 없었으나 아쉬움이 남았다. 출간하고 책을 다시 보니 중복이 생각보다 많이 발견되었다. 같은 이야기의 반복이 독자에게 다소 지루함을 주지 않았나 하는 생각을 하게 되었으며 이후에는 책을 쓸 때 중복 배제를 철저하게 신경쓴다.

글을 간결하게 쓰면 읽는 시간을 단축시킬 수 있다. 보고서의 경우에는 읽는 사람의 의사결정 시간도 단축할 수 있다. 윈스턴 처칠은 "보고서는 한 장으로 족하다. 더 긴 것은 비서가 곧장 쓰레기통으로 보낼 것이다"라고 말했다.

우리가 쓰는 문장들은 긴 문장이 제법 있다. 앞에서 했던 말을 장황하게 중복해서 말하는 경우도 적지 않다. 또한 읽는 독자의 입장을 고려해서 글을 써야 한다는 생각도 부족하다. 글쓰기를 제대로 배운 적이 없고 글쓰기 연습을 해본 적이 없기 때문이다. 글을 간결하게 쓰려면, 독자의 수준과 상황을 고려해야 한다. 그렇다면 구체적으로 어떻게 간결하게 쓸까?

먼저 군더더기를 없앤다. 글은 덜어낼수록 좋아진다. 군살 빼는 건 사람에게만 해당되는 게 아니다. 글을 빼도 뜻을 전달하는 데 큰 지장이 없으면 군더더기다. 적을수록 좋다(Less is More). 간결한 것이 더 아름다울 수 있다. 가장 최소한의 것으로 글을 만든다. 글은 복잡하고 번거롭기보다 간결해야 한다.

글쓰기나 강연으로 소통을 할 때 지켜야 할 원칙이 있다. 그것은 록히드 마틴Lockheed Martin의 수석 엔지니어 켈리 존슨Kelly Johnson이 만든 'KISS'.인데 "Keep It Simple, Stupid(단순하게, 그리고 머리 나쁜 사람도 알아듣게 하라)"의 머리글자로 축약한 말이다. Stupid 단어는 Short로 대체해도 좋다. 내용을 온전히 전달할 수 있다면 글은 짧을수록 좋다.

건물을 짓거나 제품을 개발할 때 현실 세계를 관심 있는 내용을 중심으로 모델을 제작하는 모델링Modeling을 수행한다. 모델링은 현실 세계를 추상화(Abstraction)하는 것이다. 여기서 추상화는 형이상학적 개념이라기보다는 복잡한 것을 단순화시킨다는 의미가 크다. 모델링의 대상이 되는 현실 세계는 끊임없이 변화하기 때문에 단순한 모델링(Simple Modeling)이 요구된다. 디자인을 단순화하고 불필요한 요소를 제거한다. 글쓰기도 모델링과 같이 단순함이 필요하다.

평소에 글의 핵심을 파악하고 요약하는 훈련을 꾸준히 한다면 글을 간결하게 쓰는 데 도움이 된다. 내가 쓴 글이나 다른 사람이 쓴 글을 보고 글의 핵심을 찾아보자. 실용적인 글은 보통 제목에 글의 핵심을 담는 경우가 많다. 본문에서 제목과 부합하는 문장을 찾아보는데 보통 글의 앞(두괄식)과 글의 끝(미괄식)에 핵심 문장이 들어있다. 핵심 문장을 찾고 그 문장과 다른 문장들이 내용적으로 부합하는지 따져본다. 부합하지 않은 문장이나 중복 표현, 사소한 내용은 삭제한다. 간혹 글쓴이가 핵심 문장을 기술하지 않는 경우가 있는데 그럴 때는 직접 핵심 문장을 만들어 본다. 핵심 문장은 문단들의 소메시지를 포괄하되 명료하면서 간결하게 표현할 수 있도록 연습한다.

세익스피어는 "간결은 지혜의 정신(Brevity is the Soul of Wit)"이라고 말했고 알버트 아인슈타인은 "간단하게 설명할 수 없으면 제대로 이해하지 못하는 것이다"라고 말했다. 조선 후기 문장가 이덕무는 "간략하되 뼈가 드러나지 않아야 하고, 상세하되 살찌지 않아야 한다"라고 말했다. 김동식 교수는 〈인문학 글쓰기를 위하여〉에서 "생각의 길이와 글의 길이를 같게 한다. 생각을 충분히 드러내기에 말이 부족하면 글이 모호해지고, 생각은 없이 말만 길게 늘어뜨리면 글이 지루해지기 마련이다"라고 말했다. 모두 간결한 글쓰기를 강조한 말이다. 간결하다는 것은 단순히 글이 짧다는 것을 말하는 게 아니다. 글의 핵심을 파악하여 정확하게 전달하는 기술이다. 어떻게 핵심을 효과적으로 전달하여 독자의 마음을 움직일 것인가?

짧은 문장으로
승부를 걸어야 한다

"문장을 짧게 써라"라는 말은 글쓰기를 말할 때 어김없이 등장한다. 문장을 짧게 쓰면 좋은 이유가 여러 가지 있다. 우선 읽기가 편하다. 한눈에 또는 한 호흡에 읽을 수 있으니 독자들이 편하다.

문장을 짧게 쓰면 이해하기도 쉽다. 글쓰기를 배울 때 한 문장이 세 줄을 넘어서는 절대 안 된다는 얘기를 많이 들었다. 세 줄이 넘어가면 독자들이 글을 읽다가 "이 문장의 주어가 뭐였지" 하며 글 맨 앞으로 되돌아가면서 짜증을 낸다고 한다. 독자를 피곤하게 만든다. 글을 쓰는 사람도 글이 길어지면 주어를 잊어버려 주어와 맞지 않는 서술어를 사용하게 될 확률이 높다. 읽는 사람이나 쓰는 사람 모두 기억력의 한계가 세 줄이라고 한다.

문장을 구사하는 방식은 다양하다. 길게 쓰는 사람도 있고 짧게 쓰는 사람도 있다. 여기서 '짧게'의 기준은 한 문장에 주어 하나와 서술어 하나 정도로 보면 될 것 같다. 문장을 길게 쓰는 데 자신이 있으면 그렇게 써도 나쁘지 않다. 긴 문장도 나름대로의 맛이 있기 때문이다. 만연체 서술 방식은 글 쓰는 사람이 원하는 내용을 세세히 넣을 수 있어 좋다. 조심해야 할 것은 문장의 호흡이 길다는 점이다. 문장의 구(句)와 절(節)을 잘 배치하지 못하면 읽는 사람이 헷갈리는 지점이 생기게 된다. 구는 둘 이상의 단어로 이루어진 말이고 절은 주어와 동사로 구성된 말이다. 길게 쓰기에 자신이 없다면 택하기가 쉽지 않은 방식이다. 더구나 글쓰기에 익숙하지 않은 사람이라면 더욱 조심해야 한다.

아무래도 초보자는 짧은 문장으로 승부를 걸어야 한다. 무기로 치자면 짧은 칼, 즉 단검을 써야 한다. 아직 손이 빠르지 않은 사람은 단숨에 상대의 가슴 안으로 뛰어들어 심장을 찔러야 한다. 기회는 단 한 번이라고 생각하고 문장으로 찔러야 한다. 글이 유려한 강처럼 휘돌아 감기면 멋이 있지만 고수가 아니면 쓰지 못한다. 부드럽고 긴 칼을 다루지 못하는 사람이 어쩔 줄 모르는 모습과 비슷하다. 긴 문장을 둘로, 셋으로 잘라라. 글을 배우는 사람은 직선을 선택해야 한다.

단문은 그냥 짧은 문장을 말하는 게 아니다. 문장이 길어도 주어와 동사가 하나씩만 있으면 단문이다. 문장 하나에 뜻을 하나만 담으면 저절로 단문이 된다. 주어와 동사가 둘이 넘는 문장을 복문이라고 한다. 복문은 무엇인가 강조하고 싶을 때, 단문으로는 뜻을 정확하게 표현하기 어려울 때 쓰는 게 좋다. 단문은 복문보다 쓰기가 쉽다.

같은 뜻을 담아도 단문으로 쓴 글과 복문으로 쓴 글은 느낌이 다르다. 단문이 복문보다 훌륭하거나 아름다워서 단문을 쓰라는 것이 아니다. 뜻을 분명하게 전달하는 데 편리하기 때문이다. 짧게 문장을 만드니 주어와 서술어 그리고 목적어가 엉키는 일이 생기지 않는다. 필요한 내용만 쓰게 되니 글을 쓰는 사람도 편하다. 여러 내용이 섞이지 않아서 의미를 쉽게 알아차린다. 그런데도 복문을 쓰는 이유는 문장은 길수록 좋다는 생각하거나 문장이 짧으면 성의가 없다고 잘못 생각하기 때문이다. 길고 복잡한 문장은 독자뿐만 아니라 글을 쓰는 사람도 힘들게 한다. 여러 이유로 볼 때 문장을 짧게 써서 손해 볼 일은 별로 없다.

일부러 문장을 길게 쓰고 늘어지게 쓰는 사람은 없다. 짧게 쓰려고 하는데 자기도 모르게 문장이 길어진다. '다시는 이렇게 쓰지 말아야지'하면서도 마음대로 되지 않는다. 문장이 길어지는 건 하나의 문장에 여러 내용을 담으려 해서 그렇다. 하나의 문장에 하나의 내용만 담으면 문장은 짧아진다. 이 점을 꼭 기억하라. 글을 쓰고 나서 보니 문장이 길어져 있다면 문장을 자르는 것도 방법이다. 긴 문장을 잘라서 짧게 만드는 것이다.

제품 개발 프로젝트에 대한 점검 보고서의 내용을 살펴보자.

 예시

> 주관기관은 참여기관의 제품 개발 산출물을 포함한 테스트 수행을 위한 "테스트 시나리오"의 경우 참여기관의 산출물에 대한 테스트 시나리오 수준으로 작성되어있어 5개 엔진간의 시스템 간 연동에 따른 테스트 수행환경(모바일 환경, 클라우드 환경)에서 고려되어야 할 사항 및 제약사항이 반영되지 않았으며 시스템 간 연계되어지는 데이터 변화 및 오류 데이터 생성 등이 고려되지 않고 작성됨.

무려 네 가지의 생각을 한 문장으로 표현했다. 복문이므로 잘 이해가 되지 않아서 다시 읽고 문장을 끊어 본다. 먼저 전체 문장의 주어와 서술어, 그리고 목적어를 식별해보자. 밑줄 친 부분을 하나의 문장으로 이어보면 다음과 같다.

"주관기관은(주어) "테스트 시나리오"를(목적어) 작성함(동사)"

(맨 뒤에 '작성됨'으로 기술된 수동태를 능동태로 바꾸었음)

나머지는 '테스트 시나리오'에 대한 수식어들이다. 이 문서는 참여기관의 테스트 시나리오 수준으로 작성되었으며, 테스트 수행 환경에서 고려해야 할 사항 및 제약사항이 반영되지 않았으며, 시스템 간 데이터 연계가 고려되지 않았다는 말이다.

독해가 힘들다. 작성자도 작성하기 힘들었을 것이다. 이 문장을 다시 보고 말하라고 하면 십중팔구 버벅거릴 것이다. 왜 이렇게 작성했을까? 습관이다. 길게 쓰는 게 뭔가 폼나는 것으로 생각했을 가능성이 높다. 위 문장을 다시 써보자.

📝 수정한 예시

> 주관기관은 테스트 시나리오 문서를 작성하였음. 그런데 참여기관이 작성한 수준과 비슷하여 두 가지 문제점이 있음. 첫째, 테스트 수행 환경에서 고려해야 할 사항 및 제약사항이 반영되지 않음. 둘째, 시스템 간 데이터 연계가 고려되지 않음.

지옥으로 가는 길은
부사로 포장되어 있다

좋은 글을 쓰려면 문장에서 분명한 것만 남기고 군더더기를 걷어내야 한다. 즉 남길 것은 구체적으로 표현하고 불필요한 수식어 등은 삭제한다. 어떤 것이 군더더기일까? 글에서 유용한 역할을 하지 못하는 단어, 문구, 문장들이다. 괄호 표시를 하고 고쳐쓰기를 할 때 반드시 조치를 취해야 한다.

먼저 '이것', '그들은'처럼 명사를 대신하는 대명사 사용을 자제한다. 대명사는 대상을 직접 이야기하는 게 아니다. 대명사를 쓰면 앞으로 되돌아가서 찾아야 한다. 독자를 피곤하게 한다. 무엇인지 알아내기 위해서 독자들이 이전 문장으로 되돌아가게 하지 마라. 반복은 용서받을 수 있지만 의문을 들게 하거나 모호한 것은 용서받을 수 없다는 말이 있다.

수식어는 조절한다. '사실', '일반적으로', '더 이상' 등의 불필요한 부사는 삭제하고, '유명한', '비참한', '오래된' 등의 불필요한 형용사도 삭제한다. 마크 트웨인은 "글에서 '매우', '무척' 등의 단어만 빼면 좋은 글이 완성된다"고 했고, 스티븐 킹은 "지옥으로 가는 길은 부사로 가득차 있다. 부사도 피동형처럼 소심한 사람들을 위해 만들어진 듯하다. 작가들이 부사를 즐겨 쓰는 이유는 자신의 뜻을 명확히 표현할 자신이 없기 때문이다"라고 말했다.

부사는 대부분 불필요하다. 보통 부사는 강조를 하거나 쓸데없이 에두를 때나, 하나마나 한 이야기를 할 때 쓰는 경우가 많다. 형용사는 꾸미기 위해서 주로 쓰는데, 실용적인 글은 굳이 꾸미지 않아도 된다. 독자에게 부담을 줄 수 있다. '아름다운', '이쁜' 같은 단어를 굳이 쓸 필요가 없다.

접속사는 가급적 쓰지 않는다. 접속사는 문장과 문장의 관계를 표시해주면서 문장의 흐름을 자연스럽게 연결하는 역할을 한다. 접속사는 정확하게 사용하되 남발하면 오히려 부자연스럽다. 어떤 사람은 문장을 이을 때 접속사를 써야만 안심을 한다. '사실', '솔직히', '어쨌든'과 같은 습관적으로 쓰는 자기만의 접속사가 한두 개는 있을 것이다. 이른바 접속사 중독증이다. 이때 접속사는 문장을 기계적으로 잇는다. 마치 두 개의 나무 사이를 못질해서 붙이는 것과 같다. 〈이어령의 마지막 수업〉의 저자 이어령 교수는 접속사에 대해 이렇게 말한다.

> "기량이 있는 상목수는 못질을 하지 않는다. 못 하나 박지 않고 집 한 채를 짓는다. 억지로 못질을 하여 나무를 잇는 것이 아니라 서로 아귀를 맞추어 균형과 조화로 구조물을 만들어가고 있기 때문이다. 문장과 문장을 이어가는 기술도 마찬가지다. 서툰 글일수록 '그리고, 그래서, 그러나'와 같은 접속사의 못으로 글을 이어간다."

문장은 뜻을 내포하고 있다. 접속사 없이 자연스럽게 문장이 이어질 수 있다는 말이다. 접속사를 뺐는데 영 이상하면 그때 접속사를 넣으면 된다.

'드리면', '주시면', '하시면' 등의 과도하게 정중한 표현이나 경어 사용은 자제한다. '반드시', '절대로', '완전히', '유일한' 등의 극단적인 표현도 자제한다.

상투어는 '늘 써서 버릇이 되다시피 한 말'로, 지나치게 자주 사용되어 신선미를 잃고, 형식화되어 쓰이는 표현이다. 상투적인 표현은 내 몸의 감각을 소홀히 대접한 결과다. 고쳐쓰기를 할 때 소리 내어 읽고 진부한 표현을 찾아내는 데 집중한다.

수식어를 많이 쓰면 답답하다. 부차적인 것에 신경을 쓰는 것으로 비춰질 수 있어 독자의 신뢰를 잃을 수도 있다. 좋은 글은 간결하고 명확하다. 자신감을 갖고 하고 싶은 말에 집중하자.

[실습] 문장 고쳐쓰기

※ 고쳐쓰기에 대한 해설은 부록에 있습니다.

다음 문장을 고쳐 쓰시오.

현업부서의 요청에 대하여 신속 및 정확한 대응 및 방안을 제시
한다.

_____

_____

_____

나는 우리 제품이 세계에서 가장 빠른 성능을 가진 솔루션이 되
기를 원한다.

_____

_____

_____

간결한 보고서 한 장을 쓰기에도 버거운 나의 글쓰기는 아직도 힘들다.

_____

_____

_____

이번 글에서는 메타버스의 정의와 메타버스의 사용방법 그리고 메타버스를 어떻게 활용하면 더 좋은 교육을 할 수 있을지에 대해 알아보겠습니다.

_____

_____

_____

3PL에 대해 자세히 알고 싶으신 분은 위키피디아에 정의된 내용을 보면 좋을 것 같습니다.

_____

_____

_____

성능을 최적화해서 장애 가능성을 완전히 없애는 것은 굉장히
중요한 일이다.

오라클 DB의 정보를 끌고와서 화면에 뿌려준다.

제안업체의 WMS(Warehousing Management System)는
일반기능, 부가서비스 기능, 과금 관리 기능, 운용을 위한 유지보
수 기능으로 나누어지며 제안업체는 모든 시스템에 대한 기술지
원 창구를 일원화하여 신속하고 정확한 유지보수 및 기술지원을
제공하고 있습니다.

다음 내용을 한 문장으로 요약한 후에 전체 문단을 고쳐 쓰시오.

공공부문의 컨설팅 시장은 ITSM(IT Service Management) 체계를 구축해야 하는 공공기관들의 시장이 큰 부분을 차지하고 있으며 정부의 경기 활성화 대책으로 매해 상반기에 사업이 발주되는 상황으로 각 IT 서비스 업체들은 공공 사업을 수주하는데 총력을 기울이고 있다.

공공기관 통합과 관련하여 소프트웨어 및 IT 서비스 수요 증가에 크게 늘어날 것으로 전망된다. 36개 공공기관을 16개 기관으로 통합하는 공공기관 선진화 계획이 발표되면서 통합 추진이 급물살을 탈 것으로 예상된다. 또한 공기업 민영화 및 통합, 지자체 통합 등에 따른 데이터 센터 및 IT 시스템, 애플리케이션 통합 수요가 증가할 것으로 예상되면서 소프트웨어 및 IT 서비스 업체들의 사업 수주 경쟁이 치열해질 것으로 전망된다.

제 7 장

스마트 라이팅
실전

제안서

이기는 제안서가
되어야 한다

　밤을 새워 제안서를 작성해본 사람은 잘 안다. 제안은 힘든 작업이라는 것을. 제안은 시간과 비용이 많이 들고 관련된 사람 모두의 협력이 필요하다. 회사를 다닐 때 나는 내가 하고 있는 일의 특성 때문에 제안서 작업을 많이 했다. 지금도 간혹 하고 있지만 솔직히 기피하고 싶은 일 중 하나다. 그러나 회사에서는 비즈니스와 직결된 중요한 작업이다. 단도직입적으로 한 마디를 먼저 하자면 제안서 작성에 직원들이 집중할 수 있도록 회사 상사들이 신경을 써주길 바란다. 제안서를 작성하는 사람들이 다른 일을 동시에 맡지 않도록 하고, 영업 직원이 얼굴마담이 되지 않고 제안서를 작성할 때 실질적으로 도와줄 수 있도록 하고, 경영자들은 제안서를 거의 마무리할 때 나타나서 제안 내용을 뒤집지 않기를 바란다.

제안서는 기본적으로 경쟁에서 이기는 제안서가 되어야 한다. 그러려면 제안서의 기본 성격을 올바로 이해해야 한다. 제안서를 회사 제품이나 서비스를 소개하는 책자나 가격 견적서로 생각하는 사람이 있는데, 그건 아니다. 제안서는 고객의 문제해결에 대한 답을 제시하는 것이다. 제안서에는 고객이 우리 제품과 서비스를 통해 얻을 수 있는 것이 무엇인지 설명하는 가치를 담아야 한다. 고객의 불평불만과 문제를 잘 짚어서 긁어주어야 한다.

제안서를 잘 작성하려면 먼저 고객의 요구사항을 체계적으로 정리한 '제안요청서(RFP, Request For Proposal)'를 잘 읽고 분석해야 한다. 제안요청서에 있는 요구사항 항목별로 차별화 방안과 핵심 메시지를 담아서 제안서 스토리보드Storyboard를 만들어야 한다. 스마트 라이팅의 2법칙 '결론을 먼저 써라'를 고려하여 제안의 핵심을 먼저 파악하고 제안서에 담는 게 중요하다. 남들과 다른 제안 전략을 도출하여 이를 핵심적인 문장으로 정리하는 게 중요하다. 핵심 메시지는 나중에 제안서 본문의 헤드라인 메시지Headline Message로 활용할 수 있다([표 7-1] 참고).

제안요청서 요구사항		차별화 포인트	핵심 메시지
목차번호	내용		
1	인력 투입 계획 제시	빅데이터와 마케팅 전문 인력으로 프로젝트 팀 구성	현장 경험이 많은 전문 인력 투입이 관건

▲ 표 7-1 제안서 스토리보드

핵심성공요소 = **Consistency** 교육 컨설팅 역량 + **Expert** 경험인력 투입 + **Plan Based** 방법론 기반 수행 + **Strategy** 책임지는 사업수행

교육 컨설팅 역량
- 필요 역량 확보: 교육 기획, 교육 과정 설계, 과정 운영, 멘토링 능력, 사업관리 능력

경험인력 투입
- 교육/멘토링 참여 경험 및 인력 및 교육과정 전문가 투입
- 이론 전문가가 아닌 실무 전문가 투입

방법론 기반 수행
- 교육 개발에서 결과 분석까지 효과적, 효율적 업무 수행을 위한 프로세스 및 주요 가이드 정립

책임지는 사업 수행
- 단기(6개월)를 고려한 교육개발/교육운영/전문가 검증의 일정/목표 등 위험요인의 정량적 관리로 위험 선제 대응

사업 특징
- 기 개발된 방법론의 적용 확대를 위한 교육과정 및 활용 지침 개발, 시범운영
- 중소기업 적용 및 보완을 통한 가이드 활용성 증대

＋

고려사항
- 방법론 교육과정 및 도구 활용 상호 연계 개발
- 교육과정 및 활용 지침의 상호 연계
- 6개월의 짧은 기간 내 교육과정 개발 및 시범운영 수행

▲ 그림 7-1 제안서의 '핵심성공요소'

제안요청서 요구사항에서 도출한 차별화 포인트들을 정리하여 [그림 7-1]과 같이 제안서의 '핵심성공요소'에 반영한다.

제안서에서 가장 중요한 장표는 '제안 전략'과 '제안 목차'다. 전략과 목차가 제안서 작성에서 8할의 비중을 차지한다. 제안 전략은 다음 사항을 고려하여 수립한다.

- 모든 전략에 가능성을 부여하라. 처음부터 안 된다고 생각하면 평범한 전략밖에는 나오지 않는다.
- 고객의 업무를 이해해야 경쟁력 있는 전략이 나온다. 업무 전문가를 반드시 참여시켜라.
- 영업 이력(History)과 쟁점, 변수 등 영업 상황을 반드시 정리하여 공유하라.
- 고객의 요구사항(Needs)이나 불평(Pain Point)은 무엇인가? 고객이 당면한 핵심 관심사항을 파악하라.
- 기술적 전략이 신뢰를 준다. 기술 전문가를 반드시 참여시켜라.
- 유사사업 경험, 협력업체 노하우 수집 등의 다양한 경로를 통해 아이디어를 수집하라.
- 경쟁사 동향을 파악하라. 유사한 사업환경에 속한 경쟁사의 제안 전략을 분석하고, 영업을 통해 입수한 경쟁사의 동향을 파악하여 이를 역이용한 전략을 도출하라.

제안서 목차는 스마트 라이팅 3법칙 '논리와 사례로 입증하라'를 염두에 두고 논리적으로 작성해야 한다. 목차는 정보의 전달 순서다. 간단히 제안서 목차를 작성해보자.

[그림 7-2]의 왼쪽은 제안서 목차를 뒤죽박죽 섞어놓은 것이며 오른쪽은 다시 목차를 정리한 것이다. 어떻게 제안서 목차를 구성할까? 제안서를 읽고 평가하는 사람이 궁금해하는 순서에 따라 목차를 작성하면 된다.

제안서 평가자 입장에서 보면 먼저 제안을 하는 이유가 궁금하다. 그 다음에 제안업체가 무엇을 제안하고 어떤 결과를 제공

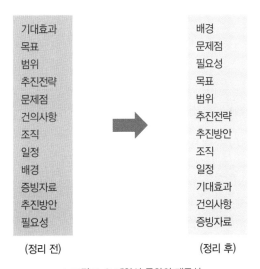

▲ 그림 7-2 제안서 목차의 재구성

할 것인지가 궁금하다. 여기서 '무엇'은 상위 요소에서 하위 요소로 분해하면서 자연스럽게 풀어준다. 제안의 목표를 먼저 제시하고 제안의 세부 범위를 기술한다. 다음으로 평가자가 궁금한 사항은 '어떻게'에 관한 것이므로 제안 방법에 대한 내용을 기술한다. 제안 추진 전략, 추진 방안, 조직, 일정 등의 내용을 기술한다. 정리하자면 제안의 목적, 목표, 방법 순서대로(Why → What → How) 전개하면 논리 흐름이 자연스럽고 상대방이 이해하기 쉽다.

　모든 글이 그러하듯이 제안서도 읽는 사람, 즉 고객이나 평가자 입장에서 작성해야 한다. 읽는 사람 입장에서 작성했다는 것을 어떻게 알 수 있을까? 간단한 예로 제안업체의 이름보다 고객 이름이 더 자주 나오면 그렇다고 할 수 있다. 제안서 내용에 제안업체보다 고객이 주어인 경우가 많이 나온다. 고객의 문제를 기술하고, 그 문제를 고객이 언급한 것임을 확인하고 고객의 문제를 제안업체가 가진 노하우로 해결할 수 있음을 밝힌다. 제안업체 솔루션의 특징보다는 솔루션을 통해 고객이 얻을 이익을 강조하는 게 중요하다.

일전에 글로벌 회사와 국내 일류 회사에서 각각 작성한 제안서를 비교한 적이 있었다. 글로벌 회사에서 작성한 제안서에는 '제안업체'라는 단어가 15회, '고객'이라는 단어는 45회 언급된 반면에 국내 일류 회사에서 작성한 제안서에는 제안업체가 35회, 고객은 단 2회만 언급되었다. 누구의 시각에서 제안서를 작성했는지 사용한 단어 횟수만 봐도 짐작할 수 있다. 어떤 제안서가 더 경쟁력이 있었는지는 두말할 나위가 없다.

제안서의 리드 메시지만 봐도
이해가 되어야 한다

　제안서에는 각 슬라이드 페이지마다 제목 바로 밑에 나오는 몇 줄의 리드 메시지Lead Message가 있다. 헤드 메시지Head Message 또는 거버닝 메시지Governing Message라고도 한다. 글쓰기 관점에서 보면 이 메시지는 해당 페이지를 요약해서 설명하는 기능을 하는데, 길고 이해하기 어렵고 복잡한 문장을 쓰는 경우를 자주 보았다.

"제안업체는 수년간 제품 개발방법론 컨설팅, 프로젝트 관리 시스템 구축, 변화관리/역량 강화/전문가 양성 교육 사업을 통해 축적된 베스트 프랙티스Best Practices 사례와 컨설턴트의 경험,

지식, 기술 및 노하우를 프로젝트 추진 조직의 프로세스 수행 능력 유지, 지속적인 개선 및 레벨 업을 위해 제공하겠습니다."

제안서 리드 메시지 한 문장에 주어와 동사가 여러 번 나오는 경우가 많다. 문장이 엉켜있어 무슨 말을 하는지 명확하게 해석이 되지 않을 수 있다.

리드 메시지는 한두 줄 내외로 간결하게 작성한다. 본문에 나오는 핵심 단어를 포함시켜 내용을 요약한다. 경우에 따라서는 리드 메시지를 먼저 작성한 후에 페이지의 내용을 구성해도 된다. 여하튼 리드 메시지와 본문의 내용이 따로 놀지 않도록 작성하는 게 중요하다.

제안서 리드 메시지는 하나의 메시지만 담는다. 여러 개의 메시지를 여러 줄로 작성하지 않는다. 3줄을 넘어가면 읽기가 부담스럽다. 가급적 2줄 이내로 리드 메시지를 작성하라.

고객이나 평가자들은 제안서의 본문을 자세하게 볼 시간이 없다. 대부분 발표자가 프레젠테이션하는 과정을 보고 제안서 평가를 한다. 평가자들은 제안서에서 리드 메시지를 먼저 본 후에 본문의 내용을 빠르게 살펴본다. 평가자들이 제안서 본문을 꼼꼼이 다 본다고 생각하면 오산이다. 그럴 시간과 여유가 없다. 따라서 리드 메시지만 봐도 해당 페이지가 무슨 내용을 다루고 있는지 이해할 수 있도록 작성한다. 평가자 상황을 꼭 고려하라.

　제안서 목차를 작성한 후 각 페이지의 리드 메시지를 쓰고 리드 메시지만 전부 모아서 읽어보라. 제안서에서 보완해야 할 내용이 자연스럽게 파악된다. 리드 메시지가 명료한지 판단할 수 있고 이전, 이후 리드 메시지와의 연결이 자연스러운지 파악할 수 있다.

[실습] 제안서 리드 메시지 작성

다음 리드 메시지를 고쳐 쓰시오.

CMMI 모델은 프로세스 영역(PA: Process Area)으로 구성되어 있으며 각 프로세스 영역은 목표(SG 및 GG)를 가지며 이 목표를 달성하기 위해 요구되는 활동(SP 및 GP)으로 구성되어 있는데, 각 활동의 적합성을 FI, LI, PI, NI으로 정성적 판정한 후 이를 각 활동 및 프로세스에 대하여 정량적 적합도로 변환하여 한 눈으로 비교 가능하게 하겠습니다.

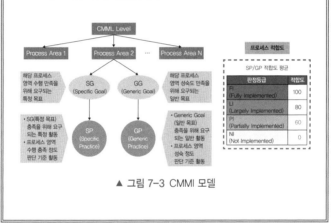

▲ 그림 7-3 CMMI 모델

➡ 위 문장이 이해되는가? CMMI는 Capability Maturity Model Integration의 머리글자로 '조직의 능력 성숙도 모델'이라고 정의하며 ISO와 같은 국제 인증 모델로 이해하면 된다. 본문은 CMMI 모델이 프로세스와 프로세스 하위에 목표와 활동으로 구성되어 있으며, 활동의 적합성을 판정하겠다는 내용을 기술하고 있다.

제시한 리드 메시지의 문제점은 본문 내용 전체를 설명하고 있다는 점이다. 그런데 본문에서 전달하는 내용이 많아서 리드 메시지가 길어졌다. 리드 메시지가 본문 전체를 요약할 필요는 없다. 본문에서 가장 중요한 핵심 키워드만 골라서 다음과 같이 리드 메시지를 구성하면 된다.

> CMMI 모델은 프로세스 영역으로 구성되어 있으며 각 프로세스 영역은 목표 및 활동으로 구성되어 있습니다.

'각 활동의 적합성을 FI, LI, PI, NI으로 정성적 판정한 후~ '의 문장은 굳이 리드 메시지에 포함시키지 않아도 된다. 또는 본문을 두 장의 페이지로 구성하고 따로 리드 메시지를 작성해도 된다.

제안 프레젠테이션 시작과 끝에 스토리를 넣어라

'초두효과(Primacy Effect)'는 '첫인상'처럼 처음에 얻은 정보가 나중에 얻은 정보보다 기억에 훨씬 더 영향력을 미치는 현상을 의미한다. 초두효과가 나타나는 이유는 맥락효과 때문이다. 인간의 뇌는 대상에 대해 처음으로 들어오는 정보를 가지고 맥락을 형성하고 그 맥락을 바탕으로 대상을 해석하는 경향이 있다. 한꺼번에 처리해야 하는 일이 많고 우리가 주의를 기울이는 양에 한계가 있기 때문에 한 가지 대상에 오랫동안 머무를 수 없다. 뇌는 첫인상을 바탕으로 그 이후에 들어오는 정보를 처리한다.

'최신효과(Recency Effect)'는 가장 나중에 제시된 정보가 기억에 잘 남는 현상을 말하는데 이것은 단기기억 때문에 나타난다. 우리가 처리하는 정보는 처음에 단기기억에 일시적으로 저장이 되고 이를 반복적으로 회상하고 시연하면 장기기억으로 넘어간다.

자료를 읽거나 발표를 보는 사람의 입장에서 생각해보면 첫인상의 영향이 강하고, 또 마지막 내용이 기억에 여전히 남아 있기 때문에 결과적으로 시작과 끝이 강한 인상을 준다고 볼 수 있다. 따라서 제안서를 비롯해서 모든 문서의 시작과 끝이 중요하다. 특히 제안서를 요약해서 발표할 제안 프레젠테이션 자료는 시작과 끝이 매우 중요하다. 제안서 평가에 직접적으로 큰 영향을 미치기 때문이다.

고대 그리스 철학자 아리스토텔레스Aristoteles는 그의 책 〈수사학〉에서 설득의 기술을 이야기하는데, 설득을 하는 데는 이성(로고스, Logos)이 10%, 감성(파토스, Pathos)이 30%, 인격(에토스, Ethos)이 60% 작용한다고 주장했다. 이성은 논리를 말하며, 상대방을 설득하려면 말하고자 하는 내용을 증명을 통해 논리적으로 납득시킬 수 있어야 한다. 너무나 당연한 것으로 여기다 보니 중요도는 상대적으로 감성이나 인격보다 낮다. 이성보다 감성, 즉 상대방의 심리 상태에 호소하는 게 설득에 더 효과적이다. 논리가 다소 맞지 않더라도 상대방의 웃음과 눈물을 자극한다면 설득에 큰 영향을 미친다. 논리적으로 주장하게 되면 들는 사람은 그 주장의 진위를 따지고 자기 생각과 다를 경우에는 그 주장을 신뢰할 수가 없다. 반면에 이야기를 하거나 사례를 전달하면 감성에 호소하기 때문에 쑥 빨려들어간다. 앞서 말한 바와 같이 광고의 대부분이 이야기와 같은 스토리텔링을 담는 이유는 그만큼 설득에 효과적이라는 명백한 증거다.

그러나 무엇보다 설득하는 사람의 고유의 인격, 매력, 진실성이 설득에 있어서 제일 중요하다. 누군가를 신뢰한다면 그가 하는 말이 논리가 떨어지고, 그가 하는 말과 글의 상태를 잘 파악하지 못해도 설득되기 쉽다. 따라서 효과적으로 설득하려면 에토스(인격), 파토스(감성), 로고스(이성) 순서대로 접근하면 된다. 에토스는 하루 아침에 만들어지지 않기 때문에 파토스를 활용하는 게 좋다. 제안 발표 자료의 시작과 끝에 이야기나 사례 등의 감성 자료를 넣어서 구성하라.

내가 예전에 프로세스 혁신 컨설팅 관련 제안 발표를 할 때 주로 사용했던 이야기 하나를 소개한다. 내가 대학을 다녔던 시기는 시대적 상황으로 인해 시험을 치르기 어려웠던 적이 많았고, 또 공부를 거의 하지 못하고 시험을 본 적도 제법 되었다. 대학 교양 필수 과목인 '철학 개론' 시험의 전설 같은 이야기를 들은 적이 있다. 기말고사 문제가 출제되었는데 문제 내용은 '칸트의 인식론에 대해 설명하고 비판하시오'라는 논술 문제였다. 공부를 하지 않은 한 학생은 한 시간 내내 가만히 앉아 있다가 종이 울리기 전에 딱 한 줄을 쓰고 나왔는데 신기하게도 A+ 학점이 나왔다. 이 학생은 도대체 뭐라고 답을 썼을까?

"죽은 칸트가 살아있는 나를 죽이는구나."

기똥찬 답변이었다. 나는 무릎을 치고 감탄했다. 나는 이 문장을 패러디해서 컨설팅 제안 프레젠테이션에서 활용했다.

"죽은 프로세스가 살아있는 우리를 죽이는구나."

회사에서 프로세스를 만들지만 프로세스를 직원들이 준수하지 않는 경우가 많다. 돈을 들여 어렵게 만든 프로세스, 규정, 산출물은 무용지물이 되거나 우리를 틀에 가두기도 한다. 프로세스가 우리를 옥죄고 있는 현실을 위의 핵심 문장으로 표현하고 싶었다.

글의 시작을 잘하려면 평소에 첫 문장을 채집해두는 게 좋다. 특히 보고서나 칼럼을 쓸 때 유용하다. 글을 쓸 때 어려워하는 점 중의 하나는 글을 어떻게 시작해야 할지 몰라서 막막한 경우다. 첫 문장을 어떻게 시작하는지를 여러 문서나 책을 보고 채집해놓아야 부담을 덜고 멋지게 활용할 수 있다. 첫 문장을 쓰면 두 번째 문장은 첫 문장을 이어서 쓰면 된다. 평상시에 괜찮은 첫 문장을 수집하라.

문서의 끝도 중요하다. 아래 내용은 컨설팅 제안 시 결론에서 자주 사용한 문장이다.

"컨설팅이 로드맵만 제시하고 실제 업무 추진에는 도움이 되지 않은 경우가 많습니다. 'So What?(그래서 어쩌라고?)'에 대답하지 못합니다. 이에 대한 훌륭한 대답은 'For Example(예를 들면)'하고 친절하게 답해주는 것입니다. 당사는 현장 실무 경험이 많은 컨설턴트 투입과 업계 컨설팅 수행 경험을 반영하여 본 프로젝트를 성공적으로 이끌겠습니다."

시작과 끝을 신경써야 한다. 제안서의 시작과 끝이 이기는 지점(Winning Point)이 되어야 한다. 시작할 때 강한 인상을 주어야 하고 끝날 때 믿을만하다는 신뢰를 주어야 한다. 시작과 끝에 스토리를 넣는 게 좋다. 시작에는 고객이 당면한 문제와 관련된 사례를 통해 설명하고 마지막 장표에는 믿음을 줄 수 있는 내용으로 채워야 한다. 실력과 경험 등 강점을 다시 한번 부각시켜 신뢰를 주어야 한다. 다시 말하지만 시작과 끝이 머릿속에 오래 남기 때문이다. 좋은 스토리는 "어?"로 시작해서 "아하!"로 마무리된다. 처음은 호기심을 불러일으키고 끝은 공감으로 마무리된다.

보고서

누구를 위한
보고서인가?

 2021년 한 인터넷 사이트에서 직장인 1,227명을 대상으로 〈보고서 스트레스에 관한 설문조사〉를 실시한 결과, 직장인들은 평균적으로 업무 시간의 3분의 1을 보고서 작성에 할애하고, 응답자의 65.4%가 보고서 작성으로 스트레스를 받고 있다고 답했다. 엄청난 시간을 보고서 작성에 쏟아붓고 불필요한 보고서를 작성하는 스트레스가 가장 심각했다.

 보고서는 실무적인 글이며 보고서 작성은 업무의 중요한 부분이다. 보고서는 업무 분야에 따라서 종류 및 형식이 다양하고 분량도 한 장에서 수백 장에 이른다. 구체적으로 보고서는 문제(이슈) 보고서, 사업기획 보고서, 기술 동향 보고서, 신기술 도입에 따른 검토 보고서, 단순 보고서(주간, 월간, 중간), 프로젝트 착수 및 완료 보고서, 실험 보고서 등이 있다. 보고서는 전문적인 내용을 다루기도 하지만 일반적으로 보고서라고 하면 일에 관련된 문서를 지칭한다.

보고서를 작성할 때는 다음과 같은 세 가지 기준을 기억하고 작성하면 유용하다.

첫째, 보고서는 특정 독자를 대상으로 작성한다. 소설이나 에세이처럼 일반인을 대상으로 작성하는 것이 아니라 김 이사님, 최 고객님과 같이 특정 독자를 상대로 그들이 필요한 정보를 제공하고 의사결정을 돕는 내용을 작성한다. 따라서 특정 독자가 이해할 수 있는 수준으로 작성해야 한다. 문장은 평이하고 친절해야 하며 쉬운 단어를 사용해야 한다.

글을 읽는 사람의 특징을 미리 세 가지 정도 요약하면 보고서를 설득력있게 쓸 수 있다. 예를 들어 이 부장님이 읽어야 할 보고서라면 이 부장님의 특징을 이렇게 요약해보자.

❶ 이 부장님은 요약과 결론을 좋아한다.

❷ 이 부장님은 전문용어를 쓰는 것을 싫어한다.

❸ 이 부장님은 오타를 극도로 싫어해서 오타를 발견하면
  읽어보지도 않고 무조건 다시 하라고 한다.

따라서 이 부장님을 위한 맞춤형 보고서는 결론을 먼저 제시하고 쉽게 써야 하고 오타가 절대 있어서는 안 된다.

둘째, 보고서를 체계적으로 구성해야 한다. 문제 보고서는 문제 정의, 문제 원인 분석, 문제해결 방안 순서대로 작성하고 사업기획서는 사업의 목적, 목표, 방법의 순서대로 작성한다. 다시 말하면 전달하는 내용이 일관성 있는 흐름으로 구성되어야 한다.

셋째, 시각화(Visualization) 요소를 활용하여 보고서를 작성한다. 정보 전달을 텍스트로 하는 것보다는 도표나 그래프를 활용하여 시각적으로 표현하면 직관적으로 이해하기가 쉽다. 척 보면 이해가 되도록 시각적으로 잘 표현해야 한다.

보고서는 보고하는 문서 성격을 고려하여 작성한다. 예를 들어 문제 보고서는 문제를 정의하고 원인을 찾아 분석하고 해결 방안을 제시한다. 문제를 정의할 때는 시각화가 중요하다. 문제를 바로 보여줄 수 있도록 문제 추이, 빈도 등의 사실을 시각적으로 보여줘서 의미를 파악하는 게 매우 중요하다. 문제에 대한 원인들을 분석하고 문제에 많은 영향을 미치는 중요도가 높은 주 원인을 선별하고 해결방안을 도출한다. 해결 방안은 효과성, 실행 용이성 등의 우선순위에 따라 단기 또는 중장기 과제로 구분하여 제시한다.

사업기획서는 딱히 정해진 형식이 있는 것은 아니기 때문에 논리적 전개와 핵심을 어떻게 잘 표현해서 전달하느냐가 중요하다. 사업기획서는 비즈니스 모델 캔버스[1] 등의 도구를 활용하여 일목요연하게 작성하면 직관적으로 사업을 파악하는 데 도움이 된다. 사업기획서의 핵심 내용은 무엇인가? 보고 받는 사람이 사업 진행 여부를 결정해야 하기 때문에 사업 타당성과 사업 목표가 무엇보다 중요하다. 이 두 가지 핵심 내용에 소요 예산, 자원 등의 사업 요소를 추가하여 작성한다.

프로젝트 완료 보고서는 프로젝트의 성과를 정리하고 앞으로 프로젝트를 더 잘하기 위해 프로젝트에서 얻은 교훈, 우수사례, 개선사항을 중심으로 작성한다.

회사에서 높은 직급으로 올라갈수록 관리해야 할 범위와 의사 결정 빈도가 많아진다. 따라서 상사는 관리 범위 안에 있는 일들을 자세히 알 수가 없다. 그런데 보고자는 상사가 자신만큼 알고 있을 거라고 착각을 한 채 보고서를 작성하는 경우가 적지 않다. 자신이 알고 있는 지식을 다른 사람도 당연히 알 거라는 고정관념에 사로잡혀 나타나는 인식의 왜곡 때문이다.

---

1 Business Model Canvas, 비즈니스에 포함되어야 하는 9개의 주요 사업 요소를 한눈에 볼 수 있도록 만든 템플릿이다. 9가지 요소는 고객, 가치제안, 채널, 고객관계, 수익원, 핵심 자원, 핵심 활동, 핵심 파트너, 비용이다.

상사가 의사결정을 하는 시간을 줄이면 업무의 생산성을 높일 수 있다. 상사는 보고서 전체를 다 읽을 시간이 없을 수도 있기에 보고서는 가급적 두괄식으로 기술하는 게 좋다. 분량이 많은 경우에는 'Executive Summary(바쁜 의사결정권자를 위한 요약 보고서)'를 통해 보고서 전체에서 핵심만 정리하여 보고서 맨 앞에 배치한다. 보고를 받는 사람이 보고서 전체 내용을 간략하게 먼저 이해하고 보고를 받게 하는 게 좋다.

A 프로젝트 조직의 업무 수행 능력을 진단한 아무개 컨설턴트는 보고서 목차를 다음과 같이 구성한 후 보고서를 작성하여 고객에게 보고하였다.

❶ 수행기업 현황
❷ 중점 수행 전략
❸ 수행 능력 진단 결과
❹ 진단 영역별 세부 영역 결과

해당 기업의 수행 능력을 진단한 보고서인데 결론에 해당하는 진단 결과는 후반부에 등장한다. 앞 부분은 수행기업 현황과 수행 전략에 대한 내용인데 보고를 받는 사람은 이미 알고 있는 내용이었다. 보고를 받는 사람이 쉽게 이해할 수 있도록 차근

차근 설명한다는 취지였으나 결과적으로 지루하게 진행되었다. 'Executive Summary'를 통해 전체를 개괄한 후 진단 결과를 요약하고, 시사점을 먼저 제시하였다면 훌륭한 보고서가 되었을 것이다. 요약 보고서의 예시는 다음과 같다.

- A 사는 빅 스크린 글로벌 벤더 제품에 탑재하는 회의 솔루션 소프트웨어 개발로 시작하였음. 향후 독자적인 제품 판매 및 수익을 창출하기 위한 사업화 전략을 제3자 시각에서 고민하였음

- 결론적으로 시장 및 고객에 대한 규정이 불분명하여 제품의 특장점을 부각시키지 못하고 있음. 자체 제품화 추진을 위해서는 고객 지향적인 접근이 필요. 가성비(價性比)보다는 가심비(價心比)가 중요함

- 회의 솔루션 시장이 포화 상태이며 후발주자로서 진입이 쉽지 않음. 회의 솔루션을 기반으로 협업 시장으로 진출을 모색하고 이를 위해 협업 환경을 제공하는 기능 업그레이드가 필요함

- 위의 내용을 추진하기 위해서는 글로벌 벤더사와 대기업과의 협업, 국가과제 수행 등을 통해 안정적인 Cash Cow를 확보하는 투트랙(Two-Track) 전략이 필요함

- 독자적인 비즈니스 모델 수행을 위해 우선적으로 중소기업과 벤처기업을 대상으로 구축 사례를 확보할 필요가 있음

보고서는 문서의 목적을 반드시 생각하고, 목적에 충실하게 내용을 구성하고, 보고를 받는 사람의 입장에서 쉽게 이해할 수 있도록 핵심을 잘 표현해서 전달해야 한다. 가급적 말하고자 하는 내용을 먼저 적고 이를 뒷받침할 논리를 설득력있게 제시한다. 보고를 받는 사람은 글의 핵심을 단박에 이해하고 전체 논리 구조를 한눈에 파악할 수 있는 보고서를 원한다. 그러려면 잠정적인 결론과 이유를 먼저 도출하고 결론의 근거를 자료를 찾아 붙이는 게 효과적이다.

다시 말하자면 보고서는 보고를 받는 입장에서 생각하고 작성해야 한다. 왜냐하면 보고서의 목적은 보고를 받는 사람의 현명한 의사결정을 지원하기 위한 것이기 때문이다. 보고자가 많이 알고 열심히 일했다는 것을 자랑하기 위함이 아니다.

한 페이지로 핵심을 짧고
명확하게 전달하라

어떻게 보고서에 내 생각을 잘 정리해서 결재자의 마음을 사로잡을 수 있을까? 일단 보고서는 얇아야 경쟁력이 있다. 긴 문서는 짜증을 부른다. 짧게 써야 빨리 본다. 최대한 짧은 분량으로 핵심을 담는다. 요즘은 한 페이지 보고서(One Page Report)로 보고하는 경향이 늘고 있다. 핵심 결론을 한 줄로 요약하고 이유와 근거를 제시하는 게 일반적이다.

한 페이지 보고서는 수십 장의 보고서로 설명해야 하는 내용을 단 한 장의 보고서로 간략화해서 정리한 문서다. 그러려면 꼭 필요한 내용만 보고서에 담고 불필요한 내용은 과감하게 걷어내거나 첨부문서로 붙이면 된다. 한 페이지 보고서에 어떤 내용을 담을 것인지가 중요한데 이것은 작성자가 아니라 결재자 입장에서 내용을 선별해야 한다. 보고서는 실무자가 아닌 회사의 의사결정권자를 위해 작성하는 문서이므로 결재자의 의사결정에 도움을 주는 항목을 선별해야 한다.

먼저 결재자가 궁금해하는 핵심 질문을 만들고 그 질문에 대한 답을 제시하는 형태로 내용을 구성한다. 이 보고의 목적은 무엇인가? 결재자는 왜 이 보고를 받아야 하는가? 결재자는 이 보고를 받은 후 무엇을 해야 하는가? 결재자가 꼭 알아야 할 정보는 무엇인가? 이렇게 큰 질문을 한 후에 일반적으로 Why-What-How의 3단 스토리를 활용하여 배경과 목적, 현황과 이슈, 원인과 과제, 실행 계획, 기대효과, 의사결정사항 등의 순서로 보고서의 내용을 구성한다. 이때 결론과 결론에 대한 근거는 보고서 제목에 반영하거나 보고서 맨 앞에 작성한다. 대략 이 내용들로 보고서를 구성하며 보고서의 성격에 따라 구체적인 항목을 추출해서 목차를 구성하면 된다.

예를 들어 〈사용자 요구사항 검토 워크숍 추진 계획서〉라는 보고서를 한 페이지로 만든다고 하면 상사는 워크숍을 왜 하는지, 어디서 어떻게 할건지, 비용은 얼마나 드는지 등이 궁금할 것이다. 그렇다면 상사가 궁금한 사항 위주로 보고서의 내용을 구성하여 목적, 추진 계획, 세부 프로그램 내용, 요청사항 등으로 구성하면 된다.

여기서 중요한 점은 목차 순서에 맞게 핵심 내용을 요약하여 한 페이지로 정리하는 것인데 핵심 내용이 하위 목차가 아니라 상위 목차에 배치되어야 한다는 점이다. 그래야 핵심을 빠르게 이해할 수 있다. 핵심 메시지를 상위 목차에 언급하고 하위 목차에 이를 부연 설명하거나 근거를 제시하면 한 페이지 보고서의 내용을 직관적으로 빠르게 파악할 수 있다.

나는 글쓰기 수업을 10년 이상 진행하면서 수강생들에게 글의 핵심을 파악하고 요약하는 연습을 많이 시켰다. 이미 작성한 보고서에서 핵심을 파악하는 방법과 지금 내가 작성한 보고서를 요약하는 방법은 다르지 않다. 전체 보고서에서 하고 싶은 말을 한 문장으로 정리하고 보고서의 핵심 단어를 연결하여 한 문단으로 구성하라고 한다. 이렇게 해보면 한 페이지 보고서의 개요가 완성된다.

한 페이지 보고서 [예시]

[스마트 회의관리 솔루션의 사업화 전략]

1. 시장과 역량을 고려하여 국내 시장 적극 공략

- 국내 시장의 폭발적 성장
  - 시장 규모: 연간 5천억 원
  - 잠재 성장: 매년 10% 증가율
- 경쟁력 있는 역량
  - 기술력: XXX라는 핵심 기술력 보유
  - 가격: 하드웨어, 소프트웨어 연계 판매로 경쟁사 대비 최소 10% 이상 저렴

2. 초연결(IoT) 시대의 기업 혁신 도구임을 강조

- 단순 회의 기능을 넘어선 고객 가치 제공 솔루션을 강조
  - 공유와 협업: 손쉬운 연결, 자료 공유, 팀워크
  - 혁신: 동료검토, 아이디어, 문제해결 등

3. 중소기업 대상으로 다양한 판매 방식 제공

- 다양한 상품 구성
  - 하드웨어, 소프트웨어 일체형 렌탈 판매를 기본, 월정 과금 부여 방식
  - 스크린 크기에 따른 제품 라인 업(Line-Up)

일의 효율성을 높이기 위해서는 단 한 번에 일을 처리할 수 있도록 보고서 핵심을 요약하여 제시하는 게 필요하다. 보고서의 생명은 압축이다. 한 페이지 보고서는 보고를 받는 사람과의 짧고 효율적인 소통을 통해서 일의 효율을 높인다. 따라서 평소에 보고서의 내용을 간략화하는 연습이 필요하다. 그러려면 무엇보다 자기 생각이 먼저 정리되어야 한다. 상사가 보고서를 보고 나에게 "그래서 자네 생각은 뭔데?"라고 물어보면 최악의 보고서다.

[사례] 진단 보고서

● 프로젝트 개요

프로젝트	OO프로젝트			프로젝트 관리자	김OO님
수행부서	OO팀	수행단계	분석	점검일	05/23~24
계약기간	2022/01/01 ~ 2022/10/31(10개월, OO억)				
수행범위	빅데이터 구축, 영업 및 마케팅 관리 구축				

● 프로젝트 문제 및 대응방안

1. 프로젝트 범위 통제 및 일정관리를 위한 전문 프로젝트 관리자(PM, Project Manager) 부재

   [현황] – 프로젝트 관리자/프로젝트 리더(PL, Project Leader) 병행, 특정 컨설팅社 주관 PMO(Project Management Office)수행으로 '통합 관리' 역할 부재

   - PM은 PL 병행으로 업무 과중, 고객사와 범위 관리 및 협력사 관리 미흡
   - PMO는 컨설팅社로 사업관리(일정, 범위관리) 역량 및 협력사간 통제 역할 미흡

   [대응] – 구축 사업관리 역할 가능한 자사 인력으로 PM, PMO 교체
   - PM 신규 투입, 플랫폼 PL 역할로 OOO님 R&R(Role & Responsibility, 역할과 책임) 변경, PMO 자사인력 신규 투입

2. 이해관계자(고객사, 수행사)間 프로젝트 범위 상충

   [현황] – 고객사는 마스터 플랜, PM은 분석과제 범위로 워크샵 이후에도 범위 상충[별첨3]

   - 고객사는 마스터 플랜 기준, 전체 테이터 표준, 모델링이 범위임을 요구
   - PM은 'OO과제 기준, PL은 명확한 범위 없이 범위가 지속 변경됨을 피력
   - 프로젝트에서 두 개월간 협의 지연으로 내부에서 해결 불가

   [대응] – 범위 확정시까지 고객사 및 프로젝트간 운영위원회(Steering Committee) 시행

3. 통합 OO 분석을 위한 기초 자료 부족

 [현황] – 저장소 정보 200건만 제공받아 데이터 모델링 수행 中[별첨8]

  • OO 프로젝트에서 A 사 87%, B 사 16% 표준 제공으로 지연

  • 데이터 모델링을 위한 OO 설명이 필요하나 제공받지 못해 OOO만으로 설계 中

 [대응] – 수행계획서 기준, 자료제공 지연에 대한 추가 인력으로 계약 변경[별첨6]

위 내용은 회사의 점검 담당자가 프로젝트의 문제점을 파악하고 대응 방안을 작성한 보고서다. 보고서를 글쓰기 측면에서 검토해보자.

(총평)

• 먼저 이 보고서의 목적이 무엇인지 불분명하다. 프로젝트의 현황을 파악하여 보고하는 문서인지, 아니면 프로젝트 문제에 대한 의사결정을 요청하는 문서인지 알 수 없다. 어떤 의도로 작성했는지 작성자도 잘 모르는 것으로 보인다. 보고자와 보고를 받는 사람이 누구인지 알 수 없다.

• [현황]과 [대응] 두 가지 항목으로 구성되어 있는데 문제해결형 전개를 위해서는 문제(현황) 파악, 원인 분석, 해결 방안의 3단계 접근이 필요하다. 보고서는 문제해결의 두 번째 프로세스인 원인 분석에 대한 내용이 빠져 있다.

• 프로젝트 이슈 및 대응 방안의 "통합 OO 분석을 위한 기초 자료 부족"같은 제목들은 나타난 문제라기보다는 원인에 가깝다.

- [대응]은 브레인스토밍을 통해서 여러 가지 방법을 찾아낼 수 있다. 복수의 방안을 제시할 필요가 있다. 방법이 단 한가지만 있는 것은 아니다. 복수의 방안들에서 실행 가능성, 효과 등의 측면을 고려하여 방안을 실행하는 우선순위를 결정하는 게 좋다.
- [대응]은 대응을 한 것인지, 하라는 것인지 불분명하다. 대응 방안을 구체적인 실천 항목(Action Item)으로 관리할 필요가 있다.

∘─❶

- 전문 프로젝트 관리자(PM, Project Manager) 부재로 인해 현재 어떤 문제가 발생했는지에 대해 구체적인 사실을 언급해야 한다(예를 들어 프로젝트 진척 파악 곤란, 진척이 10% 지연, 문제 파악 및 처리가 2주째 지연 등).
- 현재 기술된 내용은 전문 PM/PMO 부재로 인해 어떤 문제가 있다는 식으로 기술하고 있다. 문제에 대한 정확하고 구체적인 현상을 먼저 파악한 후에 이에 대한 원인 파악이 이루어져야 한다.

∘─❷

- 제목을 문제가 아니라 원인으로 붙였는데 제목을 "프로젝트 범위 협의 (2개월) 지연으로 진척 차질"로 바꾸면 읽는 사람의 관심을 끌 수 있다. 제목은 신문 기사의 헤드라인처럼 작성하는 게 좋다.

∘─❸

- 2번과 마찬가지로 제목은 "불충분한 데이터 기반의 모델링 수행으로 결과의 정확성 의문"으로 변경하는 게 좋다.
- [대응]이 원인에 대한 적합한 대응인지 확인이 필요하다.

사용자 매뉴얼

쉽게 쓰고 편의성을
고려하라

사용자 매뉴얼은 사용자가 소프트웨어나 스마트폰 같은 제품이나 연말정산 같은 서비스를 사용하기 위해 절차나 방법을 상세하게 작성한 문서를 말한다. 따라서 사용자가 전문가의 도움 없이 스스로 내용을 이해하고 사용할 수 있도록 사용자 매뉴얼을 쉽게 작성하는 게 중요하다. 그러나 제품을 설계하는 단계에서 작성한 화면 설계서를 제품 개발이 완료된 다음에 일부 수정하여 사용자 매뉴얼을 만드는 게 현실이다. 그러다 보니 전문적인 용어로 가득찬 사용자 매뉴얼을 작성하게 되고 사용자가 사용자 매뉴얼을 보고 제품을 사용하기가 어렵다. 엄밀하게 말하자면 사용자 매뉴얼이라고 보기 어렵다. 물론 사용자 매뉴얼은 화면 설계서를 참고해서 작성하는 게 일반적인 절차이지만 근본적으로 이 둘은 문서 용도가 다르다. 화면 설계서는 제품을 개발하기 위해서 사용자 인터페이스를 디자인하는 문서이며 사용자 매뉴얼은 사용자가 제품 사용을 목적으로 작성하는 문서다.

사용자들은 느긋하게 사용자 매뉴얼을 정독하는 것을 좋아하지 않는다. 이들은 대개 다급한 상황에서 매뉴얼을 찾는다. 그래서 요즈음은 사용자 매뉴얼에서 핵심적인 내용만 간추려 빨리 보고 제품이나 서비스를 이용할 수 있도록 만든 요약설명서(Quick Manual)를 제작하는 경우가 많다. 또 사용자가 문제가 발생했을 때 고객센터에 전화하기 전에 스스로 문제를 해결(Trouble Shooting)할 수 있도록 도와주는 내용이 매뉴얼에 포함되어 있다. 사용자가 직접 문제를 확인하고 조치를 취할 수 있도록 예상되는 문제, 경고 표시, 고장 리스트와 대처 방법을 매뉴얼에 포함시킨다. 사용자 매뉴얼을 동영상으로 제작하여 사용자가 쉽고 빠르게 활용할 수 있도록 돕는 경우도 많다. 비디오 튜토리얼Video Tutorial 등의 동영상을 제작하여 웹 사이트에서 제공한다.

신기하게도 품질 좋은 제품을 만드는 회사는 사용자 매뉴얼도 잘 만들어서 사용자에게 제공한다. 그들은 사용자 매뉴얼을 제품의 일부분으로 간주하기 때문이다. 반대로 제품에 하자가 많으면 사용자 매뉴얼도 쓸모 없는 경우가 많다.

▲ 그림 7-4 사용자 매뉴얼 작성 5단계

　사용자 매뉴얼은 일반적으로 [그림 7-4]와 같은 5단계를 거쳐 작성한다.

　먼저 사용자 매뉴얼에 대한 사용자의 요구사항을 파악하여 분석하는 기획 작업을 진행한다. 사용자 매뉴얼에 꼭 반영할 내용, 사용자 매뉴얼 종류 및 스타일, 사용자 매뉴얼 매체(온라인, 오프라인) 등의 요구사항을 수렴한다. 어떤 종류의 매뉴얼을 어떤 수준으로 만들 것인지 기획한 후에는 사용자 매뉴얼 목차를 설계한다. 목차 구성을 한 후 내용을 집필하고 시각화 작업을 진행한다. 사용자 매뉴얼 작성을 할 때는 디자인 같은 시각적 요소에 신경써야 한다. 시각 디자인은 정보의 흐름과 밀접한 관련이 있기 때문이다. 마지막으로 사용자 매뉴얼에 대한 검토 작업과 실제 제작을 진행한다.

사용자 매뉴얼을 작성할 때 꼭 신경써야 할 점을 정리하면 다음과 같다.

- 화면 설계서와 차별화하라. 앞에서 언급한 바와 같이 사용자 매뉴얼과 화면 설계서는 문서의 성격이 다르다. 제품이나 서비스에 대해 사용자가 처음 접한다고 생각하고 사용법을 쉽게 작성하라.

- 사용자의 요구를 분석하라. 제품 생산자나 서비스 제공자 입장이 아니라 사용자의 관점에서 사용자가 필요한 사항이 무엇인지 파악하고 작성하라.

- 사용자 언어로 표현하라. 사용자가 사용할 문서이니 당연히 사용자의 언어, 즉 초보자의 언어로 작성해야 한다. 전문용어를 배제하라.

- 시각화 요소를 활용하여 친절하게 설명하라. 시각화 요소를 반영해야 가독성이 높아진다.

- 문제해결(Trouble Shooting)을 포함하라. 스스로 문제를 해결할 수 있도록 안내하라.

- 검색이 용이해야 한다. 검색은 다른 문서보다도 사용자 매뉴얼에서 특히 신경써야 할 요소다. 목차 전개 순서와 색인 생성에 관심을 가져라.

목차

1. 시스템 소개
   1.1. 시스템 개요
   1.2. 시스템 구성도
   1.3 주요 기능
2. 시스템 활용 기초
   2.1. 시스템 시작과 종료방법
   2.2. 화면구성 및 기능설명
   2.3. 사용자 및 권한관리
3. [서브시스템] 사용설명
   3.1. 개요
   3.2. 구성
   3.3. 주요 업무처리와 절차
   3.4. 화면 목록
   3.5. 화면단위 프로그램 설명

IT 서비스 회사의 사용자 매뉴얼

〉 시작하기
〉 기본 기능
〉 애플리케이션
〉 설정 및 업그레이드
〉 문제 해결
〉 부록

차례 보기

시작하기

3 사용하기 전에
7 각 부분의 이름
14 컴퓨터 켜기/끄기
15 잠금화면 해제
16 WindowS

기본 기능

18 키보드
20 터치패드
23 지문인식
26 메모리카드/슬롯
28 외부 디스플레이 장치 연결
30 무선랜
32 블루투스
34 ThunderboltTM3ILCD 38.1(m 모델에 한함)

애플리케이션

35 애플리케이션 사용 안내
26 Samsung Setting (컴퓨터 설정)
37 Samsung Security
29 Samsung Update (소프트웨어 업데이트)
40 온라인 상담(S Service)
41 Samsung PC Help (컴퓨터 자가 해결 앱)
42 Samsung PC Clearer

설정 및 업그레이드

43 화면 밝기 조절
45 소리 크리 조절
46 BIOS(설정 유틸리티)
51 배터리

문제 해결

54 Samsung Recovery (복원/백업)
57 Windows 복원 기능
57 Q&A

부록

59 규격 및 특성
60 올바른 컴퓨터 사용 자세
64 배터리 관련 주의 사항
66 안전을 위한 주의 사항
75 폐전자제품 처리 안내
77 Samsung International Limited Warranty Card
78 서비스 센터 및 홈페이지 안내

S전자의 노트북 매뉴얼

▲ 그림 7-5 사용자 매뉴얼 예시

실제 만든 사용자 매뉴얼의 목차를 살펴보자.

[그림 7-5]의 왼쪽 사용자 매뉴얼은 제품 설계 문서와 유사하다. 제품을 만드는 과정에서 작성한 문서를 그대로 사용하다 보니 사용자 매뉴얼이라기보다는 기술 문서에 가깝다. 오른쪽은 목차가 시작하기, 기본 기능 등의 순서로 구성되어 있어서 일목요연하게 파악하기 쉽고, 문제해결 등의 최신 매뉴얼 트렌드를 반영하고 있으며 검색이 용이하고 직관적이다.

📑 **예시**

일반적으로 제품에 대한 사용자 매뉴얼은 다음 순서로 작성하는 것이 좋다.

구분	내용	설명
일반사항	제품/서비스 소개	기술의 일반적인 설명과 제품이나 서비스의 주요 기능 및 장점에 대해 3~4문단으로 소개
	주요기능	제품이나 서비스를 제공하는 주요/세부 기능 및 부가 설명
	사용환경	제품이나 서비스를 사용하는 필요한 하드웨어(HW), 소프트웨어(SW) 환경에 대해 파악할 수 있는 정보를 기술 • 사용(설치) 장비(HW) 및 세부 스펙, 사용(설치) 환경(SW) 및 세부 스펙
	특장점	경쟁제품/서비스 대비 우수하다고 판단되는 특징 및 장점에 대해 비교 분석
	용어정리	매뉴얼에서 많이 사용하는 용어에 대한 설명
	주의표기	참고, 주의 표시 등의 설명
	저작권 및 기타 법적 권한	상표, 저작권, 기타 책임 소재 등에 대한 안내, 사용에 있어서 라이센스의 적용 방법 및 범위

구분	내용	설명
제품/서비스 기능	제품/서비스 구성	제품/서비스에 포함되어 있는 내용물
	설치방법 (설치, 제거)	제품/서비스 설치방법 및 삭제방법, 설치 전 준비작업 설명
	기능설명	사용자들이 해당 제품/서비스의 기능을 잘 이해하도록 이미지, 아이콘 등을 활용해서 사용법을 상세하게 설명 • 기능의 계층구조를 두어 설명하고 주요 기능과 세부 기능으로 나누어서 설명 • 각 기능이 작동하는 방식, 기능 작동 원인 및 결과를 설명
	유지보수정책	기술지원에 대한 정책(라이선스 정책 등) 및 절차, 기술지원 담당자 연락처 등 • 기술 지원 정책, 업데이트 관련 정책
기타사항	찾아보기	해당 키워드가 들어 있는 페이지를 표시
	FAQ	제품/서비스 사용과 관련하여 자주 발생하는 질문, 지원받기 전 점검사항 등에 대한 설명
	간단한 오류처리	많이 발생하는 오류 등에 대한 대처 방법 설명
	표, 그림목록	사용한 표, 그림의 제목을 목록화하여 사용자들이 해당 항목 찾는 것을 용이하게 함

▲ 표 7-2 사용자 매뉴얼 목차

[실습] 동영상 업로드 매뉴얼 작성

유튜브에 동영상 콘텐츠를 등록하는 방법에 대해 매뉴얼을 한 페이지 이내로 작성하시오, 단 이 매뉴얼을 사용하는 사람은 여러분의 부모님이다.

● 작성 가이드

- 사용자에 따라 매뉴얼의 작성 수준이 달라진다. 부모님이 사용자이기 때문에 최대한 단순하고 입체적으로 친절하게 설명해야 한다. 관련 사이트 링크를 클릭하고 화면을 보여주고 순서대로 따라할 수 있도록 한다. 동영상 매뉴얼을 제작할 수도 있다.
- 부모님이 보고 사용하기 때문에 텍스트로만 구성하는 건 한계가 있다. 시각화 요소를 적극 활용하라.
- 문장은 가급적 단문을 사용한다. 단순하고 짧게 쓴다. 길게 쓰면 이해하기 어렵다.

▲ 그림 7-6 동영상 업로드 매뉴얼 작성 예시

요구사항 정의서

요구사항의 7가지 특징을
기억해서 작성한다

제품이나 서비스를 개발할 때 초기에 고객의 요구사항을 도출하여 〈요구사항 정의서〉라는 문서를 작성한다. 요구사항 정의서는 제품 개발 범위를 구체적으로 명시한 문서이기 때문에 제품 개발 전 단계에 영향을 미친다. 그러나 기한 내에 신속하게 제품을 개발해야 하는 압박과 조급증으로 인해 요구사항 정의서를 불완전하게 작성해서 결함을 야기하는 경우가 많이 발생한다. 무엇을 개발해야 하는지를 구체적으로, 정확하게 정의하지 않은 상태에서 다음 단계로 넘어가면 재작업은 필연적으로 발생하게 된다. 요구사항 정의서를 어떻게 작성하고 있는지 구체적인 현실을 살펴보자.

첫째, 요구사항 정의서에 제품 개발의 전체 범위를 명시하지 않는다. 요구사항은 제품으로 구현해야 할 기능뿐만 아니라 제품의 성능 보장이나 보안 준수 같은 기능 이외의 요구사항을 포함하여 누락 없이 작성해야 한다. 요구사항을 작성하는 과정에서 가장 많이 저지르는 오류는 누락이다. 누락된 것은 어떻게 할 수가 없다. 누락된 것을 어떻게 개발할 수 있겠는가?

요구사항이란 제품이 제공하여야 할 기능(Function)과 충족하여야 할 조건(Condition)이다. 요구사항을 구현해야 할 기능만으로 생각하는 경우가 많은데, 충족되어야 할 조건, 즉 구체적으로 성능(처리 속도 등), 사용성(사용 편리성 등), 보안(인증, 접근 권한 등), 이식성(모바일 환경 지원 등) 등의 요구사항도 포함해야 한다.

수준이 낮은 프로젝트는 고객과 인터뷰한 내용을 정리한 것이 요구사항의 전부라고 주장하기도 한다. 인터뷰를 통해 요구사항 일부를 도출할 수는 있지만 인터뷰한 내용이 요구사항의 전부라고 말할 수는 없다.

둘째, 요구사항을 대상(What)이 아니라 방법(How) 중심으로 기술하고 있다. 요구사항을 작성할 때 중요한 것은 무엇을 개발할 것인지를 구체적으로 기술하는 것이다. 방법이 아니라 대상이 중요하다. 방법의 관점에서 기술하면 요구사항 정의서가 복잡해진다. 방법은 요구사항을 작성한 후에 다음 단계에서 작성하면 된다.

셋째, 요구사항을 비즈니스 용어가 아닌 전문용어로 기술한다. 요구사항을 제품 개발자가 작성하다 보니 이런 현상이 종종 발생한다. 요구사항은 사용자와 소통하는 문서이므로 고객의 언어로 기술해야 한다.

요구사항을 제대로 작성하기 위해서는 요구사항의 특징 7가지를 반드시 기억해야 한다.

첫째, 요구사항은 제품 개발을 할 수 있도록 완성도가 높아야 한다.(Complete) 제품을 개발할 때 활용할 수 있을 정도로 요구사항을 구체적으로 기술해야 한다. 기능 관련 요구사항의 경우에는 업무의 최소 단위인 단위 프로세스(Elementary Process)까지 분해하고 이를 요구사항 작성의 기본 단위로 삼아야 한다.

둘째, 사용자의 요구를 정확히 정의하여야 한다(Correct). 요구사항은 사실이어야 하며 요구사항 간에 충돌이 없어야 한다.

셋째, 제품 개발이 가능한지 타당성을 따져야 한다(Feasible). 그 요구사항은 개발이 가능한가? 개발을 위해서는 어떤 제약사항이나 전제조건이 필요하지 않은가? 그렇다면 그것을 명시해야 한다.

넷째, 사용자가 실제로 필요한 것이어야 한다(Necessary). 고객이 자주 쓰는 말 중의 하나는 "다 해주세요", "알아서 해주세요"다. 그러나 일이란 보통 제한된 기간 내에 제한된 자원을 가지고 진행할 수 밖에 없기 때문에 고객에게 무한 서비스를 제공하면 일은 결과적으로 실패한다. 요구사항이 정말로 필요한 것인지를 분별해야 한다. 알아서 해달라고 해놓고 나중에 딴소리를 하는 경우가 많다. 반드시 고객과 요구사항을 협의해서 작성해야 한다.

다섯째, 우선순위를 부여하여야 한다(Prioritized). 요구사항이라도 다 똑같은 요구사항이 아니다. 반드시 완벽하게 개발해야 할 중요한 요구사항이 있고 상대적으로 덜 중요한 요구사항도 존재한다. 요구사항을 비즈니스 관점에서 우선순위를 부여하고 이에 따라 일의 선택과 집중을 달리해야 한다.

여섯째, 모두가 이해할 수 있도록 모호하지 않아야 한다(Unambigu Ous). 요구사항에 대해 서로 다르게 이해할 수 있는 여지가 없도록 명확하게 기술해야 한다. 그러기 위해서는 주요 용어에 대한 정의가 필요하다. 예를 들어 "우수고객의 경우에는 익일 새벽 배송이 가능하다"라는 요구사항이 있을 경우에 누구를 우수고객으로 정의할 것인지를 합의해야 한다. 요구사항을 작성할 때 별도로 용어사전을 작성하는 것이 좋다. 요구사항과 관련된 모든 사람이 동일한 용어사전을 사용할 수 있도록 인터넷 기반으로 용어사전을 활용할 수 있는 환경을 만드는 것이 좋다.

일곱째, 검증 가능하여야 한다(Verifiable). 제품 개발이 된 후에 요구사항 정의서 문서로 사용자 관점에서 요구사항을 검증할 수 있는가? 요구사항을 누락 없이 구체적으로 기술했느냐의 관점에서 요구사항을 검증할 수 있어야 한다.

요구사항을 작성할 때 가장 어려운 일은 단지 고객이 원하는 것을 '기록'하는 활동이 아니라 고객이 원하는 것이 무엇인지 알 수 있게 도와주는 '개발' 차원의 활동을 통해서 기록해야 하기 때문이다. 요구사항 작성 작업은 원석을 다듬어 보석으로 만드는 과정이다.

누락 없이, 명확하게
고객의 언어로 표현하라

요구사항 정의서의 작성 수준은 사람마다 다르다. 해당 분야에 대한 업무 지식이 있어야 작성을 잘할 수 있지만 글쓰기 측면에서도 꼭 염두에 두어야 할 사항이 존재한다. 다음과 같은 요구사항 작성 지침을 알아두면 작성이 수월하다.

첫째, 요구사항을 누락하지 말고 구체적으로 기술하라. 요구사항의 누락은 제품 개발에 엄청난 파괴력을 지닌다. 요구사항하나가 빠지면 나중에 100개의 세부 기능 추가나 재작업이 발생할 수 있다.

📑 **예시 1**

> 다중 자막 시스템 개발을 위해서 단어장 사전을 구축한다
> (영어 등).

➡ '영어 등'으로 기술하여 구축할 데이터가 정확하게 확정되지
않았다. 한참 지나서 요구사항을 확인해보니 영어 외에 중국
어, 일본어, 베트남어로 단어장 사전 구축을 해야 했다. '등'이
라는 표현은 사용하지 말아야 한다. 구체적으로 표현하지 않으
면 누락된다.

둘째, 모호하거나 부정확하게 기술하지 마라.

📑 **예시 2**

> 한도 금액 이상 이체 시 2채널 추가 인증을 할 수 있다.

➡ '할 수'라는 표현은 애매하다. 인증을 하라는 건지, 하지 말라는
건지 알 수가 없다. '해야 한다'라고 작성한다.

셋째, 기능과 관련된 요구사항의 경우에는 요구사항이 처리되는 순서를 고려하여 기본 흐름(Main Flow), 선택 흐름(Alternative Flow), 예외 흐름(Exception Flow)으로 나누어 작성한다. 일은 시작과 끝이 존재하고 순서적으로 처리된다. 일의 흐름은 일반적인 순서로 진행이 되는 기본 흐름, 다른 대안이나 의사결정을 하는 선택 흐름, 비정상 상황이 발생했을 때 처리하는 예외 흐름으로 나눌 수 있다. 기본 흐름을 중심으로 선택과 예외 흐름을 고려하여 순서대로 작성하면 상세하게 요구사항을 기술할 수 있다. 또한 요구사항을 누가, 언제, 어디에서, 무엇을, 어떻게, 왜라는 육하 원칙의 관점에서 보게 되면 구체적으로 요구사항을 기술하는 데 도움이 된다.

예시 3

기본 흐름	1. 본 요구사항은 고객이 창구를 통해 변경요청을 하면서 시작된다. 2. 변경처리 담당자는 변경대상 증서번호를 입력한다. 　2-1. 증서번호를 모를 때에는 고객 주민번호를 입력한다. 　2-2. 시스템은 해당 주민번호별 증서번호를 화면으로 보여준다. 　2-3. 변경처리 담당자는 해당증서번호를 선택한다. 3. 시스템은 입력 증서번호에 대하여 변경 전 계약사항을 화면으로 보여준다. 4. 변경처리 담당자는 변경 후 사항을 입력한다. 　4-1. 변경 후 사항은 1개 이상의 정보를 입력하여야 한다. 1개 이상 입력하지 않았을 경우에는 [E-1]으로 분기한다.
선택 흐름	
예외 흐름	[E-1] 변경 후 사항 입력 1. 최소 한 개 이상의 변경 후 정보가 입력되어야 한다. 그렇지 않을 경우 시스템에서 오류 메시지를 표시한다.

넷째, 주어와 서술어를 맞춰서 작성하라. 주어와 서술어를 식별하면 우리말 오류의 절반은 해결된다고 앞에서 말했다. 특히 주어를 명확히 표현해야 주어가 수행하는 역할이 분명해진다.

예시 4

> (A 시스템은) 외부에서 음성파일을 수신한다.
>
> (A 시스템은) 수신된 음성파일을 변환하여 IOT(Internet of Things, 서비스 연계 플랫폼)에 전달한다.

➡ 괄호 안의 주어가 원래 문장에서 생략되었다. 시스템이 여러 개 있었고 연계 시스템도 존재했는데 주어가 생략이 되어 행위의 주체를 명확하게 이해할 수 없었다.

다섯째, '~해야 한다'는 서술형으로 종결하라.

예시 5

> 로그인할 때 아이디/비밀번호, 공인 인증서 암호 입력 로그인

➡ "아이디/비밀번호 또는 공인 인증서 암호를 입력하여 로그인해야 한다"로 서술어를 명확하게 표현한다. 기능과 관련된 요구사항은 처리, 등록, 조회, 출력 등의 행위를 의미하는 서술어이기 때문에 서술어 표현을 모호하게 하지 말고 "~해야 한다" 또는 "~한다"로 문장을 끝내는 게 좋다.

여섯째, 짧은 문장으로 분명하게 써라. 긴 문장은 오류를 저지르기 쉽다. 가급적 한 문장에 주어와 서술어가 한 번만 나오도록 기술한다.

📑 예시 6

> 업무 관리자가 일정정보 및 권한정보 등록을 완료한 후 프로젝트를 개시 처리하고, 프로젝트를 보류해야 하는 경우 보류 처리하며, 보류된 프로젝트를 다시 진행해야 하는 경우 프로젝트를 부활 처리해 업무를 다시 재개한다.

➡ 위 문장은 세부적으로는 4개의 문장으로 구성되어 있으므로 각각 구분하여 기술한다.

- 업무 관리자는 일정정보 및 권한정보를 등록한다.
- 업무 관리자는 프로젝트를 개시 처리한다.
- 업무 관리자는 프로젝트를 보류해야 하는 경우에는 프로젝트를 보류 처리한다.
- 업무 관리자는 보류된 프로젝트를 다시 진행해야 하는 경우에는 프로젝트를 부활 처리한다.

일곱째, 고객의 언어로 기술한다.

📝 예시 7

> 만약, 클라우드 시스템에서 검색 도중 Transaction 오류
> 가 발생하면 Commit하지 말고 전부 Rollback 처리한다.

➡ 전문적인 기술용어를 쓰게 되면 당연히 고객이 이해하기 힘들
다. 작성자 입장에서 쓰기 때문에 그렇다. 요구사항 정의서는
고객과 검토, 협의해야 하는 문서이기 때문에 고객의 언어로,
고객 입장에서 작성해야 한다.

> 만약, 클라우드 시스템에서 검색 도중 처리 오류가 발생하
> 면 저장하지 말고 전부 취소한다.

[실습] 요구사항 정의서 작성

인터넷 뱅킹 계좌이체 요구사항 4개 중에서 '입금계좌 정보 등록'과 '이체처리' 요구사항의 상세내용을 구체화하여 문장으로 기술하시오. 가급적 짧은 문장으로 명확한 단어를 사용하여 구체적으로 기술하시오.

요구사항 ID	요구사항명	상세내용	유형	중요도
tf-01	로그인	1. 단말기에 저장되어 있는 공인인증서를 검색해야 한다. 2. 선택한 공인인증서의 비밀번호를 입력해야 한다. 3. 선택한 공인인증서와 해당 비밀번호가 맞는지 검증해야 한다. 4. 검증 시 유효하지 않을 경우 실패 사유 메시지를 출력해야 한다. 5. 실패 시 재 로그인할 수 있도록 해야 한다. 6. 로그인 실패 횟수는 최대 5회까지이며, 이후에는 로그인이 차단된다. 7. 로그인 차단 시에는 영업점 방문에 대한 안내 메시지를 출력해야 한다.	기능	상
tf-02	출금계좌 정보검색	1. 이체 가능한 계좌리스트와 잔액을 조회한다. 2. 계좌리스트 중 이체하고자 하는 한 개의 계좌를 선택할 수 있다. 3. 계좌 비밀번호를 입력하고 정합성을 체크한다. 4. 이체금액을 입력한다. 5. 이체 한도를 조회한다. 만약 이체한도를 초과하면 '이체할 수 없습니다'라는 메시지를 출력한다. 6. 보내는 분 통장 표시 내용을 등록할 수 있다(최대 8자리).	기능	중
tf-03	입금계좌 정보등록		기능	상
ft-04	이체처리		기능	상

이메일

한번 보낸 이메일은
돌아오지 않는다

평균적으로 직장인은 하루 종일 약 80개 이상의 이메일을 받는다는 통계자료가 있다. 매일 아침 일어나서 제일 먼저 하는 일이 이메일을 확인하고 답장을 보내는 일이다. 많은 사람이 이메일과 더불어 살아가고 있을 만큼 이메일은 소통의 핵심 수단이 되었다. 그런데 이메일과 너무나 친숙해져서 이메일을 어떻게 잘 활용할 것인가에 대한 고민은 별로 없는 듯하다. 이메일을 쓸 때 고려해야 할 점을 몇 가지 살펴보자.

이메일은 받는 대상이 제일 중요하다. 누구를 위해 이메일을 쓰는가가 이메일의 내용과 형식, 톤 등을 결정한다. 이메일은 편지라는 형식이라는 것을 기억하라. 편지는 상대방에게 친근감을 느끼도록 안부나 근황 등을 묻는 게 좋다. 공적으로 여러 사람에게 보낼 때도 마찬가지다. 다만 "건강과 사업 번창을 기원합니다"와 같은 상투적인 표현은 삼가야 한다.

이메일에는 목적이 있어야 하는데 단 하나의 목적을 가져야 한다. 하나의 이메일에서 여러 개의 목적을 다루면 혼란과 비효율성이 발생할 수 있다. 하나의 이메일에는 사업기획서 수정을 요청하는 내용과 분기별 회의 일정 가능 여부에 대한 질문이 같이 포함되어서는 안 된다. 두 개의 이메일로 나누어야 한다. 이메일을 한 가지 목적으로 작성해야 수신자가 이메일을 이해하고 행동하는 것이 더 쉬워질 수 있다.

이메일 제목은 본문의 내용을 축약해야 한다. 일반적으로 이메일 제목은 두세 개의 단어로 간단하게 구성되어야 한다고 생각하는데 그건 착각이다. 이메일 제목은 이메일의 요약이어야 한다. 이메일을 읽을까 말까를 결정하는 가장 큰 요인이 제목이다. 이메일 제목을 신문기사의 헤드라인으로 생각하라. 이메일 내용에 있는 핵심 단어 세 개에서 다섯 개를 가지고 요약해서 작성하면 좋다. 제목만으로도 어떤 내용의 이메일인지 파악할 수 있어야 한다. 예를 들어 "팀장님, 요청하신 제품 기획서 샘플입니다", "고객 보고서 수정 사항을 오후 2시까지 검토바랍니다"와 같은 제목이면 어떤 내용인지 바로 알 수 있어서 좋다.

이메일의 핵심 내용을 명확하고 간결하게 제시해야 한다. "예산에 대한 의견을 제공해주십시오", "다음 주 목요일에 프로젝트 착수 회의 참여 여부를 알려주십시오"와 같이 요청사항을 명확하게 기술해야 한다. 그러려면 이메일 요청사항을 육하원칙을 고려하여 작성하면 좋다.

일전에 글쓰기 수업을 시작하면서 수강생 한 명으로부터 예기치 않는 이메일을 받은 적이 있었다. 나는 수업 시간에 수강생들과 가끔 반말로 편하게 이야기를 하곤 했다. 그런데 이 수강생은 내 반말이 불쾌했는지 이메일로 나에게 항의를 했다. 여기까지는 나름 이해가 되었지만 표현의 수위가 너무 셌다. 나의 인권의식에 문제가 있고 위계에 의한 폭력이라며 온라인 카페에도 글을 올렸다. 일종의 필화[1] 사건이 발생한 것이다. 나는 화가 머리 끝까지 났지만 감정적인 대응은 하지 않기로 마음먹었다. 대신 내가 하고 싶은 말을 명확하게 객관적으로 전달하는 게 낫겠다는 판단을 했다. 며칠 동안 생각을 정리한 후 다음과 같이 이메일 답장을 보냈다.

---

1 筆禍, 발표한 글이 법률적으로나 사회적으로 문제를 일으켜 제재를 받는 일을 의미한다.

솔직히 말하자면 처음 만나서 잘 모르는 상황에서 반말이라는 그 자체에 꽂혀서 다른 것들을 폄하하고 저를 이상한 사람으로 만드는 것 같아서 불쾌했습니다. 먼저 인권이나 폭력을 언급하며 공개적으로 카페에 글을 올려 저에게 모욕감을 준 것에 대해 사과를 하시고, 앞으로 제 수업 스타일에 이의를 제기하지 않고, 향후에 글쓰기에만 전념하겠다는 이 세 가지에 대해 약속을 하시면 제가 도와드릴 수 있습니다만 이 중에 하나라도 동의하기 어려우면 함께 하기 어려울 것 같습니다.

만약 얼굴을 마주했더라면 감정적인 싸움으로 치달을 수 있을 정도로 수강생은 나의 역린을 건드렸다. 그렇지만 이메일이라는 커뮤니케이션 수단을 통해서 감정적 동요에 휩싸이지 않고 명확한 입장을 단호하게 전달하는 게 갈등 해결에 더 효과적일 수 있다고 생각했다. 결과적으로 수강생은 글쓰기 수업을 포기하였다. 확전이 되지 않고 마무리가 되었다.

한번 보낸 이메일은 절대 되돌아오지 않는다. 처음 이메일을 쓸 때 신경써야 한다. 이메일을 쓸 때 가장 유의해야 할 점은 이메일을 받는 사람을 생각하는 것이다. 이메일은 사무적일 수 있지만 이메일에 상대방에 대한 배려, 공감, 관심을 담는다면 특별

할 수 있다. 누구에게나 똑같은 문구로 썼다고 생각하면 기분이 별로일 수 있다. 단 한 사람에게 보낸다는 느낌이 들도록 내용을 보완하라. 그러면 상대방의 마음을 움직이기 쉬워진다.

회의록

회의 내용 전체를
속기하라

회의하는 시간은 많은데 회의가 별로 생산적이지 않다는 볼멘 목소리가 많다. 아침부터 저녁까지 하루 종일 회의를 했는데 결론도 없고 지치고 맥이 빠진 경험을 해본 적이 있을 것이다. 이쯤 되면 회의(會議)가 회의(懷疑)스럽다. 심지어 회의 많은 회사치고 잘 돌아가는 회사 없다는 말이 심심찮게 회자된다.

회의에 필수적으로 수반되는 것 중의 하나가 '회의록'이다. 회의록을 작성하다 정작 중요한 일에는 소홀하게 되는 경우가 적지 않다. 꼭 기록할 필요가 없으면 구두나 이메일 보고로 대체하는 것이 효율적이다. 회의에서 논의된 내용은 사후관리가 면밀하게 이루어져야 한다. 회의에서 모든 것이 다 결정되기 어려울 경우 쟁점 및 미결사항에 대한 조치가 필요하다. 그래야 원점에서 다시 논의되지 않고 지속적으로, 효과적으로 일이 추진될 수 있다.

회의록을 작성할 때 가장 신경써야 할 대목은 길게 쓰지 말고 항목별로 간결하게 작성해야 한다는 점이다. 5W2H 원칙에 따라 언제(When), 어디서(Where), 누가(Who), 무엇을(What), 왜(Why), 어떻게(How), 얼마나(How Much)를 고려하여 작성한다.

- 회의 안건: 회의에서 다룰 내용을 간단히 적고 필요 시 왜 회의를 하게 되었는지 회의의 배경과 목적을 기술한다.
- 회의 참석자: 참석자는 윗사람부터 쓰고 직책을 명기한다
- 회의 내용 및 결론: 회의에서 다룬 내용과 결정사항을 하나씩 일목요연하게 정리한다.
- 쟁점 및 미결사항: 회의에서 결론이 나지 않아 향후 논의할 사항을 항목을 구분하여 적는다.

회의한 내용들을 회의 목적에 맞게 구분하여 정리하고 회의 목차를 만들어 간단하게 요약을 해두면 나중에 찾아서 활용할 때 큰 도움이 된다.

회의 기록을 어떤 방식으로 할 것이냐에 따라서 회의 내용 정리가 달라진다. 회의 내용에 대해 잘 아는 경우에는 핵심 용어를 중심으로 빠지지 않게 작성하는 데 초점을 맞춘다. 그런데 처음 접하는 업무에 대해서 회의 결과를 정리할 때는 핵심 용어만 가지고 정리하기가 쉽지 않다. 핵심 용어를 중심으로 기록하고 나서 나중에 회의록을 다시 보게 되면 기억에 남는 게 별로 많지 않다. 이럴 경우에는 가급적 회의 전체 내용을 기록하는 게 낫다. 회의한 내용을 녹음을 하고 나중에 녹음한 내용을 풀어 정리하면 좋긴 한데 시간이 많이 걸리고 또 귀찮아서 포기하는 경우가 비일비재하다. 가급적 펜이나 노트북으로 속기하는 게 효과적인 방법이다. 빠르게 적으면서 순간을 놓치지 않고 회의 상황을 생생하게 기억할 수 있기 때문이다.

회의는 다이어트처럼 지속적으로 관리하지 않으면 다시 원상태로 돌아가는 요요 현상이 발생한다. 효과적인 회의가 하나의 문화로 정착되어야 하는 이유가 여기에 있다. 그러기 위해서는 회의록을 기록하는 관행부터 점검하고 개선할 필요가 있다.

회의록		작성자	오병곤
		작성일	2022-1-2

회의일시	2022.1.2 10:30 ~ 11:30	주관자	오병곤
회의장소	사장님실	페이지	
회 의 명	CDP(경력개발계획) 추진에 따른 당부사항		
참 석 자	이XX 대표, 오병곤		

1. 회의안건

CDP(경력개발계획) 추진에 따른 추진 방향 논의 및 당부사항 수렴

2. 회의내용 및 결론

1) 이XX 대표

직원의 전문성이 사업의 핵심

직원의 이탈 방지, 인력 유동성을 방지하고 평생직장의 마음으로 일을 할 수 있는 풍토 조성

- 전문직제 신설을 통한 직원들의 경력개발 경로 다양화
- 가족 친화적인 조직문화 강화
- 프로젝트 수행역량이 강화될 필요가 있음(6년 차 이후)
- CDP 추진에 대한 위험 요인

① 성장위주의 전략을 추진하다 보니 시간이 부족하여 직원들의 불만이 커질 수 있음

② 조직의 경쟁력보다 개인의 경쟁력이 우선시 되는 환경, 신사업 발굴에 대한 우려과 거부가 존재 ⇨ 인력운영에 대한 방안 수립 필요

③ CDP 수립 후 실행에 대한 회의(과연 제대로 운영이 될까?) ⇨ 개인과 조직차원의 운영 가이드라인이 제시되어야 함. 즉 회사 매출규모에 따라 어느 정도의 유연한 경력개발이 가능한지에 대한 자료가 필요함.

	회의록		작성자	오병곤
			작성일	2022-1-2
회의일시	2022.1.2 10:30 - 11:30	**주관자**	오병곤	
회의장소	사장님실	**페이지**		
회 의 명	CDP(경력개발계획) 추진에 따른 당부사항			
참 석 자	이XX 대표, 오병곤			

3. 쟁점 및 미결사항 (기타의견)

   1) 기타의견

     – CDP 추진에 대한 사장님의 전사 메일링을 통한 전 직원 공표

     – 조직도, 회사 규정, 설문조사 내용 등의 자료 제공

   2) 추진 시 고려사항(컨설턴트 의견)

     – Career Track을 크게 세 가지로 구분(관리, 전문가, 전문리더)

칼럼

참신하게 공감시켜라

과학기술이 일상 속으로 파고들고 있다. 알파고와 이세돌의 바둑 대결은 인공지능에 대해 모두가 관심을 갖게 하는 계기가 되었으며, 소프트웨어 코딩교육이 의무화되어 누구나 직접 기술을 구현하는 환경이 확산되고 있다. 정재승 교수, 김상욱 교수, 김대식 교수 등의 유명 저자들이 과학기술을 다룬 교양서를 잇달아 출간하고 있다. 바야흐로 과학기술 도서의 전성시대라 해도 과언이 아니다. 과학기술을 모르면 교양인이라고 부르기 어려운 시대로 접어들었다. 이제 논문과 같은 학술적인 글쓰기뿐만 아니라 홍수처럼 쏟아지는 전문지식 및 기술을 일반인들에게 전달할 수 있는 대중적 글쓰기 능력이 중요한 시대가 되었다. 흥미로운 과학기술 이슈에 대한 의견을 담은 시사 글쓰기, 최신 기술을 대중의 수준에 맞게 전달하는 교양 글쓰기 능력이 전문가가 필수적으로 갖춰야 할 소양이 되었다.

칼럼은 기본적인 문장력과 요령만 알면 쉽고 빠르게 쓸 수 있는 글이다. 신문이나 잡지에 기고하는 글, 사보에 게재하는 글의 대부분이 여기에 해당한다. 칼럼은 에세이와 사설 사이에 걸쳐 있다. 칼럼은 사적인 글이기도 하고 공적인 글이기도 하며, 주관적이기도 하고 객관적이기도 하다. 그래서 일방적으로 주장하는 글이라기보다는 분명하게 메시지를 전달하되 독자의 입장에서 충분히 이해할 수 있도록 완곡하게 전달하는 게 중요하다.

칼럼은 분량이 짧다. 보통 A4 1장 반에서 2장 사이, 원고지로 치자면 15장에서 20장 사이다. 사보에 1년 정도 '직장인의 자기계발'에 관한 글을 게재한 적이 있었는데 분량에 대한 부담은 별로 없었다. 다만 주제에 맞게 잘 써야 한다고 생각했다. 분량이 길지 않기 때문에 주제에서 벗어나지 않도록 쓰는 게 중요하며 메시지가 분명해야 한다. 실용적인 주제는 방법, 노하우, 지혜 등을 요약하여 전달하는 게 가성비가 좋다. 화려한 수식어나 불필요한 문장 사용은 금물이다.

보통 칼럼을 매체에 기고할 때 원고 청탁서를 받게 된다. 여기에는 기획 의도와 원고 청탁 내용이 들어있다. 원고청탁서에 부응하는 글을 써야 하며, 주제 및 방향을 명확하게 하기 위해 담당자와 대화를 나눌 필요도 있다. 대부분의 원고 청탁서에는 글의 시작부터 독자를 유혹할 것을 주문한다. 따라서 글의 도입부를 어떻게 시작할지 고민하고 준비해야 하고 첫 문장에 신경을 써야 한다. 흥미를 끌 수 있는 사례나 좋은 질문을 던져 독자의 시선을 붙잡아야 한다.

보편적인 주제를 주변의 친근한 소재를 활용해서 풀어가는 게 좋다. 영화나 문학의 소재를 활용하여 쓰는 것도 좋은 방법이다. 정재승 교수는 대학원생으로 있을 때 〈과학동아〉에 '시네마 사이언스'라는 코너를 연재하였는데, '과학'의 눈으로 영화를 쉽게 설명하여 새로운 재미를 선사했으며 지금까지 대중적 과학 글쓰기를 하게 된 계기가 되었다. 나는 한때 'IT 콘서트'라는 이름으로 인공지능, 빅 데이터와 같은 일상에서 접할 수 있는 IT 기술을 인문학의 시선으로 들여다보는 글을 써서 주변 지인들과 공유한 적이 있었는데 반응이 꽤 좋았던 기억이 난다.

무엇보다 칼럼을 쓸 때는 독자의 수준을 반드시 고려해야 한다. 특히 전문적인 내용을 대중에게 전달하는 칼럼을 쓸 때는 꼭 염두에 두어야 한다. 내가 아는 것을 독자가 안다고 생각해서는 안 된다. 한번 이야기한 것을 독자가 기억하고 있다고 생각해서는 안 된다. 비행기를 탔을 때 구명조끼 착용법을 지금까지 적어도 수십 번은 들었을텐데 나는 아직도 그 방법을 잘 모른다. 승무

원은 잘 알겠지만 나는 여전히 잘 모른다.

신문 기사는 누가 읽을까? 요즘은 온라인 미디어가 활성화되어 구독자 수준이 달라졌지만 일반적으로 중학교 2학년 수준에 맞춰서 쓰라는 말이 불문율처럼 내려온다. 칼럼도 마찬가지다. 수준을 너무 높게 잡지 마라.

지금까지 칼럼을 쓰기 위한 몇 가지 요령을 적어 봤지만 결국 좋은 칼럼을 많이 읽고 실제로 써보는 게 최고의 집필 방법이다. 실제로 칼럼을 써보면 분량이 많지 않기 때문에 칼럼에 대한 구상과 고쳐쓰기에 훨씬 공을 들이게 된다. 마감 직전까지 수정을 거듭해야 좋은 글을 보내주셔서 감사하다는 말을 듣게 된다.

칼럼을 쓰는 사람을 칼럼니스트라고 한다. 칼럼을 의뢰할 때는 칼럼니스트에게 기대하는 바가 있다. 내가 감히 하지 못하는 이야기를 칼럼니스트의 경험과 권위를 빌려 참신하게 전달해주길 바란다. 주제에 대해 참신하게 접근하되 독자들이 공감할 수 있도록 풀어주어라.

하루 10분 똑똑한 글쓰기

아마도 직장인의 절반 이상은 일을 하는 시간이 지날수록 사람과의 관계를 통해 일을 진행하는 것에 어려움을 느끼는 것 같다. 사람과의 관계는 정답이 없고 또 전문적인 능력을 키우는 것보다 어렵다고 생각하기 때문이다. 이 어려운 문제의 해결은 소통, 협상, 문서 작성 스킬을 키우는 것 이전에 기본적으로 인간에 대한 이해가 선행되어야 한다.

4차 산업혁명 시대에 인간에게 필요한 능력은 창의와 감성이다. 그리고 이 능력을 키우는 방법은 글쓰기가 최고라고 생각한다. 글을 쓰기 위해서는 생각을 정리해야 한다. 글쓰기는 종이 위에서 생각하는 행위다. 생각이 명료한 사람은 누구나 좋은 글을 쓸 수 있다. 그러려면 새로운 관점에서 바라보고 여러 가지를 조합하여 창의적인 생각을 만들어야 한다. 그런 후에 독자의 눈높이에 맞게 글로 표현할 수 있어야 한다.

그런데 일하는 사람들의 글이 형편없고 그걸 당연하게 여기는 게 안타까웠다. 글쓰기를 제대로 배운 적이 한 번도 없기 때문이다. 아무쪼록 이 책을 통해 글쓰기의 4C 법칙을 배우고 글쓰기를 실천하는 계기가 되길 바란다. 글쓰기는 오직 쓰기를 통해서만 배울 수 있다.

늘 기록하라. 일을 하면서 나만의 성장 일지를 써라. 일주일에 두세 개라도 하루에 10분 정도 시간을 내서 기록해라. 오늘 한 일에 대한 기록이기보다는 오늘 내가 새롭게 배운 지식과 경험에 초점을 두고 반드시 알아야 할 지식이나 기술, 시행착오를 겪으면서 얻게 된 노하우, 문제해결(Trouble Shooting), 깨달은 점 등을 기록하면 나중에 유용하게 사용할 수 있다. 이 기록은 일에 빠르게 적응하게 해주고 경험적 지식을 계속 축적할 수 있는 발판이 될 수 있다. 또한 사람은 대부분 같은 실수를 반복하는 경향이 있는데 이럴 때 적절하게 대처할 수 있다. 자신의 일상적 체험을 보잘것없는 것으로 간과하면 삶이 시시해진다. 우물에서 물을 길어 올리는 것처럼 한 차원 높은 곳으로 끌어올려야 한다. 자신의 경험을 반추해보면서 부족한 부분을 채우고 범용적으로 일반화할 수 있어야 한다.

회사에서 팀장을 할 때 팀원들에게 성장 일지를 쓰게 하고 커뮤니티를 통해 공유했다. 성장 일기를 공유하면 배우는 게 많아지고 다른 팀원의 글을 읽는 재미도 쏠쏠하다. 지식의 공유와 피드백은 성장을 가속시킨다. 성장 일지를 6개월 정도 쓰게 되면 적어도 A4 용지 기준 100페이지 이상의 글이 만들어지고, 이것을 잘 정리하면 매뉴얼이나 책이 될 수 있다. 현장의 살아 있는 지식 모음이 되며 회사의 자산이 된다. 이런 과정을 계속하다 보면 괄목할 만한 성장을 이루고 전문가가 될 수 있다.

오늘부터 하루에 10분 만이라도 시간을 내서 똑똑한 글쓰기를 해보자. 다음 세 가지 질문에 대한 답을 쓰는 게 좋다.

Q1. 오늘 새롭게 배우고 깨달은 것은?

성장을 위해서는 매사에 경험적 지식과 노하우, 인생의 의미와 깨달음을 찾는 자세가 중요하다.

Q2. 오늘 새롭게 시도한 것은?

반복은 지겹고 정체가 된다. 새로운 시선으로 일을 대하자. 일상에서 늘 실험하고 새로운 시도를 하게 되면 일 속에서 재미를 찾고 행복하게 직장생활을할 수 있다.

Q3. 오늘 나는 누구를 기쁘게 할 것인가?

많이 얻을수록 행복해지는 것이 아니라 베풀 수 있는 만큼 행복하다. 베풂은부메랑 같아서 수많은 결실과 함께 되돌아온다.

　내일 한 편의 글이 아니라 오늘 한 줄을 쓰자. 내일을 기약하지 말고 오늘 쓰자. 글을 쓰기 좋은 날은 내일이 아니라 오늘이다. 오늘 쓰지 못하면 내일도 쓰지 못한다. 영원히 만나지 못하는게 내일이다.

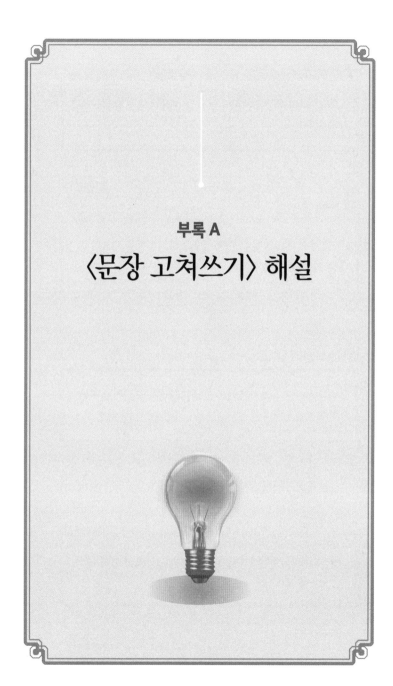

부록 A

〈문장 고쳐쓰기〉해설

📧 **[수정 전]**

> 현업부서의 요청에 대하여 신속 및 정확한 대응 및 방안을
> 제시한다.

➡ 서술어가 불분명하다.

📧 **[수정 후]**

> 현업부서의 요청에 대하여 신속하고 정확하게 대응하고
> 방안을 제시한다.

📧 **[수정 전]**

> 나는 우리 제품이 세계에서 가장 빠른 성능을 가진 솔루션
> 이 되기를 원한다.

➡ 주어와 서술어의 거리가 가까워야 한다. 서술어가 핵심 정보이
   므로 주어와 함께 제시되어야 한다.

📧 **[수정 후]**

> 우리 제품이 세계에서 가장 빠른 성능을 가진 솔루션이 되
> 기를 나는 원한다.

간결한 요약문 한 장을 쓰기에도 버거운 나의 글쓰기는 아직도 힘들다.

➡ 수동보다는 능동, 이중부정보다는 긍정이 낫다. 부정적인 표현이 두 번 나오면 바로 이해하기 힘들다. 한 번 더 생각해야 한다.

📋 [수정 후]

- 글쓰기는 아직 간결한 요약문 한 장을 쓰는 것도 힘들다.
- 나는 아직도 간결한 요약문 한 장도 잘 쓰지 못한다.

📋 [수정 전]

이번 글에서는 메타버스의 정의와 메타버스의 사용방법 그리고 메타버스를 어떻게 활용하면 더 좋은 개발을 할 수 있을지에 대해 알아보겠습니다.

➡ 반복은 삭제한다.

📋 [수정 후]

이번 글은 메타버스의 정의, 사용방법, 활용법에 대해 알아봅니다.

📑 [수정 전]

> 3PL에 대해 자세히 알고 싶으신 분은 위키피디아에 정의된 내용을 보면 좋을 것 같습니다.

➡ 사족은 배제한다. '~것 같다는' 표현은 자신감 없고 모호한 표현이므로 삭제한다.

📑 [수정 후]

> 3PL(Third Party Logistics, 제 3자 물류)에 대한 자세한 사항은 위키피디아를 참조하세요.

📑 [수정 전]

> 성능을 최적화해서 장애 가능성을 완전히 없애는 것은 굉장히 중요한 일이다.

➡ 완전히, 굉장히 등의 과장 언어는 배제한다.

📑 [수정 후]

> 성능 최적화는 중요한 일이다.

≣ [수정 전]

> 오라클 DB의 정보를 끌고와서 화면에 뿌려준다.

➡ 전문용어와 은어를 사용한 문장이므로 '데이터베이스의 정보를 보여준다'라고 쉽게 쓴다.

≣ [수정 후]

> 오라클 데이터베이스의 정보를 보여준다.

≣ [수정 전]

> 제안업체의 WMS는 일반기능, 부가서비스 기능, 과금 관리 기능, 운용을 위한 유지보수 기능으로 나누어지며 제안업체는 모든 시스템에 대한 기술지원 창구를 일원화하여 신속하고 정확한 유지보수 및 기술지원을 제공하고 있습니다.

➡ 한 문장을 두 문장으로 나눈다. 수동태를 능동태로 변경한다.

≣ [수정 후]

> 제안업체의 WMS는 일반기능, 부가서비스기능, 과금관리 기능, 운용을 위한 유지보수 기능을 갖고있다. 제안업체는~

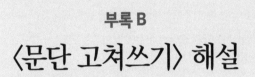

부록 B

〈문단 고쳐쓰기〉 해설

> 공공부문의 컨설팅 시장은 경기 활성화 대책, 공공기관 통
> 합, 지자체 통합 등으로 경쟁이 치열해질 전망이다.

➡ 한 문장으로 핵심을 파악하기 위해서는 전체 문장의 주어와 동
사를 먼저 식별한다. 전체 동사는 '~치열해질 것으로 전망된다'
이다. 무엇 때문에 치열해질 것으로 전망이 되는가? 여기에 해
당하는 키워드를 찾아서 문장에 삽입하면 된다.

📑 [전체 문장 고치기] 답안 및 해설

공공부문의 컨설팅 시장은 경기 활성화 대책, 공공기관 통합, 지자체 통합 등으로 경쟁이 치열해질 전망이다. 공공부문의 컨설팅은 ITSM(IT Service Management) 체계를 구축해야 하는 공공기관들이 중요한 위치를 차지하고 있다. (IT 서비스 업체들은) 정부의 경기 활성화 대책에 따라 매년 상반기에 발주되는 공공사업 수주에 총력을 기울이고 있다. 특히 36개 공공기관을 16개 기관으로 통합하는 공공기관 선진화 계획이 발표되어 데이터 센터 및 IT 시스템, 애플리케이션 통합 수요가 증가할 것으로 예상된다. IT 서비스 업체들의 사업 수주 경쟁은 치열해질 것 이다.

➡ 한 문장으로 핵심을 파악하기 위해서는 전체 문장의 주어와 동사를 먼저 식별한다. 전체 동사는 '~치열해질 것으로 전망된다' 이다. 무엇 때문에 치열해질 것으로 전망이 되는가? 여기에 해당하는 키워드를 찾아서 문장에 삽입하면 된다.

두 문단으로 굳이 나눌 이유는 없다. 두 문단 다 시장이 치열해질 것이다라는 이야기이기 때문에 한 문단으로 합쳐도 무방하다. 불필요한 문장은 삭제한다. 여기서는 '공공기관 통합과~ '의 문장은 바로 다음에 나오는 문장과 뜻이 같다. 뒷 문장이 조금 구체적이다.

[교육 프로그램 소개]

"일 잘하는 사람을 위한

스마트 라이팅(Smart Writing)"

● **프로그램 목적**

"어떤 문제든 글로 잘 쓰기만 해도 그 문제의 절반은 해결된 것이나 마찬가지다."

커뮤니케이션 도구로서의 글은 무엇보다 상대방이 정확하고 쉽게 내용을 파악할 수 있도록 하는 게 중요하다. 상대방이 알아먹도록 쓰는 것이다. 그러기 위해서는 바른 글을 쓸 수 있어야 하며, 문장을 제대로 구성하고 표현하는 방법도 익혀야 한다. 본 과정에서는 글쓰기를 기반으로 의사소통과 문제해결 능력을 기르는 것을 목적으로 한다.

● **참가대상**

- 관리자
- 기획자
- 제품 개발자
- 실무 담당자
- 프로젝트 관리자

● **교육 방법**

- 3일 24시간 교육 진행
- 맞춤형 교육 진행 가능
- 강의 및 실습 병행

- **교육 내용**
  - 일하는 사람이 글쓰기를 배워야 하는 이유
  - 내 글이 좋아지는 글쓰기 기본
  - 구조 틀짜기(Mind Map, Logic Tree 활용)
  - 스마트 라이팅 4C 법칙
  - 스마트 라이팅 제 1 법칙: (독자)읽는 사람의 마음을 겨냥하라
  - 스마트 라이팅 제 2 법칙: (핵심)결론을 먼저 써라
  - 스마트 라이팅 제 3 법칙: (논증)논리와 사례로 입증하라
  - 스마트 라이팅 제 4 법칙: (간결)간단명료하게 써라
  - 스마트 라이팅 작성 사례: 제안서, 기획서, 보고서, 요구사항 정의서, 사용자 매뉴얼, 칼럼, 이메일 등 작성/검토
  - 성장일지 쓰기

- **교육 특징**
  - 글쓰기에 대한 두려움과 막연함을 해소하고 글쓰기에 대한 자신감 부여
  - 직장인이 주로 작성하는 문서에 대한 사례 연구 및 실습, 첨삭지도를 통해 글쓰기 노하우를 체계적으로 습득
  - 직장인 출신의 전문 작가를 통한 현장 중심의 디테일한 가이드 제공

- **참가신청 및 문의**

참가를 원하는 회사나 개인은 아래 메일 주소로 이름, 연락처 등의 간단한 신상 정보를 보내면 자세한 안내를 받을 수 있다.

오병곤 kksobg@naver.com 010-7574-5151